EVELYN DEUTSCH-SCHREINER

KARL PARYLA
EIN UNBEHERRSCHTER

Evelyn Deutsch-Schreiner

Karl Paryla
Ein Unbeherrschter

MIT EINEM VORWORT VON
OTTO SCHENK

OTTO MÜLLER VERLAG SALZBURG

ISBN 3-7013-0834-9

Umschlaggeschaltung unter
Verwendung eines Fotos von Harry Weber:
Leo Fellinger, Salzburg
Satz: Fotosatz Rizner, Salzburg
Druck: Druckerei Roser, Salzburg
Bindung: Buchbinder Almesberger, Salzburg

INHALTSVERZEICHNIS

Vorwort

Ich kann über Karl Paryla schwerlich anders reden als in geradezu läppischer Begeisterung. Es hat in meinem Leben nur wenige Momente gegeben, in denen ich vom Theater gebeutelt wurde. Eigentlich habe ich Theater nie gemocht, ich mußte dazu verführt werden, und einer der großen Verführer war Karl Paryla. Gleich das erste Mal, „Talisman" 1946 im Theater in der Josefstadt wirkte wie eine Initialzündung: Zum Auftrittscouplet des Titus Feuerfuchs kam er auf die Bühne gesprungen. Von dieser Sekunde an stand die Bühne im Feuer. Dieser Mensch hat mit einem Ton gesprochen, den ich bis dahin noch nie im Theater gehört habe; und dann noch singen! Daß singen so wahrhaft sein kann, wurde prägend für mich. Bis in jeden Schritt hinein, zu jedem Takt seiner Musik hat der phänomenale Wahrheitsverbreiter mit den Mitteln des Schauspielers sein Anliegen, seine Anklage, sein Leid ins Publikum penetriert. Ich war dermaßen gefesselt von einem Edgar Wallace der Seele, des Hirnes, des Geistes, des Herzens, daß ich mich nicht mehr finden konnte und ich habe mich nie mehr gefunden. Ich wurde süchtig, Paryla-süchtig. Als ich ihn dann in stillen Rollen kennenlernte, ging mir eine zweite Welt seiner Genialität auf, und ich fiel noch einmal in Ohnmacht vor Begeisterung, daß das auch noch in einem Menschen stecken kann.

1957 inszenierte er „Talisman" in München, ich war sein Regieassistent, durfte den Plutzerkern spielen. Ich habe die unbeschreibliche Vielfalt von unerreichbaren Forderungen kennengelernt, denen er bis in die letzte Präzision nachging. Was er mir während der Regiearbeit in großem Überfluß kaleidoskopartig vorgedacht, vorgesagt, vorgespielt hat, davon habe ich ein ganzes Leben gezehrt. Ich könnte nicht sagen, daß ein anderer Mensch in meiner künstlerischen Laufbahn, vielleicht mein Vater, eine größere Rolle gespielt hätte. Nicht einen Satz all dessen, was ich gespielt habe, kann ich mir vorstellen, den ich nicht ihm verdanke oder den ich zumindest mit oder gegen ihn denke. Langsam mußte ich mich von diesem großen Einfluß befreien, um ihn nicht nachzumachen. Durch ihn habe ich Johann Nestroy kennengelernt, habe mich aber jahrzehntelang nicht getraut, die Rollen zu spielen, die der Dichter für sich selbst geschrieben hat. Erst sehr spät, als ich ganz sicher war, daß er sie nicht mehr spielte, habe ich mich an eine Nestroy-Rolle getraut. Wenn ich heute den Muffl in „Frühere Verhältnisse" spiele, schließt sich der Kreis und ich bin geradezu zu Tränen gerührt, wenn er findet, daß ich gut bin.

In München habe ich auch Fritz Kortner kennengelernt und ihn in Zusammenhang mit seiner großen Verehrung für Kortner. Ich war glücklich, daß er jemanden so verehren konnte, wie ich ihn. Wir wurden Freunde und ich war sehr stolz, daß er mir das Du-Wort frühzeitig angetragen hat. Er konnte über das lachen, was ich formuliert habe, er war „ein Kren auf mich", wie man in Wien sagt, und ich habe diese „Krenerie" immer stolz vor mir hergetragen.

Unser Leben war ein großes einvernehmliches Gespräch, ein leidenschaftliches theaterverneinendes und theaterbejahendes Gespräch, ein Gespräch „in der Gummizelle", so haben wir das immer genannt: wir zwei Narren, die es nicht für richtig halten, alles zu sagen, was wir denken; wissend, daß es meist mißverstanden würde; deshalb haben wir es vorgezogen, unsere Gespräche „in der Gummizelle" zu führen. Hier haben wir uns vollkommen verstanden, auch politisch; im Dualismus unserer Meinungen haben wir uns immer verstanden; sein Weg war eigentlich immer nur ein anderer zur Wahrheit. Er lebt von einer ständigen Sehnsucht nach einer besseren Welt, die er realistisch zu erreichen glaubt. Er ist von unendlicher Neugierde, auch von unendlicher Unerbittlichkeit, was man ihm vielleicht manchmal vorwerfen könnte. Wenn er sich gewissen Richtungen verschrieben hat, von denen er hoffte, daß sie für die Menschheit die richtigen sind, hat er jedoch nie die Augen so weit zugemacht, daß er ihre Fehler nicht erkannt hätte. In allen totalitären Regimen wäre er als erster im Gefängnis gesessen. Ich glaube, in ihm liegt ein großer Don Quijote der Wahrheit.

Man kann mit Karl Paryla nicht verkehren, ohne etwas zu lernen. Ich habe ihn immer ausgesogen nach Erfahrungen, nach der Form, die Wahrheit selbstverständlich zu sagen, so undramatisch wie im Leben. Karl Paryla ist den Tönen des Lebens auf der Spur – er macht einen süchtig nach dem Leben und nicht nach dem Theater.

Theater in der Josefstadt Otto Schenk

I. KAPITEL

„Aus der Enge sich befreien!"

Als Karl Paryla am 12. August 1905 in Wien geboren wurde, war das 20. Jahrhundert noch jung. Es war eine Endzeit, in der die alte feudale Ordnung ins Wanken geriet, und nach dem menschenverschlingenden Ersten Weltkrieg die österreichisch-ungarische Monarchie zusammenbrach. Als Synonym für eine heile Welt wird sie heute noch nostalgisch verklärt. Vom imperialen Glanz hatten die kleinen Leute, die Arbeiter, Dienstboten und unteren Chargen der k. und k. Armee sowie deren Kinder wenig. Paryla hat die Monarchie als Kind scheußlich und ungerecht empfunden, war 1918 nicht traurig, als es keinen Kaiser mehr gab und Österreich Republik wurde. Für ihn war Kaiser Franz Joseph kein weiser, lieber Vater gewesen, sondern ein Beamter, der – wie er später einmal bemerkte – *„der Vertrottelung, Verblödung, Speichelleckerei und Hintertürlpolitik, weil vorn herum ging es nie, Vorschub geleistet hat"*. In seinem 1954 entstandenen Film „Girardi, der Komödiant von Wien", zeigt er den Kaiser als senilen, eingebildeten Tattergreis, fern von jedem Habsburgermythos.

Das Rückgrat der Habsburgermonarchie war die k. und k. Armee. An ihr lag es, daß der Vielvölkerstaat nicht schon viel früher auseinanderbrach. Die militärische Präsenz auf dem gesamten Gebiet der Monarchie übte eine beherrschende Funktion aus. *„Es galten nur die Hochgestellten, der Offizier war alles, beim Leutnant und Oberleutnant fing alles an; alle Dinge, die heute dem Menschen wichtig sind, wurden bei den einfachen Soldaten unterdrückt"*, empört sich Paryla noch heute.

Seine männlichen Vorfahren waren alle Unteroffiziere – Feldwebel – in der k. und k. Armee. Sein Großvater Emil Stöhr, der Stiefvater seiner Mutter, Nikola Katicic, und sein Vater Michael Paryla. Nikola Katicic – für Paryla war er der eigentliche Großvater –, denn er kannte nur diesen Großvater, wurde im kroatischen Nova Gradiska geboren und war Büchsenmacher. Als nach dem Zerfall der Monarchie den Angehörigen der ehemaligen Kronländer freigestellt wurde, ob sie in „Deutschösterreich" bleiben oder in ihre Heimat zurückgehen wollten, ging er wieder nach Kroatien zurück und kaufte sich von seinem Ersparten einen großen Zwetschkengarten. *„Dem ‚Sljivovica' zugetan, starb der kräftige Mann stehend in einem Haustor, in seinem Nova Gradiska, das heute durch einen sinnlosen Krieg dem Erdboden gleichgemacht ist"*, erzählt Paryla. Der Vater, Michael Paryla, war Pole und stammte aus Mislenice bei Krakau. Als Waisenkind zu einem Geigenbauer in Krakau in die Lehre gekommen, hatte er das Handwerk des Instrumentenmachens erlernt und wurde Soldat in einem Musikzug. *„Im Militärdienst fanden heimatlose und arme Kinder Zugehörigkeit und armselige Aufstiegschancen“,* kommentiert der Sohn heute. Michael Paryla wurde Gefreiter, Korporal, Zugsführer und schließlich Feldwebel; nach achtzehn Jahren Dienst war er wie alle Feldwebel berechtigt, in den Staatsdienst als Amtsdiener aufgenommen zu werden und konnte heiraten: Anna Stöhr, geboren in Sisak in Kroatien, wurde seine Frau.

Die Familie lebte in einer Proletarierwohnung im zweiten Hinterhof des Hauses Mariahilferstraße 43: Zimmer-Küche-Wohnung, Wasser und Klo für mehrere Parteien auf dem Gang. Abends war der Hof stockdunkel, denn schon leichter Wind blies das Licht der einzigen Gaslaterne aus. Karls um zwei Jahre jüngerer Bruder Emil erinnert sich, daß sie sich als Kinder gefürchtet haben, über den Hof zu gehen, wenn sie für den Vater Bier aus dem gegenüberliegenden Gasthaus holen mußten. Paryla erzählt: *„In der Küche gab es einen Militärkoffer von meinem Vater. Der stand meist offen und da hatte er alle Werkzeuge, die er zum Reparieren der Musikinstrumente brauchte: Feilen, Sägen, Zargen, Schrauben; es waren immer irgendwelche Geigen, Bögen oder Cellos eingespannt; Blasinstrumente wie Trompeten und Klarinetten – er konnte mit allen umgehen. Spielen konnte er nicht, obwohl er hochmusikalisch war. Beim Geigenstimmen wußte er die Höhe der a-Saite, er hatte das absolute Gehör. Als er noch Soldat war, ist er, wenn er nur konnte, in die Oper gegangen. Manchmal hat er kaputte Geigen vom Trödelmarkt nach Hause gebracht und zusammengefügt; einmal sogar eine Cremonenser Geige, es klebte noch der Zettel des italienischen Geigenbauers im Boden. Vom Vater sind uns zwei Geigen geblieben; eine hat mein Bruder, eine ich.“*

Michael Paryla übte sein Handwerk neben seiner Tätigkeit als Amtsdiener im Finanzministerium aus, das schmale Gehalt reichte nicht zum Unterhalt. Der Sohn erinnert sich: *„Seine Kunden waren ehemalige Kollegen aus dem Militärdienst, jetzt alle Amtsdiener, die in Restaurants und Kaffeehäusern aufspielten und auch einen zweiten Beruf ausübten. Heute nennt man so etwas Schwarzarbeit.“*

1917 starb der Vater. Obwohl die finanzielle Situation nach dem Krieg noch schlechter wurde, sorgte die Mutter dafür, daß beide Buben in die Realschule gehen konnten und Geigenunterricht bekamen. Anna Paryla war Arbeiterin in der Weinhandlung Schlumberger. Paryla berichtet einmal, daß sich die Mutter mit den Ideen des Sozialismus beschäftigt habe. Über das Verhältnis der beiden Söhne zur Mutter sprechen zwei Bemerkungen: Karl: *„Sie hat die Kälte und den Hunger unserer Kindheit erträglich gemacht.“* Emil: *„Sie war einfach da.“* Er, der seit

1956 in Wien nicht mehr Theater gespielt hat und in München lebt, antwortet auf die Frage, wo seine Heimat liegt: *„Auf dem Flecken Erde am Wiener Zentralfriedhof, wo unsere Mutter begraben ist."*

Die Liebe zur Mutter ist ein starkes Band, das Karl und Emil verbindet. Beide beschreiben ihre Beziehung als glücklich und brüderlich. Mehr als zwanzig Jahre arbeiteten sie zusammen und waren sich sowohl künstlerisch als auch politisch einig. Daß Emil den Namen der Mutter – Stöhr – zum Künstlernamen wählte, hat mit der großen Ähnlichkeit der Brüder zu tun, die besonders in der Jugend zu Verwechslungen führte. *„Wir waren leicht zu verwechseln, auch was Lust, Liebe und Talent zum Theater betraf. Wenn ich mit ihm gearbeitet habe, habe ich Ähnlichkeiten mit mir selbst festgestellt. In den Eigenschaften, die bei ihm charmanter und poetischer zum Ausdruck kommen, ist es mir oft gelungen, mich selber zu mögen. Ich glaube, unsere Mutter hätte das gerne gehört."*

Bei Ausbruch des Ersten Weltkriegs befand sich die Mutter mit den Kindern in Gösting bei Graz beim Großvater. Gösting liegt an der Südbahn. Auf dieser Bahnstrecke wurde der Zug aus Sarajewo mit dem ermordeten Kronprinzen Franz Ferdinand nach Wien geführt. Daß dieser Zug sehr langsam und feierlich fuhr und nicht wie andere Schnellzüge vorbeizischte, bemerkte der siebenjährige Emil mit Verwunderung. *„Nach der Mobilmachung fuhren auf derselben Bahnstrecke erst bejubelte und jubelnde Soldaten an die Front und haben geschrieen vor Begeisterung und sich selber glauben gemacht, daß sie in vierzehn Tagen als Sieger zurückkommen. Schon sehr bald hat man gesehen, daß anstatt der Siegenden die Rotkreuzzüge mit Verwundeten zurückkommen"*, erinnert sich Paryla. Ein politisches Symbol für das ganze Leben.

In der Volksschule feierten kriegsbegeisterte Lehrer mit den Kindern die Kriegserklärung. Bald mußten sie im Unterricht Zeitungen in kleine Teile reißen, man nannte das „Charpiezupfen", um eine Art Watte für die Verwundeten zu gewinnen. In Wien gab es kaum Lebensmittel und Vorräte, man hatte mit einer kurzer Kriegsdauer gerechnet. Bereits im Winter 1916/17 brach der Hunger mit Vehemenz über die Bevölkerung herein. Das Elend der Zeit, die unendliche Armut, die Hungerkrawalle wirkten auf Paryla intensiv ein und hinterließen unauslöschliche Spuren.

1950 hielt Paryla eine Rede auf Ferdinand Raimund, den großen Dichter und Schauspieler, der neben seinem eigenen Geburtshaus 1790 geboren wurde. Dabei hatte er nicht nur das Haus in der Mariahilferstraße und seine Hinterhöfe vor Augen, sondern auch die gesellschaftliche Atmosphäre von Raimunds Kindheit: *„Das mit Polizei und Bürokratie herrschende, aber hindämmernde Habsburgerreich, die unentschlossene bürgerliche Opposition, die Ohnmacht der Armen, der* *rasch gewonnene Reichtum der Emporkömmlinge und die Verelendung der Arbeiter und Bauern, die mittelalterliche Rückständigkeit, diese Welt der häßlichen Kleinigkeiten, der Vorurteile, der Unbildung – das war die Welt, die dem jungen Ferdinand, diesem Kind eines Handwerkers, das höchsten Anspruch auf Förderung und Beachtung gehabt hätte, die Grenzen zog. Das Niedrige, Banale legte in das Herz des empfindsamen Buben, der sich nach idealen Lebensinhalten und erhabenen Aussichten sehnte, den Fluch der Gereiztheit, der Einsamkeit, der Zerrissenheit. Diese Welt gab dem keimenden jungen Gedanken keinen Halt, sie bot nur Desorientierung und falsche Wege. In der stickigen Luft der Vorurteile, der spießigen Lebensregeln mußte der frische Atem des begabten Sohnes eines begabten Volkes, den niemand erkannte und erzog, durch Irrtümer und empfindlichen Mangel an Bildung hindurch seinen eigenen, einen ganz neuen Weg bahnen."*

Aus der Enge sich befreien! Geigenspielen war die liebste Beschäftigung: „*Ich erinnere mich, wie wir zu dritt musiziert haben: mein Bruder Emil, ein Schüler, namens Cicek und ich. Wenn die Mutter in der Arbeit war, haben wir Symphonien auf drei Violinen gespielt. Man konnte die Partituren in der Volksbibliothek ausborgen, auch einzelne Stimmen. Wir hatten kein Pult. Auf das Bett, das am Tag zusammengestellt und über das ein Tuch gelegt wurde, haben wir einen Schemel gestellt und Notenblätter daran gelehnt. Es hat Spaß gemacht – uns mehr als den Nachbarn."* In vielen Inszenierungen wird Paryla später Geige oder Gitarre spielen oder sogar ein neues Instrument lernen, wie für die Rolle des Vater Miller in der Fritz-Kortner-Inszenierung von „Kabale und Liebe" Cello. „*Ich glaube, die musische Fähigkeit der Menschen ist groß, wenn man sie weckt. In dieser ungeweckten oder zum Teil geweckten Befähigung besteht auch die Kraft und die Autorität des Publikums. Vor einem Publikum, das überhaupt nicht begreift und keine Beziehung hätte zur Kunstausübung, könnte Kunst – besonders Theater – nicht entstehen. Musik gehört zur Kunst des Theaters, denn Musik ist nicht nur die ausgeübte Musik, sondern auch die Musik der Sprache, der Bewegung. Die rhythmisch tänzerische Beweglichkeit eines Schauspielers gehört in den Bereich der Musikalität."*

Für jene, die ihn später als energischen Linken kennengelernt haben, ist es vielleicht erstaunlich, daß Paryla als Kind seine Sehnsucht nach Schönheit in der Kirche stillte. Der festliche Ablauf der Messe befriedigte das Schaubedürfnis, das theatralische Zusammenspiel von Sprache, Musik, Chor und Gebeten der Gläubigen – ein Kollektivgeschehen – war anziehend; in der Laimgrubenkirche im 6. Wiener Gemeindebezirk wurde er Ministrant. In seinen Notizbüchern heißt es später: „*Mein Naturell ist nicht das eines Untertans; drum habe ich stets eine*

Neigung zu Barrikaden gehabt, von denen aus man ein etwas weniger muffiges Neuland erobern kann, als jenes, in dem ich geboren bin und das Hunger, Kälte, Vorurteile, Korruption, und Verlogenheit hieß, und in dem der Klang von Kirchenmessen die einzige Befriedigung der Schönheitsbedürfnisse war. Das war der Grund, warum ich Ministrant wurde und mein dreijähriges Ministrantendasein der Grund zum Austritt aus der Kirche. Die Praxis war Widerspruch zur reinen Schönheit der Messe, der Geigen.“

Um sich sah er eine gefährlich gespaltene Welt, eine gegensätzliche und zerrissene Gesellschaft von Armen und *„ewig Oberen“*. Er empörte sich über die soziale Ungerechtigkeit und begann sich verantwortlich zu fühlen. Er wollte nicht, wie er einmal notierte, *„den Kriegsgewinnlern, Wohlhabenden,Wichtigtuern und Apparatschiks das Feld überlassen“*. Leidenschaftliche Parteinahme für Benachteiligte sowie die Überzeugung, daß es ohne diese Menschen keine Zukunft geben darf, prägten Paryla zeitlebens. Das ist der Inhalt seiner künstlerischen Arbeit, vielleicht auch der Grund für einen beharrlichen und unbeherrschten Zug in seinem Charakter.

Nur in Büchern waren Antworten auf seine Fragen zu finden. Mochten die anderen Buben Fußballspielen oder sich austoben, der junge Paryla las alles, was ihm in die Hände kam. Er las unter der Schulbank in der Realschule in der Marchettigasse, über der Schulbank war er ein schlechter Schüler. Heute erzählt er, wie sehr ihn Otto Weiningers „Geschlecht und Charakter“ faszinierte: *„Jahre habe ich gebraucht, um dessen falsche Vorstellungen wieder aus dem Kopf zu bekommen. Das ist für mich ein Beispiel, welchen Einfluß Literatur und Kunst haben, Einsichten zu eröffnen und Gehirne zu vernebeln.“* Er ging ins Kunsthistorische Museum, wurde Stammgast am Stehplatz des Deutschen Volkstheaters. *„Der große Wert der Kunst und damit ihre Notwendigkeit ist, daß die Kunst Sinnfragen des Menschen aufgreift; sie kann sie zwar nicht lösen, doch sie kann sie behandeln“*, sagte er einmal. Zusammen mit seinem Bruder ging er, sooft er konnte, ins Deutsche Volkstheater, das in den frühen Zwanziger Jahren durch einen abwechslungsreichen Spielplan sowie durch Gastspiele berühmter Schauspieler die Jugend anzog. Da sich die beiden Burschen oft nicht einmal Stehplatzkarten leisten konnten, schwindelten sie sich nach Beginn der Vorstellung in den Zuschauerraum. „Damals fiel nach jedem Bild der Vorhang und das Orchester spielte, dabei wurden die Türen geöffnet“, erinnert sich Emil Stöhr, „und so haben wir uns nach dem ersten Bild hineingedrückt.“ Auf dem Stehplatz ging es leidenschaftlich zu. Die jungen Leute jubelten ihren Stars zu. Es gab tosenden Applaus und glühende Bewunderung für Alexander Moissi, aber auch wilde Mißfallenskundgebungen, wenn das Dargebotene dem Publikum nicht gefiel. *„Hunderte* *junge Menschenleiber standen dichtgedrängt im Stehparterre des Deutschen Volkstheaters und verbesserten die Akustik. Man hat das Stehparterre später herausgerissen, dadurch entstand ein akustisches Loch im Zuschauerraum des Volkstheaters, das man heute spürt."* In Parylas „Girardi"-Film gibt es einen kurzen Schwenk auf begeisterte junge Menschen im Stehparterre, das Paryla für diese Szene nachbauen ließ.

Die Eindrücke des Theaters sog er auf, studierte Sprechweise, Gestik und Bewegung der großen Schauspieler und versuchte sie daheim nachzuahmen.

Mit siebzehn Jahren Aufnahmsprüfung in die „Akademie für Musik und Darstellende Kunst" im Konzerthaus: *„Ich dürfte mich sehr wild gebärdet haben, es war immerhin der Auftrittsmonolog des Karl Moor in den ‚Räubern'. Eine junge Adeptin fragte mich: ‚Und mit der Krankheit wollen Sie zum Theater?' - Ich wurde aufgenommen, sie nicht."* Unter seinen Klassenkollegen befanden sich Paula Wessely, Hans Jaray, Käthe Gold, Siegfried Breuer, Guido Wieland. Zu den Lehrern zählte Rudolf Beer, der erfolgreiche Direktor des Raimundtheaters.

Paryla beschrieb ihn 1950 anläßlich der Enthüllung einer Gedenktafel am „Neuen Theater in der Scala" – Beer war 1938 ein Opfer des Nationalsozialismus geworden: *„Als er in der Staatlichen Schauspielschule erschien, war er für uns Junge, die wir dort von braven Lehrern akademische Theaterbildung erhielten, ein Gott, ein echter Deus ex machina, der die Tür ins Land der freien Phantasie aufstieß und unsere schlummernden oder verkrampften Impulse befreite. Wie eine Schar Hühner, die flügellahm, auf rubrizierten Spriesseln in einem verstaubten klassischen Kasten saßen, jagte er uns ins Freie. Wir waren hausbackene Buben und Mädel, in denen das Wissen und das Aufbegehren der Nachkriegsgeneration rumorte. Paula Wessely, Hans Jaray, Horeschovsky, Zechel, Breuer, Eckart, Musil, Aichinger, Lönner, Kersten, Stöhr, Albin Skoda, Luise Ulrich, Devez, Gretel Wagner, Böheim, Hans Putz, Karl Paryla, man kann sie gar nicht alle aufzählen, jüngere und ältere, jedes Jahr kamen neue, die er zu Schauspielern machte. Es ist nicht übertrieben, wenn man behauptet, die Garnitur der reifen Schauspieler, die in der ersten Reihe wirken, verdanken ihm ihre Entstehung. Er, der selbst ewig ein Jüngling blieb, die Jugend und jugendliche Menschen enthusiastisch geliebt hatte, war der zauberhafte Entdecker und Förderer von Talenten. Seine Schultätigkeit war eine unnachahmbare. Sie kam ursprunghaft aus seinem Wesen. Trockene Formeln waren ihm zuwider. Improvisation war sein Unterricht: Aber was für eine kluge, sinnvolle Improvisation! Eine weise, treffende Menschenkenntnis öffnete liebevoll und aufmerksam mit sicherem Zugriff die dünnste Stelle im Schneckenhaus der jugendlichen Hemmungen, aus der dann, wie das Öl aus der Erde, der starke persönliche Impuls des Talents hervorbrechen konnte."*

Zum ersten Mal stand der Schauspielschüler als Statist auf der Bühne, am 4. Feber 1923 in der Uraufführung von „Die letzte Nacht", dem Epilog zu Karl Kraus „Die letzten Tage der Menschheit", in der „Neuen Wiener Bühne". Karl Kraus führte Co-Regie, doch weder die Aufführung noch die Person machten auf den Achtzehnjährigen Eindruck. Erst später beschäftigte er sich intensiv mit Karl Kraus, seine Sichtweise von Johann Nestroy prägte Parylas Nestroy-Rezeption entscheidend.

Beer holte seine Schauspielschüler gleich zum Statieren ans Raimundtheater. Daneben gab es den Schulalltag und Schüleraufführungen im Akademietheater. Mit Käthe Gold und Paula Wessely spielte Paryla Frank Wedekinds Komödie „Die junge Welt". In einer freien Produktion trat er mit Paula Wessely in Max Halbes „Strom" in einem Saaltheater auf. *„Wir haben Kindergesichter gehabt und spielten ein Ehepaar, ein wissendes. Das war ganz wahnsinnig, aber geheimnisvoll seligmachend"*, erinnert sich Paryla. Zu Paula Wessely entwickelte er eine liebevolle Beziehung. Beiden war ein intensiver Theaterhunger eigen, beide stürzten sich ehrgeizig in das Erlernen des schauspielerischen Handwerks, beide verlangten nach Perfektion.

In der Schauspielschule lernte Paryla auch seine erste Liebe kennen, Franja Frey, ein schönes Mädchen, das im Judenviertel im zweiten Bezirk wohnte. Sie ist aus der Londoner Emigration nicht zurückgekehrt, die Freundschaft jedoch hat bis heute gehalten. Paryla erinnert sich: *„Sie hatte sechzehn Onkel, Juden, großzügige, originelle Menschen und Kapazitäten in ihrem Fach. Und nicht allen gelang die Flucht vor den Pogromen der Nazis. Heute fehlen solchen Menschen der Weltstadt Wien."*

Als Paryla zur Schaupielschule ging, war die Zeit der großen Inflation, bevor die Kronenwährung auf Schilling umgestellt wurde. Jene, die Geld hatten, gaben es rasch für Konsum und Luxus aus, die anderen hatten in ihren kalten Wohnungen höchstens Maisbrot zu essen. Wenn der Schauspielschüler durch die Straßen Wiens ging, konnte er Bettler vor den Delikatessengeschäften beobachten, die vor Kälte schlotternd, die Leckerbissen hinter den Fensterscheiben mit den Augen verschlangen. Eindrücke, die blieben, die später als Bestandteile seiner Inszenierungen wieder auftauchten. Paryla beobachtete das Volk genau, spitzte in der Straßenbahn die Ohren, was und wie die Leute etwas sagten. Den Bezug zu den Menschen wird er nie verlieren. *„Ich denke an die Arbeiter, an das Volk, als schwer arbeitende Menschen, die von sechs Uhr früh an unterwegs sind"*, sagt er. Im „Girardi"-Film von 1954 zeigte er, wie ein Schauspieler zu einem großen Volksschauspieler wird, indem er ununterbrochen beobachtet, zuschaut. Der junge Girardi im Film studiert Kellner, Betrunkene, adelige Damen und fesche Leutnants, um solche Figuren in ihrer Eigenart darstellen zu können. *„Aus einer anarchischen Lust am Theaterspielen geriet ich immer stärker in die Beobachtung der Zeit, in der ich lebe"*, sagt er heute und bezeichnet das erlebte und das beobachtete Leben als Humus der künstlerischen Arbeit.

Warum ging er zum Theater? Jedenfalls nicht, um Glücksräusche auf der Bühne zu erleben, auch nicht, um sich aus dem Milieu hinwegzuheben, in das er hineingeboren wurde, oder *„sich Hinaufzudümpeln in die Arroganz einer Karriere. Nein. Auf der Bühne Partei ergreifen für die Idee des Menschen und dem Publikum Wertvolles für das Leben mitteilen!"*

Obwohl Paryla durch seine Herkunft und Vielseitigkeit ein Paradebeispiel eines österreichischen Talents ist, fehlt ihm das „Schlamperte". „Leichtigkeit ist ihm nicht in die Wiege gelegt worden", sagt Maria Becker, langjährige Kollegin und Freundin. „Im Gegenteil, sein bestimmender Charakterzug ist Ernsthaftigkeit. Nie beschäftigt er sich ‚locker' oder oberflächlich mit etwas, sondern immer als folge er einer Berufung." Das Talent verführt ihn nicht zu Leichtfertigkeit, zu Routine; jede Rolle, jede Inszenierung ist ein neues Ringen um den Weg, den Menschen in seinen Widersprüchen, Leidenschaften und Fähigkeiten so vollendet wie möglich darzustellen. Kompromißlosigkeit schützt ihn davor, eitel und korrumpierbar zu sein, sein Arbeitsethos zeitigt als Kehrseite zuweilen auch Unduldsamkeit mit dem Mittelmaß.

II. KAPITEL

Spielen mit großen Vorbildern

Seit 1924 war Rudolf Beer auch Direktor des Deutschen Volkstheaters. Bei ihm engagiert zu sein war eine glänzende Startmöglichkeit für den neunzehnjährigen Paryla. Beer holte die bedeutendsten Schauspieler der Zeit zu regelmäßigen Gastspielen und die Wiener konnten Stars wie Alexander Moissi, Albert Bassermann, Elisabeth Bergner, Elisabeth Konstantin, Tilla Durieux in ihren jeweils neuesten Rollen kennenlernen. Neben gehobener Unterhaltung brachte Beer literarische Stücke neuer Autoren wie Gerhart Hauptmann, Georg Kaiser, Luigi Pirandello oder Bernhard Shaw heraus. Das Publikum kam in Scharen und die Kasse stimmte.

Karl Paryla debütierte am 2. September 1924 im Raimundtheater in Roda Rodas „Der Feldherrnhügel". In diesem Schwank voll Witz und k. und k. Satire spielte Paryla den Leutnant Palitschek. Niemand im Zuschauerraum hatte bemerkt, daß der erste Auftritt des jungen Schauspielers mit einem ziemlichen Schreck verbunden war: *„Der Inspizient hatte mich schon aufgerufen, da hielt mich die ‚komische Alte' auf und redete auf mich ein, wie gut sie mich gestern bei der Probe gefunden hätte und daß ich meinen Weg schon machen würde. Sie redete noch weiter, doch der Inspizient riß mich gewaltsam los, stieß mich auf die Bühne. Da stand ich und wußte auf einmal kein Wort von meinem Text. Beim ersten Auftritt hab' ich versagt".* Trotzdem stand der kaum Zwanzigjährige gleich vor einer neuen Aufgabe: In „Maria Stuart" hatte er für Jakob Feldhammer, einen bekannten Protagonisten, den Mortimer zu übernehmen. Für Paryla hätte der Selbstmord, den Mortimer im Stück zu vollführen hat, böse ausgehen können: Vor der Vorstellung hatte man den Dolch, der ihm in die Hand gedrückt wurde, nicht untersucht: *„Wie im Theater neben höchster Präzision auch höchste Schlamperei herrscht, hat mir der Requisiteur einen Dolch gegeben, der kein Theaterdolch war. Mit ‚Frei im letzten Augenblick soll mein Herz sich öffnen', hab' ich, der Szene entsprechend, fest zugestochen. Die Spitze ging nicht in sich zusammen. Ich hab' mir eine Wunde beigebracht, das Blut rann, die Zeitungen schrieben."*

In einer der nächsten Vorstellungen von „Maria Stuart" wurde Paryla vor dem Auftritt von einem älteren Kollegen angesprochen, der ihn kritisierte und lobte. Ob er sein Schüler werden wolle? Josef Klein, so hieß er, wurde sein Lehrer. Paryla erzählt: *„Klein war lange bei Max Reinhardt am Deutschen Theater in Berlin engagiert gewesen; er war ein berufener Lehrer, ein Wissender, ein Könner und ein Erzieher. Ein Schauspieler muß auch ein Handwerker sein, der mit seinem*

Körper umgehen kann, der seine Stimme, seine Sprechorgane, die Klang- und Resonanzräume des Körpers beherrscht. Heute wird es im Theater oft langweilig, da sich der selbstgenügsame Plauderton als Natürlichkeit der Sprache nicht überträgt. Viele Schauspieler verfügen nicht mehr über das Können, im eigenem Körper Resonanzräume zum Schwingen zu bringen, um den weit weg Sitzenden verständlich zu sein. Man muß jeden Ton, jede Silbe bis auf die oberste Galerie verstehen oder man muß sie zusperren. Im Unterschied zum Film muß man im Theater in den Raum hinein senden, dazu ist Übertreibung nötig, eine positive Übertreibung, um das auszudrücken, was der Dichter aussagen will. Es darf nicht bei der Selbstgenügsamkeit einer spießigen Natürlichkeit bleiben. Es gibt Schauspieler, die bemerkt man auf der Bühne, bevor sie den Mund aufgemacht haben, durch ihre Ausstrahlung. Dazu gehört allerlei Technik. Das sind nicht nur Stimmübungen, das hat mit Ausdruck zu tun und betrifft den ganzen lebenden Menschen im Prozeß des Lebens: Bewegung, Sprache, Ausstrahlung – ‚Appeal'. Um das zu lernen, braucht man Jahre. Was mir Josef Klein an Arbeitsmöglichkeiten aufgetan hat, hat mich Jahrzehnte beschäftigt."

Im Premierenbericht von Schillers „Wallensteins Tod" fiel dem Kritiker vom „Neuen Wiener Journal" „ein eindrucksvoller, wuchtiger Wallone: Herr Paryla" auf. „Fried, Ihr Herren!", waren seine ersten Worte im Stück – und können als Motto für sein Leben gelten. Albert Bassermann, *„der größte Schauspieler dieses Jahrhunderts"*, wie Paryla ihn bezeichnet, spielte die Titelrolle. *„Bassermanns Darstellung des Menschen Wallenstein war von einer Aufrichtigkeit und Wahrheit und hat alles Bisherige gesprengt. Sein Gebaren, seine Art, seine eingesetzte, produktive Hemmungslosigkeit waren erschreckend und aufregend. Man hat einem Menschen zugesehen."* Später spielte er mehrmals mit Albert Bassermann große Rollen: in den Dreißiger Jahren im Theater in der Josefstadt und in der Zürcher Emigration.

Ein bemerkenswertes Ereignis in Parylas dritter Spielzeit war eine Avantgarde-Produktion höchster Raffinesse: „Anja und Esther" von Klaus Mann als literarische Matinee der „Bühne der Jugend" – eine freie Produktion im Raimundtheater. Der Bühnenerstling des neunzehnjährigen Sohns von Thomas Mann fand in Wien, im Gegensatz zu Berlin, ein verständnisvolles Publikum. In der Regie von Franz Theodor Csokor spielten Pamela Wedekind, Erika Mann, Franz Deutsch und Karl Paryla junge, verlorene Menschen der Nachkriegsgeneration. Auf den Wiener Proletariersohn machte die Begegnung mit den prominenten Dichterkindern Eindruck. *„Das waren gescheite junge Leute voll Kultur, keine Hausmeister. Ich habe später in Zürich den progressiven Kontakt zu Erika Mann weiter gepflegt."*

Beim mehrwöchigen Gastspiel von Elisabeth Bergner im Juni 1926 spielte Paryla in Shaws „Die heilige Johanna“ den Hauptmann La Hire. Bei der Premiere passierte ihm ein Fauxpas: *„Ich hab' nie Sinn gehabt für das Konversationszimmer. Irgendwo in einer Ecke hab' ich auch während der Vorstellung gearbeitet, bin noch einmal den Text und noch einmal die Szene durchgegangen – das empfehle ich sehr –. So auch bei dieser Vorstellung. Und da ist es mir passiert, daß ich einen Aktschluß versäumt habe – das empfehle ich nicht –. In der Pause kam der Direktor wütend auf mich zu, riß mir mein Bühnen-Schwert aus der Hand, hob es hoch, als ob er es mir auf den Kopf schlagen wollte, die Bergner stürzte dazwischen und schrie: ‚Laß ihn, bist du verrückt geworden – er ist doch so gut. Wir haben doch alle schon Fehler gemacht.'“*

Zur wichtigsten künstlerischen Begegnung wurde Alexander Moissi. Von März bis Mai 1925 gastierte der berühmte Schauspieler am Deutschen Volkstheater und Paryla spielte in fünf Produktionen mit ihm, in der Folge auch auf einigen Tourneen. Paryla berichtet: *„Alexander Moissi war bestürzend und berührend für die Jugend. Seine Stimme war von einer natürlichen Schönheit, die elektrisierte. Er war kein Schönsprecher, doch klang sein ganzer Körper wie ein Instrument. Er, der kein Deutscher war, konnte die Sprache zu einer poetischen Inhaltlichkeit und formalen Schönheit bringen. Seinen Augen konnte sich niemand entziehen. Sein Gesicht war Musik, seine Gestik unübertrefflicher Ausdruck, seine Bewegungen waren von ästhetischer Prägnanz. Der Film hat die Großaufnahme entdeckt: Moissi brauchte keine Kamera; wenn er auftrat, war Großaufnahme. Durch ihn habe ich Mut zu Gesten, zur Bewegung bekommen. Von ihm konnte man lernen, wie man mit Sprache umgeht, wie Sprache mehr ausdrücken kann, als nur das, was die unmittelbare Situation bedingt, wie man Pausen füllt, wie man ein Kostüm trägt, Requisiten benützt. Wie Moissi sprach, wie er sich bewegte, hatte stets eine mit Figur und Stück konforme Bedeutung. Es war eine merkwürdig widersprüchliche Einheit: er folgte in der Figur, die er verkörperte, immer den Intentionen des Dichters und blieb doch immer der Moissi. Kein Mensch, kein Theater waren für mich je so aufregend und lehrreich wie Moissi. Ich bin stolz darauf, daß er mich mochte.“* Auf einer Tournee, bei der Moissi Goethes Faust spielte und Paryla Gretchens Bruder Valentin, rief er den jungen Kollegen in seine Garderobe und arbeitete mit ihm. Eine künstlerische Eigenart von Paryla, seine Figuren aufgewühlt und die drastischen Formen der Sprache in den Vordergrund zu spielen, geht sicher auf den Einfluß Alexander Moissis zurück.

Die farbige, vitale Persönlichkeit von Rudolf Beer trug ebenfalls zur Formung bei. Paryla, der ihm in Temperament und Aktivität ähnlich war, fühlte sich angespornt durch seine Kompetenz in Theaterdingen, seine Direktheit und Natürlichkeit. Als schon reifer Schauspieler beschrieb Paryla 1950 den „Doktor Beer“, wie man ihn nannte, weil er den Titel „Direktor“ verschmähte, in der schon erwähnten Rede: *„Wenn er etwas tat, dann tat er es ohne Schmus, fast vorbereitungslos, direkt, wie das handelnde Leben. Und das Geheimnis seiner besonderen Art war es, selbst im größten Sturm der Arbeit nie jenes echte österreichische Nationalgut der gesunden Natürlichkeit zu verlieren. Die Verbindung von Feuerkopf und Gemütlichkeit war so natürlich bei ihm, wie der ganze Mensch. Alles an ihm war echt und wahr – seine persönliche Bescheidenheit und seine berserkerhafte Besessenheit als Kapitän der Theaterschiffe, die er führte und deren Passagieren er nie das Gefühl gab, sie könnten untergehen. Bei schlechtem Wetter kam er mit strahlender Heiterkeit zu seinen Leuten und zeigte die besten von seinen oft fürchterlich schlechten Launen. Mitreißend war sein Temperament, dem eine Stimmkraft zur Verfügung stand, um die ihn Schauspieler beneiden konnten. Seine Arbeitskraft, sein Witz, sein Humor waren stadtbekannt, aber ebenso sein Zorn, der Theaterunkundige traf, die zum Beispiel mit bedecktem Kopf das Heiligtum der Bühne betraten. Überhaupt waren ihm jede Unwissenheit, Ungeschicklichkeit, Blödheit, Schläfrigkeit, Mutlosigkeit, Pessimismus, Raunzerei, das Aufgeben einer Sache höchst verhaßte Dinge, die ihn gewaltig in Harnisch bringen konnten.“*

Obwohl Paryla seinen Direktor verehrte, ging er im Herbst 1926 nach Deutschland. *„Die berühmte Theaterstadt Wien hat begabten jungen Schauspielern nicht die Aufmerksamkeit geboten, nach der sie brannten“*, resümiert Paryla und erinnert an Paula Wessely, die ebenfalls von Wien wegging, um interessanten Engagementmöglichkeiten in Prag und Berlin zu folgen.

III. KAPITEL

Abschied vom freien demokratischen Theater

Im Herbst 1926 ging Paryla nach Deutschland ins Engagement, im Frühjahr 1933 kehrte er, vor den Nationalsozialisten flüchtend, in seine österreichische Heimat zurück. Die sieben Lern- und Wanderjahre des jungen Schauspielers durch deutsche Großstädte fielen mit einer politisch instabilen Zeit zusammen, als die krisengeschüttelte Weimarer Republik ihrem Ende zusteuerte, dem Ende des ersten Versuchs einer Demokratie.

In diesen Jahren eignete sich Paryla, dessen Fachbezeichnung „jugendlicher Held und Naturbursche" lautete, Theaterpraxis an und konnte Talent und Ausbildung unter Beweis stellen. Viele große Rollen, an denen der Schauspieler persönlich und künstlerisch wachsen sowie seine Spielfreude austoben konnte, wurden in den deutschen Städten eher angeboten als in Wien. Er lernte unterschiedliche Theaterstile kennen, die sich in Deutschland stärker als in Wien auswirkten; es war die Zeit des Expressionismus, des Theaters der Neuen Sachlichkeit und des politisch engagierten Realismus. Er traf Menschen, die für sein weiteres berufliches Fortkommen wichtig wurden, und fand Freunde fürs Leben. Vor allem aber prägten die Jahre vor der Machtergreifung der Nationalsozialisten den politischen Menschen Paryla.

Ein paar Monate Mannheim, je ein Jahr Köln, Darmstadt und Düsseldorf, zwei Spielzeiten in Breslau und schließlich wieder zwei Jahre Darmstadt, waren Paryla Stationen in der Weimarer Republik. Als er 1927 nach Darmstadt kam, erschien dem Großstadtwiener die Stadt klein, doch war das Hessische Landestheater eine große, gut subventionierte Bühne, den Zeitströmungen gegenüber aufgeschlossen und hatte ein theaterbegeistertes Publikum. Hier traf er erstmals auf einen Regisseur, den er ernstnehmen konnte: *„Ich stellte fest, daß ich bisher noch keinen gehabt hatte, große Schauspieler und Lehrer ja, aber keinen Regisseur, der mir sagen konnte: warum machen Sie das und nicht das? Warum machen Sie das so und nicht so, warum benehmen Sie sich nicht natürlich? Sie brauchen nicht so zu schreien, viel langsamer, warum so rasch?"* Friedrich Neubauer hieß der Regisseur, mit dem Paryla eine lebenslange Freundschaft verband. *„Er war ein universell begabter Theatermensch und hätte die größte Karriere machen können, wenn er gewollt hätte. Er war ein ehrgeizloses Genie, ein Schauspieler, Literat, Komponist und ein hervorragender Regisseur."* So jemanden brauchte Paryla, jemanden, der ihm helfen konnte, sein wildes Temperament beherrschen zu lernen und seine ungestüme Kraft für die Rollengestaltung künstlerisch nutzbar zu machen. Heute erinnert er sich noch an eine junge Darmstädterin, die einmal zu ihrem Vater sagte: *„Nein, wenn der Paryla spielt, gehe ich nicht ins Theater, er ist immer so laut und aufregend."* Er war vermutlich ein aufregender junger Mann; die Rollen waren aufregend, das Leben war aufregend, die Zeit war aufregend.

Im Deutschland jener Jahre gewannen zwei Zeitschriften für Paryla große Bedeutung: „Das Tage-Buch", herausgegeben von Leopold Schwarzschild, und die „Die Weltbühne", geleitet von Carl von Ossietzky und Kurt Tucholsky, beide entschiedene Gegner der dramatischen Rechtsentwicklung. Zeitschriften dieser Qualität waren für den Wiener neu. Paryla studierte die Artikel der fortschrittlichen Publizisten und Schriftsteller von Rang – *„Eine Lektüre wie diese hat zum täglichen Brot gehört"* – und übte sich in Argumentation und Stil in der Auseinandersetzung politisch brisanter Themen. Die Nazis hatten zwar bei der Reichstagswahl am 20. Mai 1928 nur 3,6% der Stimmen erhalten, doch war der Rechtsruck bedrohlich. Zwei Jahre später hatten sie bereits 18,3% und 1932 gingen sie bei den Reichstagswahlen als stärkste Partei hervor. Ossietzky mußte wegen aufdeckender Artikel schon in der Weimarer Republik ins Gefängnis, die Nazis rächten sich später erbarmungslos an ihm.

Noch in der Weimarer Republik begann sich Paryla als Delegierter der Schauspieler mit der Gewerkschaftsbewegung auseinanderzusetzen. Auf einem Kongreß der „Deutschen Bühnengenossenschaft" lernte er die Schauspieler Hans Otto aus Berlin, Wolfgang Langhoff aus Düsseldorf und den Wiener Wolfgang Heinz kennen. Sie sind Freunde geworden.

Als Paryla 1929 ans Thalia- und Lobetheater in Breslau engagiert wurde, war Breslau, eine der großen Industriestädte der Weimarer Republik, eine Hochburg der Kommunisten, die einen verzweifelten Kampf gegen den Faschismus führten. Das Theater in Breslau reagierte auf die politische Situation. Paul Barnay, der Intendant, hatte den Mut zu Stücken von Bertolt Brecht, Friedrich Wolf, Lion Feuchtwanger, Curt Corrinth, Hans-José Rehfisch. Auch das Publikum war politisiert. Der auf der Straße ausgetragene Kampf wurde im Theater zwischen den Abonnenten der linken Publikumsorganisation „Freie Volksbühne" und des rechten „Bühnenvolksbunds" fortgesetzt. „Die Matrosen von Cattaro" von Friedrich Wolf war ein Stück, bei dem das Theater zur politischen Bühne wurde. Paryla spielte die Hauptrolle, den Matrosen Franz Rasch. Das Drama beruht auf einer wahren Begebenheit und zeigt das Ausbrechen und Scheitern der Matrosenrevolte auf einem österreichischen Kriegsschiff 1918. Der Autor Friedrich Wolf meinte aber das Scheitern der deutschen Revolution: „Warum haben die Proletarier trotz heroischer Kämpfe die Revolution verloren?" und gibt die Antwort: „Weil wir mit

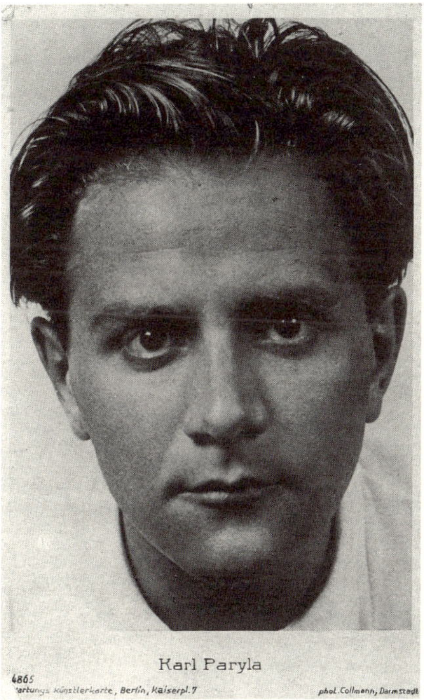

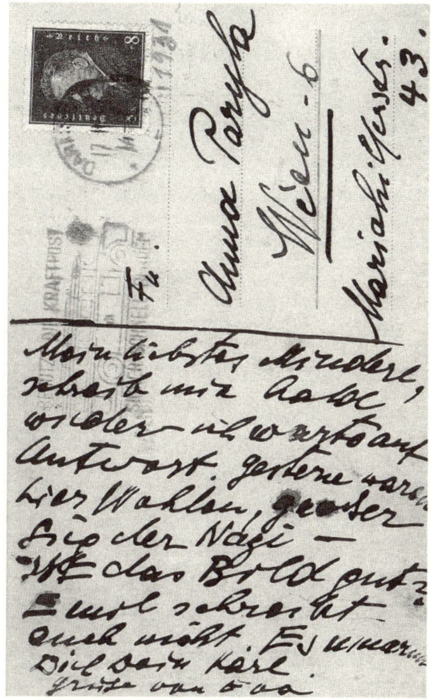

1 Eine Autogrammkarte von Karl Paryla aus dem Jahre 1931. Er hat sie auch als Postkarte an seine Mutter in Wien benützt.

2 Rückseite dieser Autogrammkarte.

unserer Macht nichts anzufangen wußten." Die Parteinahme auf der Bühne für die österreichischen Matrosen übertrug sich auf das Publikum. Max Ophüls schrieb in seinen Memoiren: „Der Zuschauerraum war mit Spannung geladen wie mit Dynamit. Die Leute applaudierten, wenn der Rebellenführer (Karl Paryla) für den Frieden der Völker sprach, die österreichische Flagge vom Mast nahm und die rote Fahne aufzog. Eines Abends begann eine Gruppe junger Studenten zu protestieren, als die rote Fahne hochging. ‚Runter mit dem Fetzen!' riefen sie im Chor. Eh man sich's versah, war der Zuschauerraum in ein Schlachtfeld verwandelt. Die Polizei mußte einschreiten. Es gab Verwundete."

Jahrzehnte später traf Paryla einen Mann, der bei der Premiere zugegen war und heute in London lebt: *„Die letzten Worte Franz Raschs, als dieser nach der Kapitulation abgeführt wird, um hingerichtet zu werden: ‚Das ist nicht das Ende, das ist erst der Anfang', haben diesen Mann so erschüttert, daß er sie nie vergaß. Auch an die Melodie und Texte der Kampflieder konnte er sich noch nach mehr als einem halben Jahrhundert erinnern, so stark war der Eindruck der Vorstellung."* Auch auf der Bühne herrschte Kampfstimmung. Paryla merkte nicht, daß er sich bei seiner Rede an die Aufständischen die Fäuste blutig schlug, als er rhythmisch auf einen Tisch trommelte. Sein Garderobier machte ihn nach dem Abgang darauf aufmerksam und half beim Verbinden der Wunde. In der Rolle des revoltierenden Matrosenführers hatte Paryla das glückhafte Erlebnis, daß sich sein Anspruch auf politische Parteinahme mit hoher künstlerischer Qualität deckte. Max Ophüls, der später Weltberühmtheit erlangte und im Frankreich der fünfziger Jahre zu einer Kultfigur wurde, war der Regisseur der Aufführung. *„Max Ophüls"*, berichtet Paryla, *„war einer, der Begeisterung auslösen konnte; seine Begeisterung steckte Ensemble und Publikum an. Er war als Regisseur ein Selfmademan. Er war kein Schauspieler, doch hatte er sich im Laufe der Zeit die Disziplinen der Schauspielkunst angeeignet. Er war nicht nur ein außerordentlicher Regisseur, er war auch Dramaturg und verfügte über das besondere Talent, ein Stück für die Bühne weiterzudichten. ‚Matrosen von Cattaro', ist so, wie es Wolf geschrieben hat, schwer zu spielen und für das österreichische Thema zu preußisch. Ophüls, der kein Preuße war, sondern Saarbrückner und frankophil, hat das Stück zusammen mit den Schauspielern dramaturgisch, sprachlich umgestaltet, sodaß aus dem trockenen, expressiven Theatervorwand ein wirkliches Theaterstück wurde." Paryla bewundert das, „denn ein Regisseur muß auch Dramaturg und Poet sein, der ein Stück bearbeiten kann, als hätte er es gedichtet. Wenn er das nicht kann, darf er es nicht inszenieren! Ophüls war ein entzückender Mensch, sehr gebildet, psychologisch beobachtend und deutend; außerdem war er sehr musikalisch. Bei unserem ersten Gespräch – er hatte mich als Figaro gesehen – fragte er mich:*

3 Politisches Theater in der Weimarer Republik. In Breslau spielte Paryla (Bildmitte) 1930 den Bootsmaat Franz Rasch, den Anführer einer Matrosenrevolte, in Friedrich Wolfs „Die Matrosen von Cattaro“. Regie führte Max Ophüls.

4 In der kommunistischen „Interessensgemeinschaft für Arbeiterkultur“, der „IfA“, leitete Paryla eine Arbeiterspielgruppe; gespielt wurde auf Versammlungen und Kundgebungen.

‚Spielen Sie ein Instrument?' ‚Ja, Geige.' ‚Das merkt man', antwortete er.“ 1938 in Zürich traf Paryla Max Ophüls, der ins französische Exil gegangen war, wieder. Als Gast inszenierte er einige Stücke am Zürcher Schauspielhaus, darunter „Romeo und Julia“ mit Paryla und Hortense Raky.

Breslau galt als Sprungbrett für Begabungen. Käthe Gold, Emil Stöhr, O. E. Hasse, Ernst Waldbrunn, Hans Frank, Walter Richter waren zugleich mit Paryla engagiert. Das Ensemble war zum großen Teil politisch links orientiert; so konnte es passieren, daß die Schauspieler Stücke sabotierten, die sie ablehnten. Eines Tages erklärte der Intendant dem Ensemble, es müßte nun einmal ein rechts gerichtetes Stück spielen. Die Spielplanänderung hatte der „Bühnenvolksbund“ verlangt, der gegen Ende der Weimarer Republik von faschistischen Gruppen dominiert wurde. Paryla erzählt: *„Zuerst haben wir uns geweigert, doch als das nichts half, haben wir schlecht gespielt, nur Text aufgesagt und einen Mißerfolg inszeniert. Barnay mußte das Stück absetzen.“*

Viele Ensemblemitglieder fuhren zu den „LLL-Feiern“, den „Lenin-, Liebknecht-, Luxemburg-Feiern“, das waren Totenfeiern der oppositionellen KPD, die abends auf Wiesen abgehalten wurden. Agitpropgruppen führten Stücke auf. Paryla engagierte sich in der „IfA“, der „Interessensgemeinschaft für Arbeiterkultur“. 1927 war dieser Dachverband der kommunistischen Künstler- und Intellektuellenvereinigungen entstanden, um auf dem Gebiet der Kultur und des Bildungswesens den Kampf gegen Reaktion und Faschismus aufzunehmen. Die Gefahr war eklatant: Vom Gesetz „Zur Bewahrung der Jugend vor Schmutz und Schundschriften“, das als Ausnahmegesetz vorwiegend auf fortschrittliche und proletarisch-revolutionäre Literatur angewendet wurde, bis zur Abschaffung des Demonstrationsrechts, wurde der Spielraum der Linken immer geringer. Alfred Rosenbergs nationalsozialistischer „Kampfbund für Deutsche Kultur“ ging in aggressiver Weise gegen die linken Künstler vor. In der „IfA“ leitete Paryla eine Arbeiterspielgruppe. Er, der sonst immer Scheu vor Vereinen und Laientheater hatte, erinnert sich gerne *„an die jungen Arbeiter mit ihren naiven, gutgläubigen und gutwilligen Gesichtern.“* Gespielt wurde auf Versammlungen und Kundgebungen der KPD. Ziel war, agitatorisch auf Zuschauer zu wirken, die kein Theaterpublikum waren.

Paryla, der zumeist junge Helden und feurige Liebhaber auf der Bühne verkörperte, lernte als Shakespeares Richard III. seine erste Frau kennen. *„Ob ich als Richard besonders gut war, weiß ich heute nicht mehr. Der jungen Schauspielerin Eva Steinmetz, die im Stück mein Page war, gefiel ich jedenfalls.“* Ihr Vater, ein angesehener Breslauer Lederwarenkaufmann, schätzte die politische Einstellung des Schwiegersohns überhaupt nicht. Noch 1933 drückte er ihm ein Exemplar des

5 Paryla mit Lilli Palmer in der Komödie „Der Mustergatte", Darmstadt im Dezember 1932; wie andere Ensemblemitglieder wurden Paryla und Palmer nach der nationalsozialistischen Machtübernahme fristlos entlassen.

6 Darmstadt, 1931. In Renato Mordos Shaw-Inszenierung „Blanco Posnets Erweckung" spielte Paryla den Blanco Posnet.

7 Abschied vom freien, demokratischen Theater: Paryla als Melchthal in der „Wilhelm Tell"-Inszenierung von Gustav Hartung.

„Völkischen Beobachters“ in die Hand: „Schau, die machen es richtig!“ – Er war deutschnationaler Jude. Als er merkte, daß es auch für deutschnationale Juden lebensgefährlich wurde, übersiedelte er nach Wien und emigrierte 1938 nach Bogotá. Auch Parylas Bruder Emil Stöhr heiratete eine junge Breslauerin. 1933 mußte Stöhr mit seiner Frau in die Schweiz flüchten.

Im Herbst 1931 gingen Karl und Eva Paryla nach Darmstadt. Das Hessische Landestheater war anspruchsvoller geworden. Viele berühmte Schauspieler aus Berlin waren *„auf der Flucht“* in die Länder. *„Sie fühlten sich in der Reichshauptstadt nicht mehr wohl, sowohl politisch, als auch wegen der großkotzigen Asphaltatmosphäre. Manche der Theater in den Ländern, so wie Darmstadt, wurden maßgeblicher als die Berliner Bühnen; eine Entwicklung, die wir heute auch haben“,* kommentiert Paryla. Er hatte es mit Kollegen wie Paul Wegener – mit dem er in Gerhart Hauptmanns „Michael Kramer“ und in Friedrich Hebbels „Maria Magdalena“ spielte –, mit Ernst Ginsberg, Erwin Faber oder Lilli Palmer, der jungen, später weltbekannten Schauspielerin in ihrem Anfangsengagement – zu tun. Paryla war ihr „Mustergatte“ in der gleichnamigen Komödie von Avery Hopwood.

Kurt Hirschfeld, der Dramaturg, bemühte sich, Bertolt Brecht in Darmstadt durchzusetzen. Paryla und einige Kollegen unterstützten ihn nach Kräften „Die heilige Johanna der Schlachthöfe“ herauszubringen. Paryla bemerkt dazu: *„Es ist nicht gelungen, da sich Leute im hessischen Parlament dagegen stemmten. In einer ‚Wendehals-Aktion‘ brachte Gustaf Gründgens das Meisterwerk von Brecht nach dem Ende des Dritten Reichs in Hamburg zur Erstaufführung!“* Gustav Hartung, Intendant und Gallionsfigur des expressionistischen Theaters, war aus Berlin nach Darmstadt gekommen. *„Obwohl der Expressionismus schon zu Ende war, benutzte Hartung noch die Phraseologie: ‚geballt‘ und ‚gestuft‘, waren die Ausdrucksschlachtrufe. Als ich Romeo spielte, meinte der Regisseur, ich müßte die Figur aus der Hüfte spielen.“* In „Maria Stuart“ spielte Paryla den Mortimer. „Als der Vorhang nach fünf Stunden Aufführung am 20. 1. 1933 gefallen war, durchbrausten in einer auch an dieser Stelle selten erlebten Stärke Beifallsstürme das Große Haus des Darmstädter Theaters. Sie galten neben dem Inszenator nicht minder den schauspielerischen Leistungen, die mit zu dem Großartigsten gehörten, was an moderner Schauspielkunst je auf der Darmstädter Bühne zu sehen war“, schrieb Hermann Kaiser in seinem Buch „Modernes Theater in Darmstadt“.

Zwischen Paryla und dem Theaterleiter Hartung kam es gelegentlich zu Spannungen, zweimal wurde er fristlos entlassen. Einmal wegen einer Revolte: *„Das Theater ging nicht, die Vorstellungen kamen zu spät oder gar nicht heraus, also haben wir eine Ensemblerevolte organisiert, und dann wurden die Rädelsführer* *fristlos entlassen! Wir wurden allerdings wieder eingestellt, weil das Bühnenschiedsgericht feststellte, daß wir Recht gehabt hatten";* das zweite Mal wegen unbotmäßigen Tons dem Direktor gegenüber; aber auch diese Entlassung wurde zurückgenommen. Daß Paryla und Hartung schließlich Freunde wurden, hat mit dem mutigen Verhalten des Intendanten in der bitteren Stunde der Machtergreifung durch die Nationalsozialisten am 7. März 1933 zu tun. Paryla: *„Wir probten ein Stück von George Bernard Shaw, das nicht mehr zur Aufführung gelangte. Während der Generalprobe marschierten im Hof des Theaters SA-Leute ein. Hartung ließ die Probe nicht unterbrechen. Zum Schluß kam er auf die Bühne und hielt eine Ansprache, die mir größte Hochachtung abrang: ‚Wir werden dieses Stück nicht mehr herausbringen können, das ist eine Tragödie, nicht nur für das Stück, für uns alle und für Deutschland. Ich bin fest davon überzeugt, daß das nicht lange dauern wird, und wir dieses Stück in Freiheit und Demokratie spielen werden.' Der Abschied dieses mutigen Mannes vom freien demokratischen Theater im Augenblick der Machtergreifung hat mich als Erinnerung nie verlassen. Es war die Zeit der ‚Nächte der langen Messer', wie die Nazis sie selber nannten. Verschleppungen, Folterungen, Erschießungen... Hans Otto vom Berliner Schillertheater, den die Kollegen zum Obmann der Gewerkschaft gewählt hatten, ließ sich nicht beirren, er ging weiter auf die Straße wie bisher und verteilte Broschüren gegen den Nationalsozialismus; SA-Leute zerrten ihn in ein Haus und stellten ihn an die Wand."* Paryla hat dem Freund ein Gedicht gewidmet:

Die Wand

Die Zimmer-Wand
Etage vier
sie sah gespannt,
wie unverwandt
die Folterer mich schlugen
im Revier.

Du kühle Wand
kannst nicht dafür
daß ich, wenn sie an dich den Kopf mir schlagen
Deine Härte spür!

Erst stand ich lang
Du Wand an Dir

die wunde Hand
voll Blut und Sand hielt sich an Dir.

Ein friedlich Band
der Freiheit Tür
wardst Du mir, Wand,
vertrautes Land,
mit dem ich hier
letzte
Gespräche führ.

Als immer wieder fand
ich mein Bewußtsein mir
und unter Schlägen es mir schwand -
Aufrecht vor mir standst Du,
die Wand;
der ich, ermannt, sagte:
So werde ich auch sterben noch an Dir?

Paryla war gefährdet. Neben seinem Einsatz für die Gewerkschaft, als Mitglied der „revolutionären Gewerkschaftsopposition", hatte er einen politischen Club für Intellektuelle gegründet, in dem Diskussionen stattfanden und Vorträge gehalten wurden. Er war auf Arbeiterversammlungen aufgetreten und außerdem hatte er in der „Interessensgemeinschaft für Arbeiterkultur" Filmvorführungen organisiert. Als die SA im Theater einmarschierte, hing am Schwarzen Brett noch das Plakat für den Film „Der Weg ins Leben", darunter stand „Karten erhältlich bei K.P.". „Der Weg ins Leben" war der erste russische Tonfilm und erregte wegen seiner hohen Qualität internationales Aufsehen; Alfred Kerr und Alfred Döblin hatten sich für den Film eingesetzt.

Waren Aktivitäten für die Arbeiterkulturbewegung schon in den letzten Jahren der Weimarer Republik behindert und kriminalisiert worden, so waren die Beteiligten unter den Nazis brutaler Verfolgung ausgesetzt. Wolfgang Langhoff, der Schauspielerkollege aus Düsseldorf, wurde verhaftet und ins KZ deportiert, bei Paryla war Hausdurchsuchung: *„Wie die Hausdurchsuchung damals durchgeführt wurde, das gehört zu den beachtlichen Dingen, die zeigen, daß die Menschen nicht ohne weiteres den Faschismus annahmen. Zwei Beamte kamen zur Durchsuchung, haben nichts gefunden, sind wieder weggegangen. Aber ich hatte ganze Stellagen* *voll revolutionärer Broschüren, oppositionelle Propaganda. Sie haben nichts gefunden, das heißt: sie wollten nichts finden. Auch das gab es in dieser lebensgefährlichen Zeit. Dieses Gewerkschaftsmaterial in diesem Moment, wo draußen die SA marschiert, liegen lassen? Da hat die Haushilfe gesagt: ‚Nehm' ich nach Hause.' Wir haben zwei Waschkörbe vollgepackt, ein Taxi bestellt, dann fuhr sie mit diesen Waschkörben voll Gewerkschaftsmaterial nach Hause und hat dort eingeheizt. Dabei ist ein Dachstuhlbrand ausgebrochen, da flogen die Broschüren durch die Luft und die Feuerwehr hat gelöscht, zu spät, wie alles schon verbrannt war. Ich habe mich aus dem Staub gemacht, wie Hunde es tun..."*

Paryla wurde fristlos entlassen „auf Grund des Gesetzes zur Wiederherstellung des Berufsbeamtentums". Hinter dieser bürokratischen Formulierung stand die berufliche Ausgrenzung aller politisch nicht genehmer Arbeitnehmer und Juden. Zugleich mit Paryla wurden in Darmstadt Gustav Hartung, Kurt Hirschfeld, Kapellmeister Adler, die Schauspielerinnen Franziska Kinz und Lilli Palmer, die Schauspieler Ernst Ginsberg, Hugo Keßler und Hermann Gallinger entlassen. Die politischen Verhältnisse änderten schlagartig auch die künstlerischen und menschlichen Beziehungen. Leute, die jahrelang miteinander gearbeitet hatten, gingen ohne „Adieu" auseinander. Nicht alle waren so. 1960 erinnerte sich Paryla anläßlich der Eröffnung des neuerbauten Darmstädter Theaters: *„Mit viel Rührung denke ich an den ehrwürdigen Kollegen Westermann, der damals den Verfemten und seinen gleicherweise entlassenen Freund, obwohl deren Überzeugungen nicht teilend, zu sich einlud, Hilfe anbot und ebenso unerschrocken wie unerwartet, das bezeigte, was man im Theater seit altersher Kollegialität nennt. Er hat mich Achtung gelehrt vor den Angehörigen des Standes der Menschendarsteller. Die Freunderln, die sich in jenen Tagen der Prüfung aus den Armen der Gefährdeten bildwechselrasch in die Arme einiger (!) plötzlich SA-Stiefel tragender Mitglieder flüchteten, sie sind, so wie diese, vergessen... Oft dachte ich an die sinnlosen Fliegerbombenangriffe, die das poetische Städtchen mit seinem Zentrum, dem Landestheater, in Schutt verwandelten. Was mochte in den liebenswürdigen Ladeninhaberköpfen, bei denen wir stadtbekannte Schauspieler mit Rabatt Krawatten kauften, vorgegangen sein, angesichts der grausamen Machtergreifung, mit ihren ‚Nächten der langen Messer', den barbarischen SA-Aufmärschen, der Jagd nach Antifaschisten in den Arbeitervierteln von Darmstadt? Wie viele Darmstädter mußten entsetzlich büßen und unvorstellbares Leid tragen. Was denken die Überlebenden und ihre Kinder heute über Vergangenes und Zukünftiges? Wenn ich mich des liebenswürdigen Idioms erinnere, der Begeisterungsfähigkeit, der milden Luft, dann bringe ich die Gleichzeitigkeit solcher Gedanken nicht aus dem Kopf..."*

IV. KAPITEL

Am Theater in der Josefstadt

Zahlreiche Schauspieler waren in Österreich, in der Schweiz und bei deutschen Theatern in der Tschechoslowakei auf Engagementsuche; viele gingen schon 1933 in die USA, wie Fritz Kortner, oder nach Frankreich wie Max Ophüls. Paryla kehrte nach Wien zurück. Im Theater in der Josefstadt von Max Reinhardt wurde er engagiert und in der Eröffnungsvorstellung der Spielzeit 1933/34, „Faust I", mit dem Schüler besetzt.

Reinhardt verlagerte seine Aktivitäten zunehmend nach Salzburg und Amerika. In Deutschland konnte und wollte er nicht mehr arbeiten. In einem Brief an die „Nationalsozialistische Regierung Deutschlands" im Juni 1933 hatte er das Deutsche Theater in Berlin, welches er seit 1905 besaß und von dem aus die europäische Theaterentwicklung entscheidend geprägt worden war, „Deutschland" übertragen – nicht den Nazis, sondern dem „deutschen Volk". Die Nazis hatten Max Reinhardt die „Ehrenarierschaft" angetragen, doch er hatte dies entschieden abgelehnt. Bis 1938 waren die Salzburger Festspiele, die er gegründet hatte, und das Theater in der Josefstadt in Wien mit seiner Person verknüpft – bis mit dem Einmarsch der deutschen Truppen in Österreich seinem Wirken in Europa ein Ende gesetzt wurde.

Im Mittelpunkt von Max Reinhardts Theaterarbeit standen der Schauspieler und seine Spielfreudigkeit. Auf Proben konnte der Meister, wie er sagte, „den Schauspieler zu sich selbst führen". Das Theater in der Josefstadt, das er 1924 erworben, umgebaut und restauriert hatte, hieß demzufolge: „Die Schauspieler im Theater in der Josefstadt unter der Führung von Max Reinhardt". Bis 1938 behielt es diese Bezeichnung.

Die leitenden Direktoren Otto Preminger, von 1933 bis 1935, und Ernst Lothar, von 1935 bis 1938, versuchten das Haus in diesem Sinn zu führen. Das Theater in der Josefstadt mit seinem besonderen Charakter wurde Paryla zur künstlerischen Heimat: *„In keinem anderen Theater, wahrscheinlich der ganzen deutschsprachigen Theaterwelt und besonders in Wien, hat man so gut und so echt, so gekonnt und so künstlerisch Menschendarstellung geboten, wie im Theater in der Josefstadt. Als 1933 der Faschismus auch im deutschen Theater die Macht ergriffen hatte, wurde etwas fortgeführt, was in der übrigen faschistischen Welt zugrunde ging. Hier spielten die Wessely, der Hörbiger, die Czepa, die Darvas, die Raky, der Moser, der Jaray, der Karlweis, die Maria Bard, die Luise Rainer. Unpoli-*

tische Leute, zum Teil Leute, die dann unglücklicherweise falsche Filme gemacht haben. Für sie war das Reinhardt-Theater ein Ort, wo sie rein und unbehindert ihren Beruf ausüben konnten; sie wußten, so wie dort muß man, so menschlich kann man Theater spielen. Künstler tun oft etwas, ohne zu wissen, daß sie damit der Vernunft helfen. Echte Kunst hat zur Wurzel Frieden, Humanität, Menschlichkeit, vielleicht Christlichkeit und Sozialismus."

In den fünf Jahren spielte Paryla neunundzwanzig Rollen in Komödien, Klassikern und tragischen Stücken. Mit dem Ärztestück „Menschen in Weiß" erlebte er am 9. November 1934 einen Durchbruch und zählte von da an zu den ersten Schauspielern. Im exklusiven Schauspielerensemble verkörperte Paryla den Typus der modernen, vitalen Jugend. Seine Gestalten waren stets leidenschaftlich, mit trotzig-aufbegehrenden Empfindungen und von einer bodenständigen Robustheit und Direktheit. Otto Preminger, der damals erst achtundzwanzig Jahre alte Regisseur, sollte in Hollywood später weltberühmt werden. Paryla erinnert sich: *„Otto Preminger verstand etwas von seinem Geschäft und es war schön, mit ihm zu arbeiten. Er ist aus Österreich weggegangen und hat sich rechtzeitig in Sicherheit gebracht."* „Menschen in Weiß" war Premingers größter Regieerfolg am Theater in der Josefstadt, eine Vorstellung, die hundertzehn Aufführungen erreichte und an mehreren Theatern Wiens gastierte, obwohl gleichzeitig der Film mit Clark Gable in den Wiener Kinos lief. Der Kinotitel lautete „Dr. med. Fergusons schwierigster Fall". In der Josefstadt spielte Karl Paryla den jungen Dr. Ferguson, einen hoffnungsvollen jungen Arzt, der ein Verhältnis mit einer Hilfsschwester beginnt, das nicht ohne Folgen bleibt. Nachdem die junge Frau heimlich eine Abtreibung hat machen lassen, landet sie am Operationstisch des ahnungslosen Jungarztes. Die Schilderung des Ärztemilieus war aufregend für das Publikum. Bühnenbildner Otto Niedermoser hatte einen beeindruckenden Operationsaal geschaffen und ein Chirurg hatte den Schauspielern bei den Operationsszenen fachmännischen Beistand geleistet. In den Kritiken wurde besonders hervorgehoben, daß die begabten Schauspieler, die die Probleme junger Menschen auf der Bühne verkörperten, selbst so jung waren: Paryla und seine Partnerinnen Luise Rainer und Hortense Raky. „Besonders sympathisch an der Aufführung, daß sie junge Talente in den Vordergrund rückt, daß Jugend von Jugend dargestellt wird. Da ist dieses sechzehnjährige Fräulein Hortense Raky, das bisher in kleinen, herzigen Rollen als frisches, bildhübsches Mädel auffiel. Nun überrascht sie durch einen stillen, einfachen Ernst, durch ein rührend, argloses Mädchentum. Hier scheint ein großes Talent im Aufstieg zu sein. Oder der junge Karl Paryla. Auch bisher ein burschikos fröhlicher Episodist. In der nicht leichten Rolle eines schwankenden, charakterschwachen Menschen nimmt er, von Bild zu Bild, gleichsam sichtbar an Talent

8 Auf der Flucht vor den Nationalsozialisten zurück in die österreichische Heimat: Am Theater in der Josefstadt hatte Paryla mit „Menschen in Weiß“ seinen Durchbruch beim Wiener Publikum. In dem Ärztestück führte Otto Preminger Regie. Paryla (links) als Dr. med Ferguson und Hortense Raky als Jungschwester.

9 Wien, Kammerspiele 1937. Paryla als Pepel mit Max Brebeck und Ludwig Stoessel in Maxim Gorkis „Nachtasyl“, Regie: Ernst Lothar.

und Kraft zu und steigert sich zum Schluß zu einer der heutigen Schauspielerjugend nicht mehr geläufigen Innigkeit des Gefühls", schrieb die „Neue Freie Presse". Die junge Hortense Raky hatte man vom Reinhardtseminar an die Josefstadt engagiert; sie war das jüngste Ensemblemitglied in der Geschichte des Hauses bis heute. In Wien kursierte ein Witz, den das „Neue Wiener Journal" abdruckte und der sich auf das „Behördliche Jugendverbot" von „Menschen in Weiß" bezog: „Die Rolle der unglücklichen Krankenpflegerin, die im Laufe des Stücks an den Folgen eines verpönten Eingriffs stirbt, wird bekanntlich von der jugendlichen Darstellerin Hortense Raky gespielt, die eben erst das sechzehnte Lebensjahr erreicht hat. Bei einer der Proben sagte nun ein Darsteller zum anderen: ‚Ein Glück, daß die Raky in diesem Stück mitspielt. Als Zuschauerin dürfte sie nicht ins Theater.'" Paryla spielte noch mehrmals mit Hortense Raky, meist waren sie das Liebespaar, wie in Nestroys „Einen Jux will er sich machen" oder „Große Liebe" von Franz Molnár. Sie wurden auch privat ein Paar und heirateten nach dem Krieg.

Eine wichtige Persönlichkeit war Paul Kalbeck, Hausregisseur am Josefstädter Theater. 1949 beklagte Paryla den Tod des Regisseurs und Freundes, der noch im Exil in der Schweiz verstorben war und eine bedeutende Rolle beim Aufbau des österreichischen Theaters nach dem Faschismus hätte spielen können. Kalbeck war, so Paryla, eine Instanz in künstlerischen Fragen: *„Bescheiden, uneitel, ohne Spur von Machtlüsternheit. Sein befeuerndes oder kritisches Wort galt. Er verbreitete die Kultur eines Spiels, das sich traditionell bewährt und zugleich entwickelt: im unendlichen Bemühen um die Wahrheit des Menschen und der Kunst, und deren vielfältigen Ausdruck, feindlich den Manierismen aller Art."*

Ernst Lothar, 1938 von den Nazis vertriebener Direktor der Josefstadt, förderte Paryla ebenfalls. Lothar hatte in den letzten Jahren der Ersten Republik, als Österreich gefährdet war, einen Zyklus „Österreichische Meisterwerke" begonnen und einen Spielplan der Dichtung erstellt. Zwar gab es weiterhin die charmanten Komödien ungarischer und französischer Provenienz, doch akzeptierte das durchwegs gutbürgerliche Publikum auch anspruchsvolle Stücke. *„Lothar ließ ‚Kindertragödie' von Karl Schönherr spielen: drei Kinder, die im Dialog und im Zusammenspiel zum Ausdruck bringen, wie ihre Eltern leben. Ich habe den älteren Bruder gespielt, Obonya den jüngeren, die Meier, eine hervorragende junge Schauspielerin, die Schwester. Dann hat er in den Kammerspielen gewagt, Gorkis ‚Nachtasyl' zu spielen, den Bassermann geholt, die Tilla Durieux, den eleganten Edthofer, die junge Maria Becker, den Hans Thimig und mich. In „Das vierte Gebot" spielte ich den von seinen Eltern verzogenen Soldaten Martin Schalanter, der einen Fähnrich erschießt und zum Tode verurteilt wird. Es war ein Erfolg. Wir* *hatten ein Publikum, wie es das wahrscheinlich in dieser Art nicht noch einmal gibt: ein wirklich intellektuelles Publikum – Ärzte, Rechtsanwälte, Geschäftleute, Bankiers, Intellektuelle. Die jüdische Geistigkeit war in Wien für die Resistenz gegenüber dem Faschismus, für das kulturelle Leben und für das Theater entscheidend. Leute, die wußten, dachten, lasen und ihre Zeit kannten, so daß man glauben konnte, im Zuschauerraum sitzt der Schnitzler oder der Freud. Wenn man ein konversationelles Lustspiel spielte, hatte man das Gefühl, die spielen mit, wissen schon vorher die Wendung, die Pointe, den Witz."*

Neben den Schauspielerkollegen Hans Jaray, Lili Darvas, Hans Moser, Paula Wessely und Attila Hörbiger, erinnert sich Paryla voll Hochachtung an die technische Bühnenmannschaft des Theaters in der Josefstadt: *„Sie war ein Ausdruck der Qualität der Reinhardt-Bühne. Die komplizierten Umbauten in „Menschen in Weiß" gingen in kürzester Zeit vor sich, denn die Bühnenmeister, die Brüder Dworsky, waren Könner ihres Fachs. Szenen-Umbau ist ein Stück Kunst; auch die Beleuchtung war von höchster Qualität, was damals noch nicht üblich war. Bühnenarbeiter sind Künstler, so wie Schauspieler Arbeiter sind – der Fleiß ihrer Proben ist das Geheimnis guter Aufführungen."*

Die Dreißiger Jahre in Wien waren *„eine gespaltene Zeit, die auf der einen Seite voll Hoffnung und auf der anderen Seite vor dem Abrutschen in den Abgrund stand. Das Vorher ist aufregender als das Nachher der Emigration, denn da ist man Handelnder; vorher ist man einsam, zweifelt, man sieht es kommen und die anderen sehen es nicht, tragen sogar noch bei zum Unheil durch Nichtwissenwollen und Abschieben."* Politische Betätigung war im Österreich des Austrofaschismus illegal, doch hielt Paryla seine Kontakte zu den Deutschen, die im Untergrund arbeiteten; einige Male versteckte er Genossen, die auf der Flucht waren: *„Ich habe sie in meiner Garderobe im Theater schlafen lassen."* Er nahm an illegalen *„Aufklärungsabenden"* Intellektueller teil, bei denen auch Manès Sperber sprach. *„In Prag gab es ein Treffen des Internationalen Theaterbundes, das von Moskau aus organisiert wurde. Erwin Piscator war der Präsident, ich sollte Österreich vertreten. Wir besprachen Theateraufgaben. Was konnte man alles machen? – wenig, nichts oder falsches. Abends sah ich eine Gewerkschaftsaufführung von Gorkis ‚Kleinbürgern'. Straßenbahner spielten in tschechischer Sprache. Ich verstand kein Wort. Aber es hat mich mächtig interessiert. Erst nach dem Krieg kam mir eine deutsche Übersetzung in die Hand."*

Anfang März 1938 begannen die Proben zu dem französischen Lustspiel „Die Reise" von Henri Bernstein, ein Vierpersonenstück mit Maria Bard, Ilse Werner, Karl Paryla und Eric Frey. Premiere sollte am 20. März in den Kammerspielen sein. Am 12. März 1938 marschierten die deutschen Truppen in Österreich ein.

Ernst Lothar wurde von den NS-Betriebszellenobleuten Robert Horky und Eric Frey zum Rücktritt aufgefordert, der Schauspieler Robert Valberg wurde kommissarischer Leiter. Der Name Max Reinhardt verschwand von den Theaterzetteln, die geplante Premiere „Bellmann" von Carl Zuckmayer konnte nicht mehr stattfinden. Hans Jaray und Lili Darvas spielten ihre letzte Vorstellung am 15. März und verließen sofort das Land, viele folgten. Am 16. März blieb das Theater geschlossen, am 18. März wurde Hitlers Rede vor dem Reichstag im Theater während einer Probe übertragen. *„Alle Schauspieler standen auf, ich blieb sitzen – Eric Frey sagte hinterher zu mir: ‚Wenn so etwas wieder stattfindet, warne ich dich vorher, damit du rechtzeitig verschwinden kannst. Im umgekehrten Fall, wenn ihr an der Macht seid, wirst du mich warnen.' – Ein Kollege."* Da Valberg den Auftrag hatte, „normalen" Spielbetrieb aufrechtzuerhalten, mußte „Die Reise" statt in den Kammerspielen, verfrüht auf der Bühne der Josefstadt herauskommen; nach sechs Vorstellungen wurde auch dieses Stück abgesetzt, der Autor war Jude.

„Ich erinnere mich ungern an diese Tage, die einem Weltzusammenbruch gleichkamen. Es war nicht leicht, jeden Abend zu spielen, wenn das Land überfallen ist und man wußte, daß es keine organisierte Abwehr gibt und Österreich aufgelöst wird und ein neuer Krieg kommt. Man wußte, daß Juden, Kommunisten, Sozialisten abgeholt wurden, und fragte sich: ‚Wann mich?', suchte immer mit den Augen nach dem Ausgang, damit man flüchten kann. Wo ist ein Fenster, wo man 'raus kann, wie kommt man überhaupt 'raus aus dem Dritten Reich, das nicht mehr die Heimat ist?" Seine Frau rief während einer Probe an: *„‚Bei uns war Hausdurchsuchung. Sie haben dich gesucht und wollten dich mitnehmen; Bücher haben sie weggenommen.' Ich ging zu Valberg, der telefonierte mit Zuständigen: ‚Der Mann probt vormittags und spielt abends, wenn Sie mir den wegnehmen, muß ich das Theater zusperren, ich habe aber Auftrag, daß täglich gespielt wird.' "*

Paryla mußte zum Verhör zur Gestapo in die Herrengasse: *„Zweieinhalb Stunden verhörte mich ein Münchner, Müller hieß er, und gab sich als gebildeter Mensch aus, der mit einem Künstler ein Gespräch zu führen wisse. Er hatte ein Dossier über mich, noch aus Deutschland, und versuchte mir Verschiedenes anzuhängen. Zum Beweis las er etwas aus dem Dossier vor: ‚...steigt aus proletarischer Tiefe ... hier klagt einer voll Verbitterung an, hier erlebt ein trotziger Mensch die letzte Konsequenz des Handelns und noch im Augenblick des Todes hebt er rebellisch die Hand... Die schicksalshafte Kraft des Abends ist am stärksten, wenn der junge Karl Paryla als Martin Schalanter in wunderbarer Wirklichkeitsnähe aus proletarischer Seelentiefe auf die Bühne steigt.... Das spielt Paryla mit einer Glaubhaftigkeit des Erlebens...'. Ich erkannte, daß das eine Kritik zu Anzengrubers ‚Das Vierte Gebot' war. ‚Aber das ist doch eine Theaterkritik,* *schauen Sie doch bitte genau!' Er äußerte eine Art Beschämung, die einzige menschliche Regung in diesem Verhör. Er hatte auch Dossiers über andere Kollegen und versuchte auf hinterhältige Art mich auszufragen, vor allem deren sexuelle Veranlagung interessierte ihn."*

Nachdem aus ihm nichts herauszubringen war, konnte Paryla gehen. Vermutlich wollte man den Spielbetrieb im Josefstädter Theater nicht gefährden. *„Man geht beschädigt aus so einem Verhör. Eigentlich müßte man auf den Tisch hauen und sagen: ‚Ihr Scheißkerle!' – wenn man ein Selbstmörder wäre; ich bin kein Selbstmörder. Täglich mußte ich mich bei der Gestapo melden, anfangs persönlich, dann nur mehr telephonisch."* Die unmittelbare Gefahr einer Verhaftung war gebannt, das Theater bot Schutz. *„Heimlich traf ich Vorbereitungen zur Flucht. In den vergangen Jahren hatte ich mehrmals am Zürcher Schauspielhaus gastiert, wo Kurt Hirschfeld, mein Bruder und andere Freunde engagiert waren. Ich wollte in die Schweiz. Das Risiko an der Grenze geschnappt zu werden, war groß. Man mußte einen Trick finden."*

Der Zwang, unter dem verbrecherischen Regime den Beruf auszuüben, als Theatermensch Gefangener zu sein, das war für Paryla unerträglich: *„Wenn ein Kunsthaus überfallen wird und ihm die Freiheit genommen wird, seine Hinneigung zu Humanität und Achtung vor dem Nebenmenschen in den Dreck gezogen wird, dann ist der Beruf sinnlos geworden. Kunstausübung im Theater hat mit Menschen zu tun, mit einem Publikum, mit Kollegen und mit den Worten der Dichter. Wenn man plötzlich Autoren wie Schnitzler nicht mehr spielen darf, mit den Kollegen nicht mehr zusammenarbeiten kann, weil sie den wahnsinnigen Rassegesetzen nicht entsprechen, wenn das Publikum auswandert oder eingesperrt ist, dann ist Theaterspielen ein Verrat. Wenn man von der Szene abging, hörte man die grauenhaftesten Nachrichten aus der Stadt: ‚Egon Friedell hat sich zum Fenster hinausgestürzt, Rudolf Beer ist von zwei Schülern in SA- Uniform im Wald kastriert worden; der zutiefst gedemütigte Mann hat in seiner Wohnung den Gashahn aufgedreht...' – das war die Welt, von der man umgeben war und man war von der Angst gepeinigt, daß alles den Weg zu einem Krieg geht. Ein Künstler darf sich nicht betrügen, er muß sich überlegen, für wen er arbeitet, darf sich nicht benutzen lassen wie eine Kuh, die man aus dem Stall herauszieht und melkt. Ich wollte nicht durch mein künstlerisches Mitwirken Inhumanität, Krieg, Unrecht und Verbrechen unterstützen. Bei so einem militanten Wahnsinn wie der Nationalsozialismus einer ist, kann man nicht aussteigen, nicht zur Ruhe kommen. Ich wußte, wenn man da bleibt, wird man benutzt. Im Namen der Qualität der Theaterkunst sind Theaterschaffende verpflichtet, aufrichtig zu denken und der Wahrheit zu dienen, im Zusammenhang mit der Zeit und den politischen Verhältnissen,* *in denen sie leben. Wir wissen, wenn etwas wahr und wenn etwas ganz weit weg von der Wahrheit ist. Theater wird schlecht, wenn es ganz weg von der Wahrheit ist. Ich habe damals in Berlin eine Vorstellung von ‚Was ihr wollt' gesehen, die von Gustaf Gründgens so hanebüchern, provinziell und lächerlich inszeniert war, daß mir blitzartig klar wurde, daß der Faschismus in Deutschland meine Kunst, die Theaterkunst, ruiniert hat. Gründgens, ein gescheiter und fähiger Mann, von Reinhardt als großer Schauspieler anerkannt, erzeugte, um nirgendwo anzuecken, Dummheit. (Dabei muß man mit jedem Kunstwerk, nimmt man es ernst, ununterbrochen anecken!) Bei jeder Art von Zensur, Beschneidung, Rücksichtnahme auf schiefe, schräge, falsche, verbrecherische Verhältnisse, kann Kunst nicht entstehen."*

Am 30. Mai war die letzte Vorstellung. Paryla reiste zu Dreharbeiten nach Berlin und spielte in einem UFA-Film den König Ludwig XIV., kaufte sich eine Eisenbahnkarte nach Wien – über Zürich. In Basel stieg er aus dem Zug: *„Ich kann mich an diesen Moment des Ankommens erinnern, es können einem die Knie schnaggeln aus Glück, nicht nur aus Entsetzen. Ich war glückselig vor Freude, in der Freiheit zu sein. Ich hatte noch kein Engagement, nur zwei Koffer als Besitz, die fielen mir aus der Hand. Dann hab' ich Kollegen in Zürich angerufen, den Sommer bei Freunden verbracht, die Familie kam nach; und es fing die Saison an, am Zürcher Schauspielhaus."*

V. KAPITEL

Schauspielhaus Zürich – ein Ensemble im Widerstand gegen den Faschismus

Geplant war es nicht, daß das Zürcher Schauspielhaus in den Jahren 1933 bis 1945 eine so bedeutende Rolle im Widerstand gegen den Faschismus spielen sollte, und doch wurde aus einem Boulevardtheater eine Bühne von europäischem Zuschnitt. Ferdinand Rieser, der Direktor des Schauspielhauses, der mit Marianne Werfel, der Schwester Franz Werfels, verheiratet war, reagierte 1933 als Geschäftsmann: auf einmal waren Schauspieler für ihn zu haben, an die er vorher nie hätte denken können. Der Darmstädter Dramaturg Kurt Hirschfeld, der als einer der ersten Flüchtlinge nach Zürich gekommen war, unterstützte ihn bei den Engagements. Es kamen: der österreichische Regisseur Leopold Lindtberg, der bekannte Bühnenbildner Teo Otto sowie Ernst Ginsberg, Kurt Horwitz, Leonard Steckel, Erwin Kalser, erste deutsche Schauspieler. Als Hirschfeld erfuhr, daß Wolfgang Langhoff von den Nazis ins Konzentrationslager deportiert worden war, überredeten er und Lindtberg den Direktor, sich für Langhoff einzusetzen. Langhoff kam frei, wer genau wo interveniert hatte, ist bis heute unklar; jedenfalls gehörte Langhoff ab 1934 zum Ensemble des Zürcher Schauspielhauses. Er wurde nicht nur eine Stütze des Hauses, sondern lieferte mit seinem Buch „Die Moorsoldaten“ eine Schilderung über die Zustände in einem Konzentrationslager, die die Welt erschütterte. Fast in letzter Minute wurde Wolfgang Heinz durch ein Engagement nach Zürich vor den Nazis gerettet; Rieser engagierte Therese Giehse und auch Emil Stöhr, für den er sich schon früher interessiert hatte, war jetzt zu bekommen. „Allerdings für eine viel kleinere Gage, als er mir zwei Jahre vorher angeboten hatte. Allein in den neun Monaten der Saison 1933/34 habe ich in dreißig Stücken gespielt, teils Haupt-, teils Ensemblerollen, darunter die Uraufführung von Bruckners ‚Rassen‘“, erinnert sich Emil Stöhr. Albert Bassermann, um den sich das nationalsozialistische Regime sehr bemühte, emigrierte über Zürich nach Amerika. Auch Schweizer, etwa Heinrich Gretler und Adolph Spalinger, gingen nach der nationalsozialistischen Machtergreifung in ihre Heimat zurück. Die Emigranten waren politisch oder rassisch Verfolgte oder Überzeugte, die mit dem „Dritten Reich“ nichts zu tun haben wollten.

Den Mitgliedern des Schauspielhauses gelang es bald, auf den Spielplan des Theaters einzuwirken: 1933 wurde „Die Rassen“ von Ferdinand Bruckner mit Emil Stöhr in der Hauptrolle uraufgeführt, 1934 „Professor Mannheim“ von

Friedrich Wolf. Alles Stücke, die eindeutig gegen den Nationalsozialismus Stellung bezogen. Rieser ließ sich von der deutschen Gesandtschaft, die laufend intervenierte, nicht unter Druck setzen, verteidigte seine Schauspieler gegenüber der Fremdenpolizei und stand zu dem immer mutiger werdenden Spielplan.

Als Paryla 1938 nach Zürich kam, gab es schon ein Ensemble mit einer gemeinsamen Idee. Er hegte die Befürchtung, die Deutschen könnten in die neutrale Schweiz einmarschieren und beantragte, wie sein Freund Hans Jaray, wie Albert Bassermann und viele andere Künstler ein Einreisevisum in die USA, das er jedoch nicht erhielt: *„Die Amerikaner hatten gewiß auch Dossiers über mich und den Linken haben sie das Affidavit nicht gegeben"*, sagt er. *"Man darf nicht übersehen und vergessen, wie behindert durch bürokratische Schikanen die Ausreise und die Einreise in die betreffenden Länder war."* Mit der nationalsozialistischen Machtübernahme in Österreich waren noch andere Künstler in die Schweiz gekommen: Maria Becker, Parylas junge, hochbegabte Partnerin vom Theater in der Josefstadt; Margarete Fries vom Deutschen Volkstheater kam 1940 über Bern nach Zürich; Hortense Raky stieß auf abenteuerliche Weise zum Ensemble. *„Ohne Aufforderung, ohne irgendeine Partei- oder sonstige Zugehörigkeit hat sie ganz allein beschlossen zu emigrieren, zu einer Zeit, als sie im Begriff stand, große Karriere zu machen"*, sagt Paryla. An der Grenze wurde sie aus dem Zug geholt. Dem deutschen Grenzbeamten gegenüber flüchtete sie sich in die Ausrede, sie hätte einen Vertrag mit dem Theater am Odeonsplatz in Zürich. Als dieser im Theater anrief, hörte zufälligerweise der Direktor des Theaters das Gespräch mit und begriff die Situation. Er riß den Telefonhörer an sich und rief: „Ja, die Raky, wo ist sie? Wir erwarten sie!" So ließ man sie weiterfahren. Nach einer Tournee durch die Niederlande wurde sie Ensemblemitglied des Zürcher Schauspielhauses. *„Rieser hat sie schon vor 1938 als Star für eine hohe Summe einkaufen wollen; als Emigrantin hat sie dann mit einem Zehntel der Gage vorlieb nehmen müssen"*, berichtet Paryla.

Der Bestand des Schauspielhauses schien gefährdet, als Ferdinand Rieser beschloß, sich vom Theater zurückzuziehen. Eine Katastrophe für die Emigranten, die Arbeitserlaubnis am Theater garantierte ihnen die Aufenthaltsbewilligung in der Schweiz. Um dem „Dritten Reich" sowie sympathisierenden Kreisen in der Schweiz keine Einflußmöglichkeit zu geben, setzte sich der Verleger Emil Oprecht für die Gründung der „Neuen Schauspiel AG" ein. Der Schweizer Oskar Wälterlin wurde der neue Direktor. *„Er war ein Glücksfall"*, erinnert sich Paryla, *„ein gescheiter und fortschrittlicher Mensch, der mit unseren künstlerischen und moralischen Ideen konform ging."*

Nach dem Anschluß Österreichs und der Annexion des Sudetenlandes spürten die Schweizer, die bisher geglaubt hatten, der Nationalsozialismus wäre eine innerdeutsche Angelegenheit, die sie nichts anginge, die Bedrohung. Wälterlin verstand, daß das Publikum nach Werten suchte, an denen es sich in der angespannten Situation orientieren konnte, und proklamierte ein „Theater der inneren Bereitschaft" zur Sammlung aller politischen Kräfte im Augenblick der Bedrohung. Am 22. Oktober 1938, kurz nach der „Abtretung der sudetendeutschen Gebiete an Deutschland", wurde „Götz von Berlichingen" aufgeführt, ein Stück über den Kampf des Individuums für die Freiheit: *„Heinrich Gretler, der typische ‚Schwyzer', spielte den Götz und hatte in einer Szene den Satz zu sagen: ‚Es lebe die Freiheit. Und wenn die uns überlebt, können wir ruhig sterben.' Er sagte es leise. Da spürten wir, daß sich etwas im Zuschauerraum bewegte, das Publikum stand auf. Das war Einheit: Einheit zwischen dem Stück, den Schauspielern und dem Publikum in dieser Zeit. Das ist Theater, in edelstem Sinne Theater"*, erinnert sich Paryla an den Abend, der zu einem politischen Signal für Publikum und Schauspieler wurde.

Ab 1939, als die Nationalsozialisten die Macht in der gesamten Tschechoslowakei übernommen hatten, und die deutschen Theater in Prag und Brünn gleichgeschaltet waren, konnten Worte der Freiheit auf einer deutschsprachigen Berufsbühne nur noch in der Schweiz ausgesprochen werden; nur hier konnten jüdische und oppositionelle Autoren, die verbotenen Dichter, deren Werke verbrannt worden waren, noch zu Wort kommen. In dieser Zeit, als auf deutschen Bühnen Dramatiker „feindlicher" Nationen nicht mehr gespielt werden durften, fanden in Zürich internationale Dichter eine Heimstatt. Die Brückenfunktion der Schweizer Bühnen, unter denen das Zürcher Schauspielhaus mit seinem dezidierten Antifaschismus den ersten Platz einnahm, kam nach dem Krieg dem gesamten Theater zugute. *„Auffallend ist, daß in vielen Publikationen über das antifaschistische Theater in Zürich kaum ein Wort über die Schauspieler verloren wird. Und doch waren sie es, die alle Inhalte und Formen der Stücke in ungewöhnlichen und vorbildlichen Vorstellungen bewerkstelligt hatten; trotz der schrecklich kargen Probenzeiten, dank ihres erfahrenen Könnens und einer ungeheuren Hingabe, Besessenheit, Fleiß und Kunstliebe. Sie haben den Grundstein gelegt für später, für die Rettung der durch Faschismus und Krieg bedrohten Theaterkunst, der weltberühmten deutschsprachigen Theaterkultur. Immer wieder habe ich verlangt, daß die Namen dieses Emigrantenensembles zur Erinnerung und zur Mahnung auf der Eingangswand des Schauspielhauses angebracht werden sollten, zuletzt 1988 bei einer Matinee in Zürich; das Publikum hat den Vorschlag begeistert akklamiert. Leider ist bis jetzt nichts geschehen. Schade."*

Das Ensemble am Zürcher Schauspielhaus 1938–1945:

Angelica Arndts, Blanche Aubry, Maria Becker, Annemarie Blanc, Traute Carlsen, Mathilde Danegger, Margarete Fries, Therese Giehse, Grete Heger, Alice Lach, Susi Lehmann, Erika Pesch, Hortense Raky, Lukas Ammann, Albert Bassermann, Leopold Biberti, Paul Burkhard, Ettore Cella, Fritz Delius, Robert Freitag, Robert Furrer, Ernst Ginsberg, Heinrich Gretler, Wolfgang Heinz, Kurt Hirschfeld, Kurt Horwitz, Eugen Jensen, Erwin Kalser, Wolfgang Langhoff, Leopold Lindtberg, Max Ophüls, Teo Otto, Erwin Parker, Karl Paryla, Leonard Steckel, Emil Stöhr, Oskar Wälterlin, Hermann Wlach

Das Zürcher Ensemble bestand aus höchst gegensätzlichen Charakterspielern, die die damals noch üblichen Rollenfächer sprengten. Die Schauspielerin Maria Becker erzählt: „Paryla war eine ungewöhnliche Erscheinung. Als junger Mann ging etwas Strahlendes von ihm aus. Seine gebündelte Energie, sein großes Talent und seine Arbeitsbesessenheit machten ihn im Ensemble zu einer magnetischen Persönlichkeit. Dazu verfügte er über eine fantastische Stimme, eine vibrierende, metallisch und gleichzeitig wohlklingende Stimme, die sich wie ein Vogel über seinem Haupt erheben konnte." Alle zehn Tage kam ein neues Stück heraus, Paryla spielte in sieben Jahren an die neunzig Rollen, die verschiedener nicht hätten sein können, später kam auch Regie dazu. Seine erste große Rolle war der Raskolnikoff in „Schuld und Sühne". Maria Becker, die mitspielte, erinnert sich noch lebhaft daran: „Es war eine grandiose Aufführung von Leonard Steckel. Das, was Dostojewski als Dichter ausdrückt, war Paryla als Raskolnikoff." „König Oedipus" von Sophokles folgte am 13. Oktober 1938. Den nachhaltigen Eindruck, den Paryla hinterließ, faßte die Schweizer Kritikerin Elisabeth Brock-Sulzer Jahrzehnte später zusammen: „Ich betrachte alte Rollenbilder Parylas: fast überall scheint sein Blick das Papier zu durchlöchern; überall spürt man, daß mit seiner persönlichen Spannung zu rechnen war, daß die Aufführung an dieser Spannung sich auszurichten hatte. Man brauchte ihn gar nicht wirklich zu ‚mögen', ich ‚mochte' seinen Oedipus eigentlich nicht. Und doch weiß ich ganz genau, wie besessen herrscherlich Paryla damals die Bühne betrat. Das war nicht antikisch, nicht klassisch, aber das war Oedipus nach seinem innersten Sinn. Einer, der auf der Suche nach sich selbst ist, um den Preis seines Lebens."

Im November folgte die Uraufführung von Carl Zuckmayers „Bellmann", ein Stück, welches in Deutschland nicht mehr gespielt werden durfte. In der poeti-

10 Zürich 1938. Der Raskolnikoff in der Dostojewski-Dramatisierung von „Schuld und Sühne“ war Parylas erste große Rolle in der Schweizer Emigration.

11 Zürich 1938. Paryla als Oedipus in der gleichnamigen Tragödie von Sophokles.

schen Apotheose auf die Liebe spielte Paryla den schwedischen Dichter Carl Michael Bellmann, einen schwedischen François Villon, und sang seine Lieder. Zuckmayer hat die Premiere noch miterlebt, kurz darauf reiste er ins amerikanische Exil. Mit Albert Bassermann spielte Paryla die Uraufführung „Talleyrand und Napoleon“ von Hermann Kesser und in der deutschsprachigen Erstaufführung „Die kleine Stadt“ von Thornton Wilder den Organisten. Es folgten der Dauphin in Schillers „Die Jungfrau von Orleans“, der Orgon in „Tartuffe“, insgesamt sechzehn Rollen in der ersten Spielzeit.

Mit Kriegsbeginn war der männliche Teil der Bevölkerung zum Militär eingezogen worden, was sich unmittelbar auf den Besuch und die Einnahmen auswirkte. Zu Nestroys „Lumpazivagabundus“ strömte das Publikum wieder, es wollte das einmalige Trio Zwirn, Leim und Knieriem – Paryla, Gretler, Stöhr – sehen, die von Fortuna mit Reichtum überhäuft, die Probe bestehen müssen, ob sie ihr Glück nicht mißachten. Curt Riess schrieb in seinem Buch über das Zürcher Schauspielhaus: „Parylas Zwirn, das war nicht nur ein Schneider, das war *der* Schneider schlechthin, nicht nur ein Verschwender, sondern *der* Verschwender, alles spielte bei ihm mit, die Augen, die Hände und vor allem die Beine – nie hatte man einen gesehen, der so viel mit den Beinen auszudrücken vermochte, der schon allein dadurch, wie er sie verschränkte, zu erkennen gab, ob er auf der Höhe der Situation war oder auf dem Trockenen saß. Ein Clown also, ein herrlicher Clown. Aber auch das ist nicht alles. Denn dieser Zwirn war nur dadurch, daß er überhaupt da war, eine Entschuldigung, um nicht zu sagen ‚Rechtfertigung der Lebensfreude‘; das Entscheidende von Parylas Leistung – sagte ich Leistung? ich müßte sagen: seine Präsenz –, daß hinter ihm das alte unbeschwert-sorglose Wien auftauchte, das es nicht mehr gab...“ Paryla war auch Nestroys „Zerrissener“. Ein Publikumsmagnet war er als Luzmann in Lope de Vegas „Der Ritter vom Mirakel“. Der Schweizer Kritiker Diebold, der Paryla auch einige Verrisse geschrieben hat, verglich ihn in dieser Rolle mit dem großen Schauspieler Josef Kainz.

Im Mai und Juni 1940 wurde die politische Situation in der Schweiz besonders kritisch; es sah tatsächlich so aus, als würden die Deutschen, um die Maginotlinie zu umgehen, in der Schweiz einmarschieren, um von hier aus nach Frankreich vorzustoßen. Die Generalmobilmachung wurde ausgerufen und die Städter flohen von einem Ort zum andern; Straßen und Bahnhöfe waren verstopft, die allgemeine Stimmung grenzte an Panik. Paryla erhielt von Schweizer Freunden, einem Oberlehrer am Thunersee, ein Telegramm: „Wir erneuern unsere Einladung. Kommen Sie, wir sind für Sie und Ihre Familie jederzeit bereit!“ Paryla war dankbar für den Freundschaftsbeweis, doch blieb er wie alle anderen Schauspieler: *„Ich saß in einer kleinen Garderobe Rücken an Rücken mit meinem Kollegen Wolfgang Lang-*

12 Schauspielhaus Zürich 1938. In der Uraufführung von Carl Zuckmayers „Bellmann“ spielte Paryla den schwedischen Dichter Bellmann und sang seine Lieder. Von rechts nach links: Alois Soldan, Mathilde Danegger, Erwin Kalser, Heinrich Gretler, Paryla, Hans Putz, Hermann Vallentin.

13 Große deutsche Schauspieler verließen Hitler-Deutschland und spielten in Zürich: Albert Bassermann als Talleyrand (sitzend), Leonard Steckel und Paryla als Napoleon in „Napoleon und Talleyrand“, Zürich 1938.

14 Die Brüder Karl Paryla und Emil Stöhr als Holzapfel und Schlehwein in der Shakespeare-Komödie „Viel Lärm um nichts", Zürich 1939.

15 Trotz der angespannten politischen Lage zu Ende des Jahres 1939 strömte das Publikum ins Schauspielhaus, um das Komikertrio Paryla, Emil Stöhr und Heinrich Gretler in Nestroys „Lumpazivagabundus“ zu erleben. Regie führte Leopold Lindtberg.

16 Als Luzmann in Lope de Vegas „Der Ritter vom Mirakel“ hatte Paryla großen Erfolg. Rechts im Bild Hortense Raky.

17 Paryla als Hauptmann Cosme in Calderons „Dame Kobold“, umringt vom Damenensemble. Regie führte Leonard Steckel.

hoff. Jeder von uns hatte einen gepackten Koffer unter dem Schminktisch, für den Ernstfall.“ Unter der Regie von Leopold Lindtberg bereitete man „Faust I“ und „Faust II“ vor, Stücke, die schon einen Theaterbetrieb unter normalen Umständen belasten. Als die Werkstätten- und Bühnenarbeiter zur Armee gerufen wurden, beteiligten sich die Schauspieler an der Herstellung der Dekoration und halfen bei den Umbauten während der Vorstellungen. Freude und Dankbarkeit beim Publikum, die Aufführung hatte große moralische Wirkung. Hortense Raky, die das Gretchen gab, erlebte ihren Durchbruch beim Publikum; bald darauf spielte sie Shakespeares Julia, Molières Célimène, Goethes Klärchen.

Paryla beschreibt die Widersprüchlichkeit der Situation: *„Mit dem Fluchtgepäck unter dem Schminktisch hatten wir gleichzeitig Angst vor dem Text und vor den faschistischen Horden, die über die Grenze kommen könnten. Apollinische Darstellungsträume im Hirn, arbeiteten wir Tag und Nacht und hatten nur die bedrohte Sicherheit des pausbäckig-friedlichen Landes unter den Füßen. Alles war in Fluß, die Botschaft für die Menschen im Zuschauerraum, die qualvolle Angst vor dem mörderischen Krieg, die hymnische Lust an der Kunst. Wir gönnten uns keine Ruhepausen, jeder von uns hatte körperliche Pannen: Nierenkoliken, Lungenentzündungen, Geburten... Das Zürcher Schauspielhaus war keine ‚Insel der Seligen‘ und trotz allem haben Theaterleute mit den Mitteln der Kunst und mit der ‚Göttin Begeisterung‘ Widerstand geleistet.“*

In der Saison 1940/41 wurden zwei Stücke deutscher Dichter uraufgeführt, die sich gegen Nationalsozialismus und Krieg wandten: „Soldat Tanaka“ von Georg Kaiser, dem meistgespielten deutschen Dramatiker der Weimarer Republik, der in der Schweizer Emigration lebte, sowie „Mutter Courage und ihre Kinder“ von Bertolt Brecht, dem meistgespielten deutschen Dramatiker nach dem Krieg, der sich im amerikanischen Exil befand. Im Bordell trifft der japanische Soldat Tanaka die Schwester. Als sich ein militärischer Vorgesetzter ihrer bemächtigen will, tötet Tanaka beide. Vor Gericht will der Richter Gnade walten lassen, doch Gnade kann nur der Kaiser geben, Tanaka soll den Kaiser um Verzeihung bitten. Da bricht es aus dem Soldaten hervor: „Der Kaiser soll mich um Entschuldigung bitten“, denn der Hunger des Volkes sei die Schuld des Kaisers, dessen Armeen das Geld der Bauern verschlängen. Das Todesurteil wird vollstreckt, denn die geheiligte Person des Kaisers darf nicht kritisiert werden. Die japanische Gesandtschaft intervenierte vehement gegen das Stück. Das Schauspielhaus widerstand anfangs dem Druck und das Zürcher Publikum verstand das Drama „in der beispielgebenden Kraft des Gedankens und der Forderung zur Wahrheit und zur Freiheit“, wie im „Tages-Anzeiger“ zu lesen war. Es spendete Paryla, der den Soldaten Tanaka spielte, und Grete Heger, die das zarte Schwesterchen Joshiko

18 Paryla als Soldat Tanaka. Das gleichnamige Stück von Georg Kaiser wurde trotz Interventionen seitens der japanischen Gesandtschaft 1940 als ein Bekenntnis zur Wahrheit und Freiheit uraufgeführt.

19 Eine der berühmtesten Uraufführungen des Zürcher Schauspielhauses während des Kriegs: Bertolt Brechts „Mutter Courage und ihre Kinder". Therese Giehse als Courage, Erika Pesch als stumme Kattrin, Karl Paryla als Schweizerkaas und Wolfgang Langhoff als Eilif.

verkörperte, großen Beifall. Nach einigen Aufführungen wurde das Stück vor der Zeit abgesetzt.

Eine denkwürdige Uraufführung im Zürcher Schauspielhaus war „Mutter Courage und ihre Kinder“ am 19. April 1941. In der Inszenierung von Leopold Lindtberg spielten Therese Giehse die Anna Fierling, Erika Pesch die stumme Kattrin, Wolfgang Langhoff war Eilif und Paryla der Schweizerkaas. In Zürich kannte man Brecht als Autor der „Dreigroschenoper“, von seinen theatertheoretischen Arbeiten, die erst im Entstehen waren, wußte man nichts. Mit gewohnter Theaterpranke gingen Lindtberg und Teo Otto an das Stück heran, stellten wegen der vielen kurzen Szenen das Stück auf die Drehbühne und machten den Wagen, mit dem die Courage durch den Krieg zieht, zum Mittelpunkt. Das gefiel Brecht so sehr, daß er den Wagen und die Drehbühnenversion in seinem Modell für alle weiteren Inszenierungen verpflichtend machte. Die große Therese Giehse fand in der Courage die Rolle ihres Lebens. Neun Jahre später bewies sie aufs neue unter Brechts Regie an den Münchner Kammerspielen ihre exemplarische Eignung für diese Figur.

War „Mutter Courage“ eher zufällig zu Hirschfeld gekommen, schickte Brecht aus Amerika sein neues Stück „Der gute Mensch von Sezuan“ direkt dem Schauspielhaus zur Uraufführung, die am 4. Februar 1943 stattfand. Unter der Regie von Leonard Steckel spielte Maria Becker das Freudenmädchen Shen-Te, den einzigen guten Menschen in Sezuan, und Paryla den Flieger Sun, der das Mädchen ausbeutet, sich jedoch ihrem angeblichen Vetter unterordnet, in den sich Shen-Te verwandelt, als sie einsieht, daß sie mit ihrer Gutmütigkeit nicht weiterkommt. Das Publikum folgte der abwechselnd epischen und dramatischen Form des Stückes mit großem Interesse. Das Bühnenbild von Teo Otto, der den Raum durch Zwischenwände in verschiedene Spielräume aufteilte, beeinflußte spätere Aufführungen. In der nächsten Brechturaufführung „Galileo Galilei“ spielte Paryla den kleinen Mönch als Partner von Leonard Steckel.

Wiederholt konnte Paryla in Zürich seine enorme künstlerische Bandbreite unter Beweis stellen. Wie sehr er als Schauspieler gereift war, zeigte seine Darstellung des Fedja in Tolstois „Der lebende Leichnam“ im April 1942. Der Fedja wurde eine Rolle seines Lebens, Paryla spielte sie später noch öfter: der aus der bürgerlichen Enge nach Freiheit strebende Fedja hat seine Frau verlassen, obwohl er sie liebt. Bei einem Zigeunermädchen findet er kurze Zeit Verständnis. Um seiner Frau eine zweite Ehe zu ermöglichen, täuscht er Selbstmord vor, den er Jahre später, als diese wegen Bigamie angeklagt ist, vollstreckt. Paryla vermochte nicht nur die Figur des Fedja in ihrer Doppelbödigkeit darzustellen, er vermittelte auch den Angriff auf die starre bürgerliche Ehe- und Sittengesetzgebung.

20 Mit Leonard Steckel (rechts) in der Brecht-Uraufführung „Galileo Galilei“ 1943. Paryla spielte den kleinen Mönch.

21 Uraufführung von Bertolt Brecht: „Der gute Mensch von Sezuan“ (1943). In der Regie von Leonard Steckel spielten Maria Becker die Shen Te/Shui Tan und Paryla den stellungslosen Flieger Yang Sun.

Die Silvesteraufführung 1942 mit Paryla als Goldonis „Diener zweier Herren" sorgte für ein ausverkauftes Haus. In Parylas Truffaldino steckte eine an Akrobatik erinnernde Geschicklichkeit und Geschwindigkeit sowie ein unerschöpflicher Vorrat an „Lazzi". Als Regisseur Steckel, der immer bereit war, sich von der persönlichen Fantasie der Schauspieler leiten zu lassen, entdeckte, daß fünf Schauspieler Geige spielen konnten, baute er ein Geigenquintett ein: Paryla, Emil Stöhr, Ernst Ginsberg, Robert Freitag und Robert Bichler fiedelten zum Vergnügen des Publikums.

„Nichts in Zürich wurde gespielt ohne Blick nach ‚drüben'", umreißt Emil Stöhr die damalige Situation. Man fragte bei jedem Stück nach der Botschaft, der Aussage, die es für das Publikum in der bedrängten Zeit habe. Das galt nicht nur für engagierte Stücke, die Schauspieler waren imstande, aus dem humanistischen Gehalt der Klassiker eine beklemmende Zeitnähe hervorzuholen. Im Jänner 1941 wurde „Don Carlos" aufgeführt, geradezu ein Manifest der Freiheit. In dem dramatischen Gedicht von Schiller sagt Marquis Posa zu König Philipp: „Geben Sie Gedankenfreiheit, Sire!" Deshalb erhielt in Nazi-Deutschland kaum eine Bühne die Aufführungsgenehmigung durch die Reichsdramaturgie. Emil Stöhr und Paryla spielten Carlos und Marquis Posa wie zwei Linke im Untergrund. Sie verzichteten auf das gewohnte Pathos und jene Bombastik, die die Worte der Klassiker aushöhlen. Stöhr und Paryla spielten leise, als ob sie von der Angst gepeinigt wären, belauscht zu werden. Anstelle von Gefühlsausbrüchen ein leidenschaftliches Ringen um eine bessere Welt. Im Programmhaft schrieb Paryla: *„Unsere eigenen Beziehungen zu ‚Freiheit', ‚Brüderlichkeit' und zu ‚menschlichem Fortschritt' in Schillers ‚Don Carlos' dürfen wohl nicht in pathetisch-voluminösen, sondern in stillen intensiven Formen den heutigen stilechten Ausdruck finden. Von der ‚Freiheit' wird in Europa in allen Zungen laut deklamiert. Aber wo man sie wirklich meint, wird ihr Name todesmutig-verbissen und tränenden Auges zitternd-verhalten genannt. Ist es denn bei Schiller nicht auch so, daß die Freiheit die stillen Pfade gehen muß? Wer kann sagen, wie zu Schillers Zeiten die Worte ‚Freiheit' und ‚Menschlichkeit' ausgesprochen worden sind. Wie werden die kommenden Generationen sein Wort anpacken – nerviger als wir oder ruhiger vielleicht?"* In den Zeitungen entstand eine Diskussion über den neuen Darstellungsstil: ist es legitim, eine Leidenschaftlichkeit zu spielen, die dem Zeitgefühl mehr entspricht, als traditionelles Pathos? Bernhard Diebold, eigentlich ein Gegner des neuen, realistischen Tons, mußte zugeben, daß „diese Regieübersetzung aus dem monumentalen ins intime Theater gewirkt" und dank „Parylas gebändigter Meisterschaft sogar zu tiefgehender Erschütterung" geführt habe. Auch im Ensemble herrschte keine Einigkeit über den realistischen Darstellungs-

22 Deutschsprachige Erstaufführung von Giraudouxs „Undine", 1940. Von links nach rechts: Therese Giehse, Wolfgang Heinz, Grete Heger und Karl Paryla.

23 Schillers „Don Carlos" war geradezu ein Spielplanmanifest des Zürcher Schauspielhauses. Emil Stöhr und Karl Paryla spielten Don Carlos und Marquis Posa.

stil: *„Teo Otto hat uns, wie es für ihn nicht charakteristisch war, ein Bühnenbild mit riesigen Palasträumen hingestellt; wir hätten uns enge, zellenartige Ecken im Escorial vorgestellt. Wenn man Schiller emphatisch wie auf der Trompete spielt, macht man große Räume, aber das stimmte nicht"*, erinnert sich Paryla.

„Im Widerstand gegen den Nationalsozialismus waren wir uns einig. Wenn es einen Kampf unter uns gab, dann war es die Auseinandersetzung um die Art, wie man Theater spielt. Da gab es einerseits die etwas altmodische Stadttheatermanier, opernhaft mit Allüre und sehr statisch, andererseits die aus Naturalismus, Realismus und politischer Überzeugung geprägte Spielweise, bei der es auf Wahrhaftigkeit ankam. Leonard Steckel, er war der bedeutendste Künstler in Zürich als Schauspieler und Regisseur, nannte die bewußte althergebrachte Theatralik ‚den kleinen Schwindel'; das wurde zum Slogan. Schmerz auf der Bühne mit physischem Getue auszudrücken, wie aufdringliches Schnaufen oder sich theatralisch niederzusetzen oder theatralisch abzugehen, als ob der Vorhang fiele und nicht, als ob man bewußt weiterginge, das waren so ‚die kleinen Schwindel'. Unsere Religion war ‚die Zufälligkeit der Natürlichkeit', die scheinbare Zufälligkeit. Wenn Menschen erschrecken, sind sie still, machen eine Pause und haben dann einen trockenen Ton. Ihr Verhalten ist zurückgenommen, weil sie sich darauf konzentrieren hinzuhören oder zu sehen, was sie erschreckt. Die theatralische Spielweise, ‚der kleine Schwindel' eben, ist nicht mit der Situation beschäftigt, sondern mit der theatralischen Wirkung."

Wie Paryla hat auch Leonard Steckel in Zürich begonnen, Regie zu führen. Es führten Schauspieler Regie mit Schauspielern, die in der nächsten Produktion ihre eigenen Regisseure sein würden – eine sehr fruchtbare, praxisbezogene und das Ensemble stärkende Arbeitsweise. *„Von Steckel habe ich viel gelernt. Er konnte mit Stücken umgehen, das Entscheidende hervorholen und in Haltung umsetzen. Er war ein berufener Schauspieler-Regisseur, ein guter Zuhörer; wenn er gemerkt hat, da ist etwas vorhanden, was man entwickeln könnte, war er wie ein Gärtner. Man vergißt oft als Regisseur, daß andere auch Ideen haben. Steckel verfügte über ungeheure Fantasie und konnte aus seinem großen Talent verschwenderisch geben."*

Die Lust zur Regie entstand bei Paryla schon als Darsteller. Im September 1940 führte er erstmals bei der Komödie „Am hellichten Tag" von Paul Helwig Regie. *„Mein Wahrheitsfanatismus ließ mich als Dekoration nur echte Bäume auf die Bühne stellen – ob es dem belanglosen Stück geholfen hat? Der Kunstwahrheit des Theaters half es bestimmt nicht."* Neben Komödien betreute er auch „gewichtige" Literatur: Ibsens „John Gabriel Borkmann", Schnitzlers „Liebelei", Tolstois „Er ist an allem schuld", Lope de Vegas „Was kam denn da... ins Haus?" und „Königin

24 Karl Paryla und Hortense Raky als „Romeo und Julia". Regie führte Max Ophüls.

25 Karl Paryla und Wolfgang Heinz in der Leonard Steckel-Inszenierung von „Feine Leute", 1941.

Christine“ von August Strindberg im November 1943 mit der ihm sehr wesensverwandten Schauspielerin Maria Becker. Fortan wurde ihm das Inszenieren immer wichtiger; er hatte Freude daran, nicht nur eine Rolle zu spielen, sondern alle Rollen des Stücks mitzuerleben, sie miteinander in Beziehung zu bringen und den sozialen Hintergrund der Figuren herauszuarbeiten, im Theater ein Abbild der Welt zu schaffen.

Am 1. September 1944 wurde in Deutschland der „Totale Krieg“ ausgerufen, die Theater geschlossen und die Theaterleute in Rüstungsbetriebe zwangsverpflichtet. Somit waren die Schweizer Theater die einzigen Bühnen, auf denen noch in deutscher Sprache gesprochen wurde. Als die Spielzeit zu Ende ging, war auch der Krieg zu Ende. Parylas letzte Premiere war Shakespeares „Perikles von Tyrus“, am 24. Mai 1945, da war Österreich schon befreit...

Das positive Erlebnis der Schweizer Exiljahre war für die Theaterleute der Zusammenhalt innerhalb eines Ensembles. Keiner von ihnen hat später wieder derartiges erlebt. Durch jahrelanges gemeinsames Arbeiten existierten sie quasi nur miteinander. „Unsere Kinder sind nacheinander in denselben Kinderwägen gelegen und sogar die Windeln wurden getauscht“, erzählt Emil Stöhr: „Die Solidarität war vorbildlich; es gab unter den Kollegen ein ‚Gentlemen-agreement‘ und wenn irgendeiner bedroht war, kamen wir zusammen und setzten uns durch. Zum Beispiel wollte der Direktor den Ginsberg immer wieder entlassen. Da haben wir uns zusammengetan und gesagt: ‚Den Ginsberg, den drücken wir durch.‘ Bei Vertragsabschluß hat jeder gefragt: ‚Ist der Ginsberg engagiert?‘ – ‚Nein?... noch nicht?‘ – ‚Dann unterschreibe ich nicht.‘ Wenn das einer macht oder zwei, die kann man ’rausschmeißen, aber alle?“ Zu einer Zeit, als in Deutschland die Künstler ihrer erworbenen Arbeitsrechte beraubt waren, haben die in ihrer Existenz gefährdeten Emigranten in Zürich einen Gesamtarbeitsvertrag durchgesetzt, der Arbeitszeit und Arbeitsbedingungen genau regelte und Vorbildcharakter für andere Schweizer Bühnen hatte. *„Ein wirklich echtes Theater ist eine Familie, es muß ein Kollektiv von Miteinanderarbeitenden sein“*, bestätigt Paryla.

Ohne daß es institutionalisierte Spielplansitzungen gegeben hätte, lasen viele Schauspieler Stücke und diskutierten darüber. Parylas Tage- und Notizbücher aus dieser Zeit sind voll mit Stückbesprechungen. Man beratschlagte die Besetzung und wer Regie führen sollte. *„Es war merkwürdig“*, erinnert sich Paryla heute, *„in diesem Theater gab es nicht viele Sitzungen und Besprechungen, dazu haben wir überhaupt keine Zeit gehabt; das hat sich ergeben. Einer hat einmal gesagt: ‚Das könnte der Paryla inszenieren.‘ – ‚Ja, da haben wir niemand, denn ich muß etwas anderes vorbereiten.‘ So bekam man eine Inszenierung, und wenn es gut ging, wurde man noch einmal und noch einmal geholt. Neid auf Rollen oder gar*

Hauptrollen bestand nicht, Eitelkeiten gab es kaum, weil das ganze Ensemble ununterbrochen auf der Bühne stand, bis zur Erschöpfung."

Natürlich gab es Tiefpunkte. Wenn man immer mit denselben Menschen zu tun hat, kann man sich auch bedrängt oder eingeengt fühlen. Paryla litt zuweilen unter *„Herdenträgheit"* und Bequemlichkeit im Kollektiv. Am 24. Jänner 1943 notiert er in seinem Tagebuch: *„Das Leben der Menschen ist so bemühend und schwunglos, weil das reine Wort, die Tatsache an sich kaum noch Durchschlagskraft haben."* Am 28. September 1944 scheint er nach einer Aufführung von „Niels Ebbesen" von Kaj Munk besonders niedergeschlagen gewesen zu sein: *„... wie weit es mit dem Ensemble gekommen ist. Da lebt nichts mehr auf der Bühne, keine Bewegung, kein Wort, auch die Dekoration nicht. Ich kann diese schlecht gemalte Luft nicht mehr sehen – an atmen denkt man ohnehin nicht. So endet Bequemlichkeit in abstraktem Bühnenschematismus, wobei's egal ist, ob die gedrillten Standsäulen, die ehemals Schauspieler waren, Deklamation aus ihrem Munde lassen oder falsche Sachlichkeit. Es ist ein Elend."* Doch das Gemeinsame und die schönen Erlebnisse überwogen: *„Im Wesentlichen waren wir zusammengehörig und haben zusammengehalten, eine Familienbande. Nach Karl Kraus muß man den Hauptakzent auf ‚Bande' legen. Es war ein geglückter Versuch der Einigkeit in einem Kollektiv; für mich ein Exempel für die Machbarkeit und Dauerhaftigkeit der Demokratie am Beispiel Theater"*.

Das Zürcher Schauspielhaus wurde für das deutsche Nachkriegstheater geradezu eine Regisseur- und Intendantenschule: Wolfgang Langhoff wurde Intendant des Deutschen Theaters, ebenso Wolfgang Heinz; Kurt Horwitz übernahm das Münchner Residenztheater; Paryla, Heinz und Emil Stöhr führten das „Neue Theater in der Scala" in Wien; Stöhr wurde in der Folge Direktor des Ateliertheaters in Bern; Therese Giehse lehnte mehrere Angebote ab, doch inszenierte auch sie. Teo Otto, der mit nur einem Mitarbeiter sämtliche Stücke ausgestattet hatte, war nach dem Krieg einer der gesuchtesten Bühnenbildner im internationalen Theater. Die Jahre am Zürcher Schauspielhaus waren für alle fruchtbare Jahre, in denen sich der Einzelne weiterentwickeln und Fähigkeiten an sich entdecken konnte, wie es an einer üblichen Bühne nicht möglich gewesen wäre. Noch während des Kriegs machte man sich Gedanken über das Nachher. Sollte man zusammenbleiben? Sollte man sich dem Wiederaufbau in der Heimat zur Verfügung stellen? Die meisten wollten wieder zurück. Wolfgang Langhoff war einer der ersten, der – illegal – nach Deutschland zurückkehrte; auch Leonard Steckel hatte programmatische Vorschläge formuliert.

Und das Publikum? Zürcher Zuschauer sagten später, daß sie durch das Theater im Krieg verwöhnt waren und kritisch geworden sind. Paryla, überzeugt, daß die

Arbeit in Zürich weiterleben wird: *„Bei einer Matinée im Zürcher Schauspielhaus im März 1988 – es war ‚der Tag des Flüchtlings' –, bei der ehemalige Emigranten eingeladen wurden, kamen plötzlich heutige Flüchtlinge auf die Bühne. Zwischen dem Direktor Gerd Heinz und einem Funktionär entstand Streit. Gerd Heinz sagte mutigerweise, wenn am Tag des Flüchtlings nicht Flüchtlinge auf die Bühne gehören, dann gehöre niemand hierher. Donnernder Applaus seitens des Publikums. Ich sah darin einen fruchtbaren Zusammenhang mit unserer Arbeit, das Zürcher Publikum ist heute ein modernes, aufgeschlossenes Publikum, wie wir es damals entstehen spürten."*

Für Paryla waren diese Jahre auch Jahre des intensiven Studiums. Er bereitete sich nicht nur auf seine Rollen und Inszenierungen genau vor – wie Maria Becker sagt: „Keiner war so gut vorbereitet wie er, ich fragte mich, wann er das machte" –, er studierte Theatergeschichte, beschäftigte sich mit Kunsttheorie und mit der Geschichte der Schauspielkunst. Nächtelang diskutierte er mit Kollegen darüber; politische Diskussionen und Gespräche über Kunst waren und sind Parylas Lebenselexier. Die ernsthafte Auseinandersetzung mit dem Beruf des Schauspielers, mit den Aufgaben und Zielen des Theaters in der modernen Gesellschaft, waren die Voraussetzung für die programmatischen Arbeiten im „Vorbereitenden Künstlerkomitée", welches Paryla zusammen mit österreichischen Kollegen gründete.

Von seinen Überlegungen in der Emigration über die Aufgaben der Kunst und den Gedanken zum Wiederaufbau des österreichischen Kunstwesens zeugen zahlreiche Artikel, die nach dem Krieg in der Zeitschrift „Tagebuch" in Wien erschienen. Paryla mußte damals in Zürich ganz von neuem beginnen. Auf eine Theaterwissenschaft konnte er sich nicht stützen, die hatte sich in den Dienst des Nationalsozialismus gestellt. Er beschäftigte sich mit der Entstehung des Theaters, las Julius Bab, Lessing, Büchner und Schriften zur Schauspielkunst, Devrient, Kainz, Stanislawski. In den Stücken der Weltliteratur überprüfte er seine Ansicht, daß auch die Geschichte des Theaters Züge des Klassenkampfes trage; besonders die komischen Elemente in der Tradition des Volkstheaters wären Mittel des Volkes, sich den Mächtigen gegenüber zu behaupten; bei Lope de Vega, Molière, Nestroy, Gorki und Tolstoi fand er sich bestätigt. Seine Überlegungen zu einer sozialistischen Theatergeschichte waren jedoch nicht für einen akademischen Kreis bestimmt, sondern entstanden aus der Praxis des Schauspieler-Regisseurs. Die Gedanken zur Ästhetik des Theaters basierten auf den Erfahrungen des antifaschistischen Theaters, wie es in Zürich versucht wurde. *„Die Kunst des Theaters hat eine gesellschaftliche Funktion, daher können wir nicht mit einer persönlichen oder willkürlichen Ästhetik weiterkommen. Theater ist Mitteilung, Darstellung ist*

26 1944, deutschsprachige Erstaufführung von Garcia Lorcas „Bluthochzeit". Von links nach rechts: Maria Becker, Robert Freitag, Karl Paryla.

27 Mit Wolfgang Langhoff (links) in der deutschsprachigen Erstaufführung von Robert Ardreys „Leuchtfeuer", 1941. Regie: Leonard Steckel.

Lust zu Ideen der Gemeinschaft", notierte er in seinem Heft „Standpunkt und Stellungnahme" aus den vierziger Jahren. Er war zutiefst davon überzeugt, daß die Nähe zur sozialistischen Bewegung der Schauspielkunst entscheidende Anstösse geben könnte und das realistische Theater den Anspruch Schillers auf ein Theater als moralische Anstalt am besten erfasse. In den Dramen der deutschen Klassiker, wie Schillers „Räuber", „Wallenstein", „Kabale und Liebe" oder Goethes „Götz" fand er Ideen des dialektischen Materialismus: *„In den deutschen Klassikern steckt mehr freier Zeitgeist als im bürgerlichen Theater, das oft nur ein Instrument der herrschenden Ideologie war."* Auf der Suche nach den Wurzeln des Realismus, konstatierte er, daß auch Molière gegen falsches Pathos und gegen Unarten der Schauspieler gekämpft hat, ebenso Herder, Gottsched, Lessing und Raimund. *„Realismus ist kein Stil, sondern eine Arbeitsmethode, die den Bewegungen der menschlichen Geschichte im Theater Ausdruck gibt und geeignet ist, den künstlerischen Stil einer Theateraufführung zu gestalten, weil er sich mit konkreten Stellungnahmen und Standpunkten der dichterischen Wahrheit am meisten nähert."* Der Schauspieler als Mittelpunkt aller szenischen Künste wäre hervorragend befähigt, die *„erzieherische, revolutionäre und wegweisende Kraft"* für die gesellschaftliche Entwicklung zu nützen. Er, *„der berufliche Menschenkenner"*, müsse der *„Analytiker zur ethischen Rebellion"* sein. Den Anfang müßten die Schauspieler aber bei sich selbst machen.

Das Vorbereitende Künstlerkomitée der Österreicher in der Schweiz – Der erste Kontakt zur Heimat

Im Winter 1943/44 initiierte Paryla eine Arbeitsgemeinschaft österreichischer Künstler, die sich mit dem demokratischen Wiederaufbau des Kunstwesens in Österreich nach dem Zusammenbruch des Faschismus beschäftigte. Sie traten vorerst privat zusammen, denn die eidgenössischen Gesetze verboten Emigranten und Flüchtlingen jede politische, auch kulturpolitische Betätigung. Gegen Kriegsende wurden die Schweizer toleranter. Ein „Vorbereitendes Künstlerkomitée der Österreicher in der Schweiz" konnte gegründet werden, dem zahlreiche österreichische Bühnenkünstler, Schriftsteller, Maler und Architekten angehörten. Für einige bedeutete das „Künstlerkomitée" eine Wiederbegegnung mit ihrem Beruf, denn wegen der repressiven Flüchtlingspolitik hatten sie jahrelang unter Berufsverbot gelebt. Einundzwanzig Delegierte wurden gewählt, darunter die Kabarettistin Christl Giampietro, die Schriftsteller Fritz Hochwälder, Hans Weigel und Hans Fein, der Bildhauer Fritz Wotruba, der Regisseur Paul Kalbeck, der Musiker Ernst Bednarik, Willi Frank von der österreichischen Studentenorganisation sowie Teo Otto, Karl Paryla, Emil Stöhr, Wolfgang Heinz und Mathilde Danegger vom Zürcher Schauspielhaus. Nach zwei Zusammenkünften und zahlreichen Detailgesprächen lag ein Grundsatzpapier vor, ein „Plattformpapier für ein allgemeines Programm des Aufbaus". Darin wurde verlangt:

befreite österreichische Kunst
Selbstbestimmungsrecht aller Künstler
Wiederherstellung der Rechte der Berufsverbände
Mitspracherecht bei der Planung eines neuen Kulturlebens.

Für die Durchführung wurde ein demokratisches System erarbeitet. Die Künstler stellten sich das so vor: unter den Exilanten überall auf der Welt sollten „Vorbereitende Komitées" gegründet werden. Die Vertreter dieser Komitées hätten ein „Initiativkomitée" zu bilden, als Repräsentanten sämtlicher Emigranten. Sobald wie möglich sollten sie Kontakt mit den in Österreich verbliebenen Künstlern aufnehmen und zusammen mit diesen vor Ort „Aktionskomitées" ins Leben rufen. Die „Aktionskomitées" wiederum sollten sich um Legitimation bei den Besatzungsmächten und den österreichischen Behörden bemühen, um sich aktiv in die Kulturpolitik einzuschalten. In diesem Papier wurde bereits Entnazifizierung verlangt, ebenso Schadenersatzforderungen und Wiedergutmachungsansprüche. Der Bildhauer Fritz Wotruba forderte ein Ehrengericht, vor dem hätten „sich Personen zu verantworten, denen eine beson-

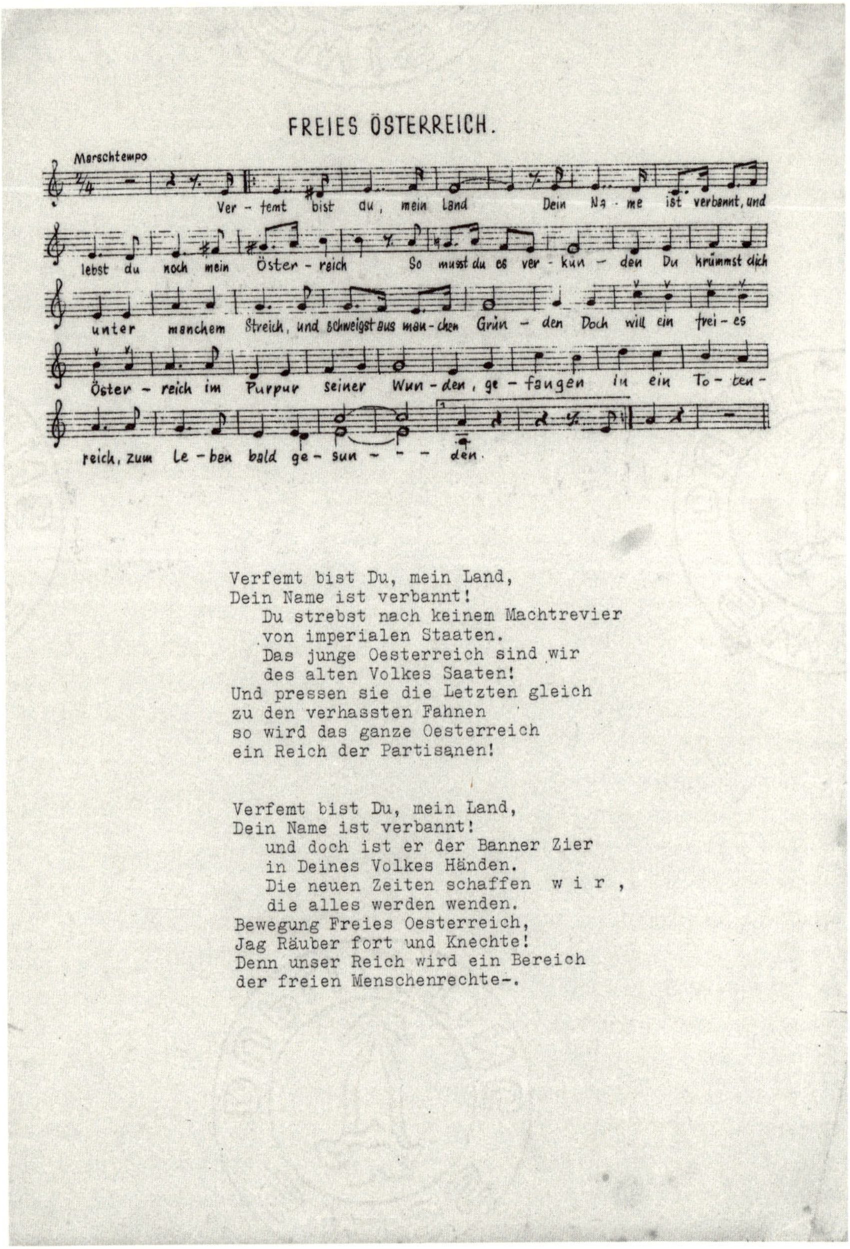

Verfemt bist Du, mein Land,
Dein Name ist verbannt!
Du strebst nach keinem Machtrevier
von imperialen Staaten.
Das junge Oesterreich sind wir
des alten Volkes Saaten!
Und pressen sie die Letzten gleich
zu den verhassten Fahnen
so wird das ganze Oesterreich
ein Reich der Partisanen!

Verfemt bist Du, mein Land,
Dein Name ist verbannt!
und doch ist er der Banner Zier
in Deines Volkes Händen.
Die neuen Zeiten schaffen w i r ,
die alles werden wenden.
Bewegung Freies Oesterreich,
Jag Räuber fort und Knechte!
Denn unser Reich wird ein Bereich
der freien Menschenrechte-.

28 *„Freies Österreich“. Lied zur Gitarre von Karl Paryla, entstanden in der Emigration in der Schweiz.*

dere Zusammenarbeit mit dem nationalsozialistischen Regime vorgeworfen wird."

Aus diesem Grundsatzpapier spricht ein großes Selbstbewußtsein der im Schweizer Exil lebenden österreichischen Künstler. Man merkt, daß sie in den Exiljahren viel über Österreich und die Rolle der Kunst beim Wiederaufbau nachgedacht haben. Die harten Emigrantenjahre hatten sie nicht gebrochen; optimistisch und einsatzfreudig wollten sie sich und ihre Kunst der Heimat zur Verfügung stellen. Zwei Dinge fallen dabei ins Auge, die, aus heutiger Sicht, unrealistisch waren: die Emigranten gingen von einem totalen Zusammenbruch der Strukturen aus und waren davon überzeugt, daß die Daheimgebliebenen nach Nationalsozialismus und Krieg von einem echten Neuerungswillen erfüllt wären. Sie waren weiters davon überzeugt, daß besonders Künstler geeignet wären, eine aktive Rolle bei der Entstehung einer neuen Gesellschaft zu spielen. Sie glaubten unbewußt an eine „Stunde Null", an einen wirklichen Neubeginn.

Ein Büro wurde eingerichtet, von dem aus Kontakte zu Widerstandsbewegungen und anderen österreichischen Kulturorganisationen, wie dem Austrian Council in London, sowie Hilfsorganisationen gehalten wurden. Paryla war der Leiter und die treibende Kraft des Büros. Adressen emigrierter österreichischer Künstler aus der ganzen Welt wurden gesammelt und Briefe verschickt. In einem ersten Brief hieß es „Die Zeit ist nahe, die unser Heimatland vom Joch der faschistischen Tyrannei befreit. Wie auch immer der historische Akt der Reinigung verlaufen wird, es muß brennende Aufgabe der Kunst sein, sich verantwortend einzuschalten und eine neue freie Zeit mitzubestimmen. Es wird beim Neuaufbau eines österreichischen Staatswesens die Aufgabe der Kunstschaffenden sein, die zuständigen Behörden mit eingehenden konstruktiven Vorschlägen zu versorgen und so mitzuhelfen, das gesamte Kunstleben im Lande nach demokratischen und planvollen Grundsätzen aufzubauen. Allerdings wird es mit kleinen Verbesserungen nicht getan sein. Der Kunst muß ihre wesentliche Bedeutung gegeben werden, die sich nicht in Erholung oder Unterhaltung erschöpft. Ihre Mission ist Bildung und Veredelung. Die Kunst muß wieder die lauteste Stimme im Kampf um die Menschlichkeit werden." Es kamen zwar Antworten aus Amerika, doch bildete sich nirgends ein so aktives „Vorbereitendes Künstlerkomitée" wie in der Schweiz.

Immer mehr Künstler stießen zum Schweizer Komitée, auch Internierte aus den Flüchtlingslagern. Am 22. April 1945 fand die dritte Zusammenkunft statt. Am 5. Mai – drei Tage vor der deutschen Kapitulation – schickte Paryla einen Rundbrief nach Wien, um die Situation an den Theatern zu erkunden und Unterstützung anzubieten; man könnte Papier, Textilien, Farben und anderes Theatermaterial,

I. Brief

Die Zeit ist nahe, die unser Heimatland vom Joche der faschistischen Tyrannei befreit. Wie auch immer der historische Akt der Reinigung verlaufen wird, es muss brennende Aufgabe der Kunst sein, sich verantwortend einzuschalten und eine neue freie Zeit mitzubestimmen.

In bewegter Sorge um die Zukunft ihres Volkes wenden sich österreichische Künstler an die in der Welt verstreut lebenden und an die in Oesterreich schmachtenden Kollegen mit der Aufforderung, unverzüglich

„Vorbereitende Komitées"

zu bilden, die den Zusammenschluß betreiben.

Wir müssen uns heute schon entscheiden, den rechten Weg zu gehen, und wir müssen uns auf einer Plattform gemeinsamer Ziele einigen. Es gilt den anarchistischen Zustand des österreichischen Kunstlebens aufzuheben und die Kunstschaffenden in den Stand zu setzen, alle ihre Kräfte frei zu entfalten und auf neuen Wegen allen Schichten des Volkes in wahrhaft demokratischem Geiste zu verpflichten.

Es wird beim Neuaufbau eines österreichischen Staatswesens die Aufgabe der Kunstschaffenden sein, die zuständigen Behörden mit eingehenden konstruktiven Vorschlägen zu versorgen und so mitzuhelfen, das gesamte Kunstleben im Lande nach demokratischen und planvollen Grundsätzen aufzubauen. Allerdings wird es mit kleinen Verbesserungen nicht getan sein. Der Kunst muss ihre wesentliche Bedeutung gegeben werden, die sich nicht in Erholung oder Unterhaltung erchöpft. Ihre Mission ist Bildung und Veredelung. Mit den ihr eigenen Mitteln trägt sie zur Vertiefung der menschlichen Persönlichkeit bei, bringt die Problematik des zeitgenössischen Daseins vor unsere Anschauung und ist so der eindrucksvollste Werber für alles Streben um bessere Einsichten.

Die Kunst muss wieder die lauterste Stimme im Kampf um Menschlichkeit werden.

Diskutieren wir entschlossen die allgemeinen und speziellen Fragen und kommen wir zur Umgrenzung eines Programms.

29 Der erste Rundbrief des „Vorbereitenden Künstlerkomitées", der sich an Exilanten in aller Welt richtete.

weiters Noten, Instrumente und Ersatzteile schicken. Dem Brief beigelegt war ein zehnseitiges Memorandum betreffs der Vorstellungen der emigrierten Künstler über den Aufbau der österreichischen Kunst. Auf einem Verbindungsweg über Partisanen ging ein Paket mit Theaterstücken nach Wien ab, darunter Dramen von Thornton Wilder, John Steinbeck, Jean Paul Sartre, Georg Kaiser und Bertolt Brecht. „Die Stücke, die dann in Wien gespielt wurden, haben unsere Frauen auf Erica-Schreibmaschinen abgeschrieben", erzählt Emil Stöhr. Die Bühnenmanuskripte gelangten zu Stadtrat Viktor Matejka, der sie in Wien an die Theater verteilte. Das „Vorbereitende Künstlerkomitée" stellte Pakete mit Lebensmitteln, Medikamenten, Kleidung und Schuhen zusammen, die in der Heimat an die Künstler ausgehändigt werden sollten. Im Herbst ging eine zweite Hilfslieferung nach Wien: Weihnachtsgeschenke für Künstler, die in Konzentrationslagern waren. Die Post funktionierte noch nicht regelmäßig, Pakete und Briefe wurden Rotkreuz-Hilfszügen mitgegeben. Wie nötig diese Hilfslieferungen waren, geht aus einem Brief hervor, den Paul Mühlbacher, der kaufmännische Direktor des Volkstheaters, eineinhalb Jahre später an Heinrich Schnitzler in Amerika schrieb. Verzweifelt berichtete er über die Versorgungslage der Wiener Theaterleute im zweiten Nachkriegswinter 1946/47 und beklagte das Ausbleiben von Hilfsmaßnahmen: „Mit Ausnahme einer Lebensmittelaktion, die im August-September 1945 von Karl Paryla in der Schweiz, ich möchte fast sagen, eigenhändig gestartet wurde und einen für die improvisierte Form relativ großen Erfolg brachte, hat man nichts gehört, was den Schauspielern in Wien helfen könnte."

Um die Aktivitäten zu finanzieren, hob das Komitée Mitgliedsbeiträge ein, bat um Spenden und Solidaritätsbeiträge. Überall in der Schweiz wurden Österreich-Abende unter Beteiligung zahlreicher österreichischer Künstler organisiert. Wie Heinrich Mann über Deutschland, stellte Emil Stöhr mit seinem Bruder ein „Österreichisches Lesebuch" zusammen. Texte von Österreichern über Österreich; viele der Beiträge waren unter den Nazis verboten oder sind erst in der Emigration entstanden: Robert Musil, Alfred Polgar, Johann Nestroy, Anastasius Grün, Franz Grillparzer, Karl Kraus, Hermann von Gilm, Georg Trakl, Theodor Kramer, Erich Fried. Emil Stöhr erinnert sich: „In der Bibliothek habe ich viele Gedichte und Liedtexte abgeschrieben. Karl und ich wollten unsere Anthologie eigentlich veröffentlichen, aber in der Schweiz und später in Österreich fand sich kein Verlag". So blieben die Texte Unterlagen für zahlreiche Lesungen. Paryla las bei seinem ersten Wiederauftreten vor dem Wiener Publikum im Februar 1946 daraus vor.

Da er glaubte, daß seine Rückkehr unmittelbar bevorstehe, verlängerte Paryla seinen Vertrag mit dem Zürcher Schauspielhaus für die nächste Spielzeit nicht mehr. Doch von der Befreiung Österreichs bis zu seiner tatsächlichen Heimkehr sollten noch mehr als sieben Monate vergehen. Privaten Reiseverkehr gab es noch nicht. Um nach Wien zu gelangen, mußte man ein Visum durch die drei Besatzungszonen haben. Paryla erhielt das französische Visum nicht. *„Die französische Delegation in Bern spielte ihre halbfaschistische Vergangenheit des Vichy-Regimes aus und ließ ihnen verdächtige österreichische Emigranten nicht in die Heimat zurückkehren. So überwältigte die Vergangenheit noch immer die Gegenwart."*

Am 28. April 1945 wurde die „Frei-Österreichische Bewegung in der Schweiz" gegründet, eine Sektion des „Free Austrian World Movement" und Bruderorganisation der Bewegung „Freies Deutschland". Mehrere hundert Österreicher aus allen Teilen der Schweiz nahmen an der Gründungsversammlung teil und ihre dreißig Delegierten formulierten folgendes Programm:

1. Moralische und materielle Unterstützung des österreichischen Freiheitskampfs
2. Kontaktaufnahme mit den Behörden im schon befreiten Österreich
3. Aufklärung über die Probleme des neuentstehenden Österreich, gemeinsame Pflege der österreichischen Kultur und Geschichte im österreichischen Geiste
4. Pflege freundschaftlicher Beziehungen mit freiheitlichen Organisationen der Nachbarländer, die sich in der Schweiz befinden.

Wolfgang Heinz vom Zürcher Schauspielhaus wurde zum Präsidenten der Freiheitsbewegung gewählt. Die Konstituierung der „Frei-Österreichischen Bewegung" bedeutete Unterstützung für das „Vorbereitende Künstlerkomitée". Paryla und seine Freunde versuchten über das der Schweiz am nächsten gelegene Bundesland, Vorarlberg, Kontakt mit Österreich zu bekommen. Am 14. August 1945 war es dann so weit. Für ein Radiogastspiel in Dornbirn kam Paryla das erste Mal seit sieben Jahren nach Österreich. In Dornbirn befand sich ein freier österreichischer Sender. Herr Schubert, der Leiter des Senders, hatte ihn vor der Zerstörung durch die Nazis und vor der Beschlagnahme durch die Franzosen bewahrt. In den „Österreichischen Nachrichten", der Zeitung der „Frei-Österreichischen Bewegung" beschrieb Paryla seine Gefühle: *„Es war nicht leicht, im Jahre 1938 vor dem Ungeist der Naziokkupanten aus Österreich zu entfliehen, und es ist nicht leicht, nach der Befreiung zurückzukehren. Das empfinden die vier Leute, die am 14. August die österreichische Grenze bei Diepoldsau passieren. Aber als sie endlich im Sender Dornbirn, der im Rathaus des alten Städtchens untergebracht ist, ankommen, denken sie nicht mehr an die zeitraubenden Bemühungen um Pässe, Visen. Christl Giampietro, Erika Wolfensberger (die Pianistin), Emil Stöhr, Karl Paryla sind eingeladen worden, ein kleines Programm – Worte österreichischer Dichter, Chansons, Freiheitslieder – in der Abendsendung zu bringen. Es* *ist merkwürdig, auf einmal vor der zarten Membrane eines kleinen Mikrophons zu stehen, die den ersten Kontakt mit der Heimat, mit Landsleuten herstellt. ... Die Bevölkerung sieht noch halbwegs gut genährt aus, auch die Kinder. Aber sie leben vom Rest der Vorräte und die Kleider, die sie am Leib tragen, sind die letzten. Niemand weiß recht, wie es in den nächsten Monaten weitergehen wird."* Im internen Bericht an die „Frei-Österreichische Bewegung" äußerte sich Paryla kritisch über die Besatzungsmacht, die das ohnehin mit Bedacht zusammengestellte Programm der Emigranten zensurierte: *„Leutnant Sequy (der französische Leiter des Senders) machte ziemlich Schwierigkeiten bei der Durchsicht unseres Programms. Er zensurierte wie weiland Metternich die Gedichte. Es habe auch kein Wort über die Emigration und über die Frei-Österreichische Bewegung zu fallen. Er strich ein Gedicht vom 48er Dichter Gilm, weil es sich gegen die Reichen wendet. Befürchtung: man könnte glauben, es sei die französische Besatzung gemeint."* Trotzdem war er voll Zuversicht: *„Mit den wenigen mitgebrachten Schallplatten, Noten, Gedichten haben wir Freude und Hilfe gebracht und das muß ein Ansporn sein zu sammeln und zu senden – weiterhin und mehr!"*

Im Herbst 1945 waren die Antworten der Wiener Theaterleute auf Parylas Rundbrief eingetroffen. Alfred Neugebauer vom Theater in der Josefstadt schrieb: „Lieber Karl – liebe Freunde! Vor allem innigen Dank für Euer rührendes Gedenken. Ich bin von Eurem ersten Händedruck richtig erschüttert! Vielleicht ist es nicht so sehr der Händedruck selbst, als die Tatsache, daß man ihn erleben durfte! Es sah in den gottverlassenen sieben Jahren oft genug so aus, als würde es dazu nicht mehr kommen!" Der Schauspieler Philipp Zeska schrieb: „Wie es uns geht? Gut, da wir nach Bomben, Brand, Keller und Plünderungen nun endlich wieder arbeiten können. Aber zu helfen ist uns wohl. Die chronische Unterernährung durch sechs Jahre, verstärkt durch Schwierigkeiten der Nachkriegszeit, welche von unzureichender und unregelmäßiger Ernährung bis zu wirklichem Hungern führen, die Berufsentwöhnung durch einjährige Fabriksarbeit im Einsatz der Nazidienstverpflichtung, lassen nun immer stärker Erschöpfungszustände und Anfälligkeiten für Krankheiten zu Tage treten. Zum Beispiel tritt in auffallender Weise eine für unseren Beruf gefährliche Gedächtnisschwäche ein. Also: Nahrung und Medikamente, dann Kleider. Es gibt so und soviele Kollegen, welche nicht einmal über eine lange Hose verfügen, Kolleginnen, die nur ein Kleid, keine Strümpfe und nur ein Paar Schuhe haben, natürlich auch keine Schneeschuhe etc., weil so viele ausgebombt, ausgebrannt oder ausgeplündert sind, ja meistens alles zusammen." Teddy Grieg vom Volkstheater schilderte das Verkehrsproblem: „Die Elektrische verkehrt nur auf einigen Linien außerhalb des Gürtels und nur die Stadtbahn funktioniert seit einiger Zeit zum Teil. Der Telefonverkehr ist so gut wie nicht vorhanden. Taxis oder Autos gibt es nicht. Dadurch ist die Herstellung von Verbindungen sehr erschwert, zumal die Post im Stadtgebiet zur Beförderung eines Briefes 4–6 Tage braucht. Zudem sind wir von allen außerhalb Wiens lebenden Kollegen so gut wie abgeschnitten. Von den in Deutschland – Berlin – verbliebenen gar nicht zu reden."

Den Vorschlägen, die historische Stunde nach der Niederringung des Nationalsozialismus zur Neustrukturierung der österreichischen Kunstlandschaft zu nützen, standen die meisten freundlich-ratlos bis ablehnend gegenüber. Burgschauspieler Fritz Lehmann, der von den Nazis ins Gefängnis geworfen worden war, erkannte, worauf es den Exilanten ankam, doch warnte er sie vor Optimismus: „Auch in Wien gibt es einen Kreis von Kollegen, die alle dasselbe heiße Wollen, dasselbe Ziel vor Augen haben, weil sie ja am eigenen Leibe erfahren, mit offenen Augen sehen, wohin das Theater gekommen – auf welches Niveau es gesunken ist. Gut, es ist nur ein Übergang. Aber scheinbar wird auch heute das Künstlerische hintangesetzt – bei jeder Umgruppierung, bei jeder Neuvergebung, bei jeder Neubesetzung. Der Geschäftsgeist der neueingesetzten Direktionen steht im Vordergrund, man erkennt nichts weiter als ein Hinüberwurstelnwollen – eine Konjunkturhascherei. Kein neuer Versuch – kein umwälzendes Programm – kein revolutionärer Geist. Was sollen wir Künstler in Wien, die wir alles bis ins Tiefste miterlebt, Euch antworten? Ja, wir hoffen das Gleiche wie Ihr – aber kommt her, überzeugt Euch selber und ich fürchte, Ihr werdet bald mit Heimweh an Euer ‚Exil' denken. Denn für den Antifaschisten in Österreich ist es gar nicht so leicht und manche sind bei Euch draußen besser bekannt als in der Heimat. Die ehemaligen Nazis erscheinen in Tarnungskappen immer wieder auf Posten und Sesseln, schaffen sich Beziehungen und ‚gute Freunde' und verstehen viel besser als wir, sich auch jetzt wieder in den Vordergrund zu spielen." Manche wollten an die Vergangenheit nicht erinnert werden, wie Leon Epp: „Vergessen wir die vergangenen Jahre". Einige lehnten demokratische Selbstbestimmungsbestrebungen von Künstlern ab, wie Anton Edthofer: „Ich betone nochmals, daß es berufenen Personen überlassen bleiben muß, die Details auszuarbeiten oder sich hierzu zu äußern." Teddy Grieg anerkannte zwar das Plattformpapier: „Die Ausführlichkeit und Gründlichkeit Eures Elaborates zeigt, daß es aus einem sozusagen saturierten Geist geboren ist, und ich kann Euch nur dazu beglückwünschen, daß Ihr in einer Umgebung lebt, die Euch doch so viel Zeit und Sammlung beließ, Euch in befruchtenden Diskussionen zusammenzufinden, um deren Lebendigkeit, die ich mir genau vorstellen kann, ich Euch wahrlich beneide." Ein Eingehen auf die Vorschläge erschien ihm jedoch verfrüht. Der Obmann der neugegründeten Gewerkschaft der Bühnenangehörigen, Aurel Nowotny, präsentierte einen Gegenvorschlag.

Auf der vierten Zusammenkunft des „Vorbereitenden Komitées" am 28. Oktober 1945 wurden die Briefe der Wiener Künstler diskutiert. Es hat sich ein Protokoll erhalten, aus dem die Stimmung der Emigranten, die zwischen Verunsicherung und vorsichtigem Optimismus schwankte, abzulesen ist:

„*Teo Otto:* Das Wichtigste an den Berichten aus Österreich ist, daß daraus hervorgeht, daß die österreichischen Kollegen begriffen haben, daß die Vorstellung, Kunst habe mit Politik nichts zu tun, nicht richtig ist.

Wolfgang Heinz: Die depressiven Antworten dürfen nicht als ganz objektiv hingenommen werden. Aber wer hinübergeht, darf sich nicht ein angenehmes Dasein erhoffen. Die meisten Kollegen antworten, daß für unsere Vorschläge noch nicht die Zeit sei und das ist das Betrübliche.

Karl Paryla: Die Angst vor unserer Rückkehr ist befremdlich. Befremdlich auch, daß nicht alle Mitglieder von den Theatern zurückgerufen werden. Es wäre wichtig, einen Kollegen zu finden, der sagt, er vermisse es, daß die Emigranten nicht zurückgerufen werden.

Egon Jensen: Rückkehr ist für die Leute in der Heimat wertvoller als wenn wir hierbleiben. Sie haben Angst, daß wir zurückkommen und wir haben Angst, daß wir nicht aufgenommen werden.

Mathilde Danegger: Wir müssen Mut machen. Wir müssen vor allem die Not lindern.

Maria von Ostfelden: Materielle Hilfe ist nicht das Wichtigste, sondern der Geist muß geändert werden.

Berstl: Man sieht nichts von einem Willen zu einem neuen Aufbau des Staates in den Rückäußerungen.

Karl Paryla: Daß kein Wort über die erreichte Freiheit fällt, ist befremdlich. Wir müssen ihnen sagen, was die Alliierten leisten. Wir müssen beides bringen: Hilfe und Aufklärung.

Wilhelm Felden: Können die jüdischen Kollegen zurück?

Eulau: Niemand in Wien wird sagen, daß er die Juden nicht will. Die Juden sollten nicht als Juden, sondern als Menschen nach Wien gehen, die einen Aufbau leisten wollen. Es sollten keine neuen Probleme daraus gemacht werden.

Karl Paryla: Ernst Fischer hat Künstler und Wissenschaftler aufgefordert zurückzukehren.

Wolfgang Heinz: Matejka begrüßt in einem Brief an die Freie Österreichische Bewegung die Rückkehr."

Auf dieser Sitzung wurde beschlossen, einen Kontakt mit den Schweizer Gewerkschaften und der neugegründeten „Deutschen Bühnengewerkschaft" herzustellen. Wie schon im Plattformpapier geplant, stellte man sich die zukünftige

Arbeit auf gewerkschaftlicher Basis vor, als eine Art „Künstlerparlament", die sich nicht nur um die sozialen Belange kümmern, sondern auch für künstlerische Fragen zuständig sein sollte.

Aus Wien erhielt Paryla ein Angebot vom Volkstheater. Trotz Vorlage des Vertrags und eines Empfehlungsbriefs des Staatsamts für Äußeres in Wien mußte Paryla monatelang auf das französische Durchreisevisum warten. Am 4. November schrieb er nach Wien: *„Es bewegt mich ausserordentlich schmerzlich, Jahr um Jahr und Tag um Tag in der Fremde auf die Befreiung der Heimat gewartet zu haben und mich nun ausserstande zu sehen, meinen Teil an Mitarbeit, gerade in der bedürftigen Zeit des beginnenden Neuaufbaus, beitragen zu können. Lange bevor ich von meiner Berufung ans Volkstheater Mitteilung erhalten habe, löste ich mein langjähriges Vertragsverhältnis mit dem Schauspielhaus Zürich und machte mich zur Rückkehr bereit. Aber es scheint heute noch in niemandes Macht oder Willen zu liegen, mir hier endlich die notwendige Erlaubnis zum Passieren der österreichischen Grenze zu geben."*

In der Schweiz bemühten sich zirka vierzig weitere Österreicher, meist Widerstandskämpfer, um baldige Heimkehr, erhielten aber auch kein Visum von den Franzosen. *„Da haben uns die Schweizer geholfen."* Am 16. Dezember 1945 schrieb Emil Stöhr, der nun für seinen Bruder das „Vorbereitende Künstlerkomitée" leitete, an Aurel Novotny nach Wien, daß Paryla nun käme. Die vierzig Österreicher wurden in einen nach Wien fahrenden Rotkreuzzug, der Kinder zur Erholung in der Schweiz abholen sollte, gesetzt. An der Grenze wurde der Korridorzug versiegelt. Paryla hat also die Schweiz im plombierten Zug verlassen! Der Zugsbegleiter wunderte sich über diese merkwürdigen Menschen, die unbedingt nach Wien wollten: *„Ihr seids ja schön blöd, was fahrts ihr denn zurück? Wir hungern, da gibts nur Erbsen zu fressen. Die Russen nehmen euch alles weg. Was wollts ihr denn? Bleibt doch z'Haus in der Schweiz"*, erinnert sich Paryla.

Der Abschied war nicht leicht. Gleich nach seiner eigenen Emigration hatte Paryla seine Frau Eva und den kleinen Sohn Michael nach Zürich geholt. Diese Ehe scheiterte. Paryla verband sich mit seiner Kollegin Hortense Raky. 1939 wurde in Zürich ihr gemeinsamer Sohn Nikolaus geboren. Eva Paryla hatte während des Kriegs in einem Auffanglager für deutsche Flüchtlinge gearbeitet und dort einen Emigranten kennengelernt. Mit diesem Mann und Michael wanderte sie nach dem Krieg nach Kanada aus, wo sie heute noch lebt. Mitte der fünfziger Jahre kam der Sohn zu seinem Vater zurück, der ihn in der Falckenberg-Schauspielschule in München studieren ließ. Michael wurde ein erfolgsversprechender junger Schauspieler und war zuletzt am Thaliatheater in Hamburg engagiert. Er starb überraschend und unaufgeklärt 1966. In den Zeiten der Trennung entstand Parylas Gedicht „Für Michael“:

Oh Zeit steh still
halt deinen Atem an
der diesen Augenblick hinwegbläst
daß ich Abschied nehmen kann
und noch einmal den Sohn umarmen

So steht er da
oh fasse es Erinnerung
in knabenhafter Magerkeit
das Haar weich auf der Stirne liegend
verlier sie nie Gedächtnis
diese Kinderstimme rauh und dünn
jetzt friß dich voll Bewußtsein
mit dem einen Augenblick
Du nährst den Hunger einst
der sehnsuchtsvollen Stunden
es ist noch alles da
die scheue Neugier seiner Jahre
der Griff der rauhen Hand
das eilige Lebwohl
der Druck von kühlen Lippen
auf unrasierter Backe
schon drängt die unerbittliche Bewegung
dieses Mal der Zeit
und schiebt sie aus dem Blick
die winkende Gestalt

Seh ich ihn wieder ist er größer
groß vielleicht schon ein Mann
mit dunkler Stimme
forschend fremdem Blick
beschämend stark begegnend
seines Vaters Einfalt

Abschied ist immer bittrer
wenn ein unvollendet Werk
verlassen werden soll
wenn Vielversprechendes
und Vielversprochenes
viel nicht eingehalten wird
ein Aufbruch in Enttäuschung endet

Oh flieh du Zeit
Was schlecht war eilt ins Nichts
das Leben keck und gut
ist mit der Zeit im Bunde
Oh Zeit du gute freie Zeit
nimm meinen Knaben mit und rüttle sein Herz
schärf den Verstand und stähl die Kraft
den Weg der Brüderlichkeit mach zur Heimatstraße ihm
Und ich will meinen Schmerz um die verlornen Zeiten
aufheben und bewahren daß aus ihm für mich und ihn
einst Kraft erwachse väterlich zu sein zur Jugend
väterlich und jung zugleich im hohen Alter

VI. KAPITEL

Wien 1945

Am zerbombten Westbahnhof angekommen, machte sich Paryla zu Fuß auf den Weg zum Volkstheater. Unterkunft hatte er keine, der Direktor des Volkstheaters Günther Haenel ließ ihn zwei Nächte auf einem Sofa im Foyer des Theaters schlafen. Wenn Paryla von dieser Zeit erzählt, fehlen Schilderungen des Nachkriegselends. Schlechte Wohnverhältnisse und Ernährung, die schwierige Material- und Verkehrslage scheinen ihn nicht berührt zu haben. Er brannte darauf, zum Wiederaufbau Österreichs mit den Mitteln der Kunst beizutragen und die „neue" Zeit für neue demokratische Strukturen am Theater sowie für die Entwicklung eines neuen Typus von Schauspieler zu nutzen. Am 15. Februar 1946 trat er mit der Lesung „Worte der Freiheit" im Theater an der Josefstadt zum ersten Male seit dem Krieg vor das Wiener Publikum. Ab 1. März spielte er im Volkstheater den Quecksilber in Raimunds „Der Barometermacher auf der Zauberinsel" und Alexander Ostrowskis „Ein junger Mann macht Karriere" und wurde schließlich wieder Mitglied des Theaters in der Josefstadt; hier spielte er den Titus Feuerfuchs in Nestroys „Der Talisman", in „Der Tag bricht an" von Michael Burns und den Doktor Jura in Hermann Bahrs „Das Konzert".

War Paryla, waren die Emigranten in Wien willkommen? Die Begegnung mit Publikum und Presse war ungetrübt. *„Mit den Kollegen hab' ich es nicht schwer gehabt. Schauspieler sind gute Kollegen; natürlich gab es einzelne, die auf Gewerkschaftsversammlungen gesagt haben: ‚Nein, das geht nicht, daß die Emigranten jetzt kommen und uns die Posten wegnehmen', doch die waren nicht maßgebend, es dominierte kollegiale Aufgeschlossenheit. Schwierigkeiten gab es mit Direktoren, mit denjenigen, die in der Übergangszeit eingesetzt worden waren; sie haben mich weniger aus politischen, als aus künstlerischen Gründen abgelehnt: ich brachte eine gewerkschaftliche und künstlerische Art ein, wie man demokratisch zusammenarbeitet, wie und was man probiert, wie man spielt. Ich war von ‚der Ruinenhaftigkeit' der Wiener Theater erschüttert und traute meinen Augen nicht, was dem Publikum vorgesetzt wurde. Beim Versuch die Knechtung der Vergangenheit abzustreifen, wurde eine Flucht in ein kindisches Getue angetreten, eine Art ‚Progressivität', die auf mich peinlich wirkte! Es war die Bestätigung der Befürchtung, daß Kunst und Kultur zusammengebrochen waren."* Wie Bertolt Brecht, Fritz Kortner, Bertold Viertel und andere Rückkehrer hatte Paryla Schwierigkeiten, den Verfall der Schauspielkunst, der für die Emigranten eklatant

UNSER RING.

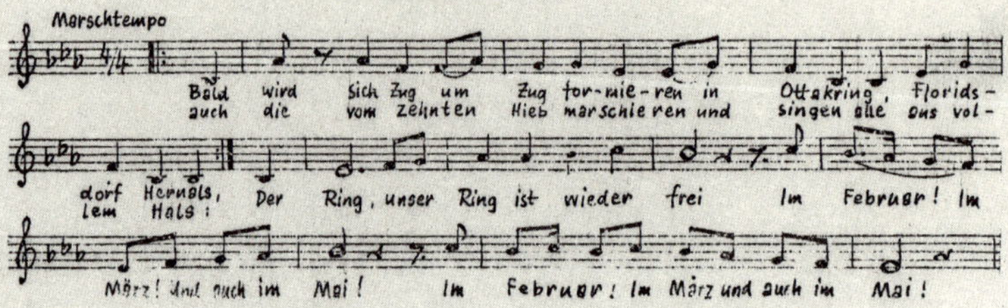

Wenn morgen unsre Fahnen flattern
in Breitensee, Rudolfsheim, Sechshaus,
dann lässt der Wind sie stürmisch knattern
und bläst die Losung in's Land hinaus:
　Der Ring - unser Ring ist wieder frei!
　Im Februar, im März und auch im Mai!
　Im Februar, im März und auch im Mai!

Die dröhnend schweren Schritte bringen
aus Meidling, Erdberg und Lerchenfeld
den Takt der Strophen, die mitzusingen
das freie Volk dann mit Macht einfällt:
　Der Ring - unser Ring ist wieder frei!
　Im Februar, im März und auch im Mai!
　Im Februar, im März und auch im Mai!

Dann muss kein Zug sich neu formieren,
denn dieser Umzug geht nicht vorbei -
er wird für immer aufmarschieren;
so bleibt es dann und für stets dabei:
　Der Ring - unser Ring ist wieder frei!
　Im Februar, im März und auch im Mai!
　Im Februar, im März und auch im Mai!

30 „Unser Ring“. Lied zur Gitarre, geschrieben von Karl Paryla in der Zeit der Zürcher Emigration.

war, verständlich zu machen: *„Man macht sich unbeliebt, denn die, die dageblieben sind, hoffen, sie hätten trotz der Ausschaltung der Freiheit etwas Theaterkunstartiges gerettet. Wenn ich mich dazu geäußert habe, wurde es als Beleidigung aufgefaßt – verständlich. Ich hatte viel künstlerisch Erarbeitetes aus Zürich und aus meinem Leben, das versuchte ich loszuwerden und war nicht zurückzuhalten, meine Meinung zu sagen. Bei den Arbeiten im Volkstheater zu ‚Ein junger Mann macht Karriere' ging der Regisseur Günther Haenel beleidigt weg. So fing es an. Wir haben vierzehn Tage allein probiert, dann habe ich erfahren, daß hinter meinem Rücken ein Kollege beauftragt wurde, meine Rolle zu übernehmen. Zum Glück hatte ich ein Angebot ans Josefstädter Theater. Dort spielte sich etwas anderes ab: die Schauspieler haben mich herzlich empfangen und zum Betriebsrat gewählt, doch Direktor Steinboeck sagte bald zu mir: ‚Karl, willst du nicht den Vertrag ändern? So ein Schauspieler wie du muß doch nicht im Ensemble sein und auch kleine Rollen spielen. Ich hol' Dich für die großen.' Es existierte ein Brief des Vorsitzenden des Direktorenverbandes, in dem es hieß: ‚was kann man machen, daß der Paryla wieder nach Zürich zurückgeht?' Die Sekretärin, die den Brief geschrieben hat, eine gute Freundin, hat mir das erzählt. Die Direktoren in Wien waren nicht gut zu unsereins!"*

Paryla drängte darauf, die vertriebenen Theaterleute zurückzuholen. Es ist kein ruhmreiches Kapitel in der Geschichte der Zweiten Republik, daß die vor den Nazis geflüchteten Österreicher offiziell nicht zurückgerufen wurden. Da dies aber von Regierungsseite sogar unterbunden wurde, konnte ein Einzelner wenig bewirken; Aufforderungen wurden als Störung empfunden: *„Zum Direktor des Theaters in der Josefstadt sagte ich: ‚Hier ist doch zuletzt der Ernst Lothar gesessen, wer holt den Mann aus der Emigration zurück? Du sitzt doch auf seinem Stuhl.' Diesem Umstand hat er in keiner Weise Rechnung getragen."* Auch das Zurückholen der in Zürich wartenden Schauspieler, als deren Fürsprecher sich Paryla im Sinne des „Vorbereitenden Künstlerkomitées" verstand, gestaltete sich mühsam. Der Stadtrat für Kultur und Volksbildung Viktor Matejka und Ernst Fischer, Staatssekretär im Unterrichtsministerium, beide Kommunisten, waren die einzigen Politiker, die sich bemühten, emigrierte Antifaschisten zurückzurufen. Verzweifelt schrieb Paryla an Matejka, daß Verhandlungen mit dem Direktorstellvertreter des Volkstheaters Hans Frank bezüglich eines Engagements der in Zürich Wartenden gescheitert waren.

Diese Erlebnisse sowie seine Erfahrungen aus der Zürcher Theaterarbeit bestärkten Paryla in der Ansicht, daß er ein neues Theater gründen sollte, ein nicht in traditionellen Hof- und Stadttheaterstrukturen verankertes Theater, ein Theater, getragen von einem neuen Typus von mündigem Schauspieler. Paryla stellte sich diesen neuen, selbstbewußten Schauspieler so vor: einer, der sich der Eigenverantwortung als Mensch und Schauspieler – als Schauspieler-Mensch und Menschen-Schauspieler – bewußt ist und es in seinem Leben zeigt; einer, der erkannt hat, wie sehr die Kunst im Nationalsozialismus benutzt wurde und sich jetzt für den Aufbau eines freien Österreichs einsetzt; einer, der seine Pflichten und Rechte im gewerkschaftlichen Sinne wahrnimmt; einer, der demokratisches Verhalten im Theaterbetrieb in Form von Mitbestimmung zu leben versucht. Einer, der die Schauspielkunst zur Darstellung des Menschen in all seinen Facetten einsetzt und an der Vervollkommnung seiner Kunst ständig weiterarbeitet; einer, der sich als Ensemblespieler begreift und nicht nur imstande ist, die eigene Rolle zu gestalten, sondern auch das Stück und seine Aussage; einer, der bereit ist, sein Können an junge Schauspieler weiterzugeben: *„Mut zur Wahrheit in der Kunst des Theaters, Haltung im Leben, Freude an der Lehre, welche das Können der Menschen-Spieler aufrecht erhält und weiter erschließt."*

Dieser neue Typus von Schauspieler verlangte neue Strukturen am Theater, so wurde das Modell eines Mitbestimmungstheaters entwickelt. *„Ich dachte an das Josefstädter Theater, das sich ‚Die Schauspieler des Theaters in der Josefstadt unter der Führung von Max Reinhardt' nannte, aber ohne die Betonung der Führung; ich dachte an die Comédie Française, die vor dreihundert Jahren als Schauspieler-Kooperative gegründet worden war und wo die Schauspieler Societées waren, und an das Moskauer Künstlertheater; an ein unabhängiges, demokratisches Theater, ein wirkliches Schauspieler-Theater, ein Theater ohne Direktor; ich habe dabei weder institutionell noch parteipolitisch gedacht, eher anarchistisch."* Zusammen mit Friedrich Neubauer, einem Regisseur, der während der Nazizeit Berufsverbot gehabt hatte, erarbeitete Paryla ein Konzept für ein „Genossenschaftliches Theater", in dem Theaterleute als Sozietäre ein Theater in künstlerischer und geschäftlicher Eigenverantwortung führen wollten.

Am 17. Februar 1946 brachten Paryla und Neubauer bei Stadtrat Matejka ein Ansuchen um „Erteilung einer Gesellschaftskonzession unter gleichzeitiger Zuweisung eines entsprechenden Wiener Theaters" ein: „Beabsichtigt ist die Gründung eines Theaters im Sinne einer künstlerischen Gemeinschaft unter Leitung eines Direktionskollegiums, beruhend auf den Prinzipien einer demokratischen Struktur. Der Weg zur Gründung eines solchen neuen Theaters ist zugleich der Versuch, das Gedankengut der Demokratie in der Substanz und in der Struktur eines Ensembles zu verlebendigen." Paryla bemühte sich um eine Bühne, an der er Theater für Menschen entwickeln konnte, die noch nie mit dem Theater in Verbindung gekommen waren – für Arbeiter. Als Raum hatte er ein ehemaliges jüdisches Bethaus in der Kaschlgasse im 20. Bezirk, in der russischen Besatzungszone, in Betracht gezogen. Es wäre das erste Theater in diesem Bezirk gewesen, mit 340 Plätzen und in verkehrsmäßig günstiger Lage beim Wallensteinplatz. Die Verhandlungen standen kurz vor dem Abschluß, scheiterten aber an einem Beschluß der Israelitischen Kultusgemeinde. Die zahllosen Gespräche mit Arbeitern, Angestellten und Bildungsfunktionären der Parteien, die Überlegungen zu Spielplan und Organisation waren jedoch nicht umsonst; Paryla hatte zu verstehen begonnen, was sich die Arbeiter unter Theater vorstellten und wie Künstler dieses Publikum erreichen könnten.

Unterdessen waren Wolfgang Heinz und Emil Stöhr aus Zürich eingetroffen und spielten am Volkstheater. Auch Hortense Raky und der Sohn Nikolaus waren gekommen (Paryla hatte inzwischen eine Wohnung gefunden). Die engsten Mitarbeiter aus Zürich waren nun da und gemeinsam entwickelte man das Konzept eines Schauspieler-Theaters weiter, basierend auf den Ideen, die im „Vorbereitenden Künstlerkomitée" in Zürich ausgearbeitet worden waren. Auf Einladung der russischen Besatzungsmacht spielten die rückkehrenden Emigranten im ehemaligen „Scala-Theater" unter der Regie von Günther Haenel das Stück „Die russische Frage" von Konstantin Simonow, ein Stück, welches russische Kulturoffiziere in all ihren Einflußgebieten anboten und das auch als Film existierte. Bei dieser Gelegenheit wurden die Schauspieler auf das leerstehende Theater aufmerksam. Das Scala-Theater, im vierten Bezirk, in der Favoritenstraße 8, in der russischen Besatzungszone gelegen, war ein großes Haus mit 1200 Sitzplätzen. Früher hieß das 1908 im historistischen Stil erbaute Theater „Johann-Strauß-Theater" und war eine Operetten- und Gastspielbühne. Hier trat der legendäre Alexander Girardi auf und Josefine Baker hatte hier vor den Wienern getanzt, bevor es 1930 ein Kino wurde. Von 1933 bis 1938 betrieb es Rudolf Beer wieder als Sprechbühne mit dem Namen „Scala". Während der Nazi-Zeit war es ein UFA-Kino gewesen, 1945 hatten es die Russen als „Deutsches Eigentum" beschlagnahmt und es weiter als Kino und zu gelegentlichen kulturellen Veranstaltungen genutzt. Das Gebäude war zwar desolat, doch mit Drehbühne und Versenkung versehen. Während Paryla und seine Freunde an verschiedenen Wiener Bühnen spielten, bemühten sie sich, dieses Haus zu bekommen. Um die Konzession zu erlangen und die Subventionierung sicherzustellen, wurden unzählige Gespräche mit Vertretern der russischen Besatzungsmacht, der Kommunistischen Partei Österreichs und österreichischen Kulturbehörden geführt.

Das Projekt sprach sich in Künstlerkreisen herum, schon in Zürich hatten sich Therese Giehse, Grete Heger, Maria Becker, Margarete Fries, Teo Otto, Robert Freitag und Heinrich Gretler dafür interessiert. Auch in Wien war lebhafte Anteilnahme zu bemerken. Albin Skoda wollte dabei sein, der Bühnenbildner und

Regisseur Gustav Manker, Karl Kyser sowie zahlreiche andere Wiener Schauspieler. Nicht alle wurden tatsächlich Mitglieder der „Scala", wie Skoda, der ans Burgtheater ging oder Manker, der am Volkstheater verblieb – doch viele kamen immer wieder als Gäste für einzelne Produktionen und trugen zur Qualität des Ensembles bei. *„Wir suchten und spürten das Interesse: nicht wieder unter der Knute eines Direktors oder Intendanten zu sein, sondern ein eigenes Theater selber mitzubestimmen; ein Theater, das, losgelöst von institutionellen Bändigungen, erst zu dem werden kann, was es sein soll: das Ergebnis der Arbeit einer selbständigen Gruppe von Schauspielern!"*

Als am 16. September 1948 die Idee von einem eigenen Schauspielertheater in Erfüllung ging, und der Vorhang im „Neuen Theater in der Scala" mit Nestroys „Höllenangst" aufgehen konnte, befand sich Österreich bereits in einer anderen historischen Periode: die unmittelbare Nachkriegszeit war vorbei und die Zeit des Kalten Krieges angebrochen. Daß es mit der Gründung des Theaters so langsam voranging, obwohl das ursprüngliche Konzept schon im Jänner 1946 vorgelegen war, stand mit mehreren Vorurteilen in Zusammenhang, die den Scala-Schauspielern von Anfang an zu schaffen machten: die offizielle Kulturpolitik, unterstützt durch Zeitungen wie die „Arbeiterzeitung", „Wiener Kurier" oder „Das Kleine Blatt", setzte die künstlerische Arbeit der „Scala" mit Sowjet-Propaganda gleich. Die Tätigkeit von Kommunisten wollten sie mit aller Kraft einschränken. *„Unser Konzept ist nicht in der Kommunistischen Partei entstanden und auch nicht von den Russen gekommen; es waren Kommunisten dabei, aber wir haben von keinem ein Parteibuch verlangt"*, stellt Paryla richtig. Auf der anderen Seite waren sich selbst die kommunistischen Funktionäre in der Partei über dieses Modell eines selbstverwalteten Schauspielertheaters nicht einig. *„Mit Ausnahme der Arbeiter und der erfahrenen linken Intellektuellen hat niemand so recht die wesentlichen Absichten der ‚Scala' verstanden. Diese Vorsitzenden, Hinter-dem-Schreibtisch-Sitzenden können sich meist nur vorstellen, daß Behörden und Institutionen führen. Die Kunst geht jedoch nicht an der Leine wie ein Hund! Wir wollten nicht Untertanen sein."* Ernst Fischer beschrieb 1973 in seinem Buch „Das Ende einer Illusion" das Dilemma der „Scala": „Ein noch so gutes von Kommunisten geleitetes Theater mußte im Wien des Kalten Krieges sich und seine Mitglieder isolieren, und zu seiner Erhaltung waren kommunistische, also sowjetische Subventionen erforderlich. Beides hielt ich für unzweckmäßig." Auch Viktor Matejka äußerte, daß er es für politisch sinnvoller gehalten hätte, wenn die von ihm hochgeschätzten Künstler innerhalb der bestehenden Ensembles in anderen Theatern gearbeitet hätten. Nichtsdestotrotz setzten sich Fischer und Matejka vehement für das „Neue Theater in der Scala" ein.

Spontan reagierten die Russen. Vielleicht hängt das mit dem freundschaftlichen Kontakt zusammen, den Paryla und seine Freunde mit dem Theateroffizier Hauptmann Nowikow pflegten. „Er war vor dem Krieg Dramaturg an einem Leningrader Theater gewesen und wußte allerhand über internationales Theater", erinnert sich Emil Stöhr. Hier hat wohl die „Theaterfamilie", welcher die Schauspieler unausgesprochen angehören, eine besondere Verbindung geschaffen. Im Ansuchen vom 19. März 1948 an Generaloberst Kurassow vom Interalliierten Kontrollrat für die Überlassung des Scala-Theaters hieß es ausdrücklich: „Diese Bühne soll ein unabhängiges und demokratisches, in keiner Weise parteimäßig gebundenes Theater sein." Emil Stöhr erinnert sich, daß die Sozietäre persönlich im russischen Hauptquartier im Hotel Imperial vorstellig wurden und um rasche Erledigung baten, damit sie noch zeitgerecht für die kommende Spielzeit Verträge machen könnten: „Binnen kurzer Zeit hatten wir die Zusage." Am 1. April 1948 stellte Kurassow den Sozietären das Scala-Gebäude zur Schaffung eines „allgemein zugänglichen, hochkünstlerischen Volkstheaters für die Wiener Bevölkerung leihweise zur Verfügung." Politische Bedingungen, Auflagen oder Kontrolle knüpften die Russen nicht daran. Es wurde den Künstlern zugesichert, unter den Arbeitern und Angestellten in der russischen Besatzungszone ein Abonnementsystem aufbauen zu dürfen. Subventionen bekam das Theater von der Kommunistischen Partei Österreichs.

Trotz der Aktivitäten um die Gründung der „Scala" und neben seinen sonstigen Tätigkeiten als Schauspieler und Regisseur war Paryla in der Bühnengewerkschaft tätig. Er fand die wiedergegründete Schauspielervertretung seinen Ideen gegenüber aufgeschlossen. Als Betriebsrat des Theaters in der Josefstadt *„und unter leidenschaftlicher Beteiligung der Kollegenschaft"*, kämpfte er für die Selbständigkeit der Josefstadt gegen Tendenzen, dieses Haus dem Burgtheater anzugliedern. Im Zuge der Theaterkrise, die eine Begleiterscheinung der Währungsreform war, gerieten mehrere Theater finanziell ins Schleudern und sollten zu Kinos werden. Dagegen setzten sich die Gewerkschaftsvertreter in Exekutivkomitées ein. Eine wichtige Aufgabe der Gewerkschaft bestand in ihrer Mitarbeit an der Beseitigung der nationalsozialistischen Strukturen. Während des „Dritten Reichs" hatten das „Reichsministerium für Volksaufklärung und Propaganda" und die „Reichskulturkammer" – beide unter der Führung von Joseph Goebbels – die Theater kontrolliert. Die Berliner Zentralstellen wurden in Wien durch das „Reichspropagandaamt" und die „Reichstheaterkammer Wien" vertreten. Diese wurden nun aufgelöst und ihre Kompetenzen auf österreichische Behörden und die Gewerkschaft verteilt. Ein neuer Kollektivvertrag wurde ausgearbeitet, der die Rechte der Bühnenangehörigen wiederherstellte.

Wie Paryla berichtet, war es seine Initiative, in der Gewerkschaft eine Entnazifizierungskommission einzurichten: *„Es war die Idee, daß wir die Entnazifizierung nicht den Behörden oder den Alliierten überlassen sollten, sondern es selber machen sollten, als kollegialer Akt von einer Institution der Kollegenschaft der Bühnenschaffenden. Das Exekutivkomitée der Gewerkschaft hat den Entschluß dazu gefaßt und eine Kommission gebildet, die aus Kollegen wie Alfred Neugebauer, Hermann Thimig, Theodor Grieg, Karl Köstler, Fritz Horn und mir bestand. Ehemalige Mitglieder der NSDAP wurden vor diese Kommission gebeten. Wir haben sie befragt und wenn sie eine Loyalitätserklärung für Österreich abgegeben haben, wurden sie als Mitglied in die Gewerkschaft aufgenommen. In besonders heiklen Fällen konnten Kollegen auf fünf Monate gesperrt werden. Ich hatte dabei Gelegenheit, ‚berufsmäßige' Beobachtungen zu machen: Es gab welche, die sind – obwohl Mitglied der NSDAP – bei vier verschieden Widerstandsbewegungen gewesen!"* Die Tätigkeit der Entnazifizierungskommission dauerte etwa eineinhalb Jahre. Paryla schildert das Ende: *„Eine der alten Größen des Burgtheaters, Hedwig Bleibtreu, von der bekannt war, daß sie während der Nazizeit ein riesiges Hitlerbild in ihrer Garderobe hatte, verweigerte die Loyalitätserklärung. Da erklärte Käthe Dorsch, Filmstar und bekannte Burgschauspielerin, wenn man das von der Frau verlange, dann ginge sie weg vom Burgtheater und verließe Österreich. Diese ‚massive' Drohung hatte zur Folge, daß die Entnazifizierungskommission das Zeitliche segnete."* Spätestens 1948 gab es in Österreich keine Bereitschaft mehr, mit ehemaligen NSDAP-Mitgliedern streng zu verfahren.

Paryla ist ein Mensch und Künstler, der Barrikaden und Auseinandersetzungen nicht scheut, sich einmischt, Partei ergreift und durch sein Temperament seinen Einsatz spüren läßt. Diese Mischung trug zu seinem Image als „Revoluzzer" bei, das ihm lange anhaftete. Wenn er das Couplet aus „Höllenangst" „Von wem soll'n sie's lernen, unsere Herrn" mit „Von **uns** soll'n sie's lernen, unsere Herrn" abschloß, dann verkörperte er durch seine insistierende Darstellungskunst und sein feuriges Temperament den Kampf der Klassen und legte sozialen Sprengstoff offen, und zwar so deutlich, daß sich die Leute betroffen fragten: „Ist das von Nestroy oder Propaganda?"

Paryla kämpfte für die Arbeiter, die bis Mitte der fünfziger Jahre wiederholten Lohnkürzungen ausgesetzt waren, nahm an Demonstrationen teil und hielt Reden im Radio, als einer, der sich im Exil jahrelang für das Wiedererstehen Österreichs eingesetzt hat. *„Ich war immer aktiv, auch politisch, aber mit dem Etikett ‚Parteiaktivist', das mir immer wieder angeklebt wird, kann ich nicht viel anfangen: es riecht mir zu sehr nach bürokratischem Funktionär – und das war ich nie. Picasso* *war auch Kommunist, doch niemandem fällt es ein, seine Bilder als kommunistisch zu bezeichnen. Obzwar ich politisch der Bewegung angehört habe, habe ich als schaffender Künstler die zementierenden Glaubenssätze nie beachtet, im Gegenteil. Für meine Überzeugung, daß gerade der Kommunismus oder der Sozialismus geeignet sind, der Entwicklung der menschlichen Gesellschaft die Türen zu öffnen, waren die bürokratischen, sowjetischen Kunstvorschriften eines Shdanow über den ‚sozialistischen Realismus' und der Kampf gegen den ‚Formalismus', die für alle linken Künstler verpflichtend sein sollten, ein Widerspruch, eine Arroganz der Macht!*

Auch in der Kunst darf es keine Diktatur geben. Die Kunst hat sogar die Freiheit, falsche Wege zu gehen, aber die humanistischen Grundwerte dürfen nicht vernachlässigt werden. Eine Mehrheit der künstlerisch Schaffenden war in der Zeit nach dem Ersten Weltkrieg der kommunistischen Bewegung ergeben; es war eine Art Sehnsucht nach der Gruppe, den Genossen; eine Umarmung des gleichen Denkens, der Liebe zur humanistischen Idee der Gleichheit, Freiheit, Brüderlichkeit; diese Liebe hatte etwas Religiöses. Zugleich packte einen der Ärger über Schubiaks, die geistigen Verrat betrieben an den Idealen als Parteifunktionäre, als doktrinäre Belehrer, als Machtgierige!

Die Greuel der Stalinzeit gehören zu meinen tragisch erschütterndsten Erfahrungen. Daß die kommunistische Bewegung, die den notwendigen Kampf gegen den Faschismus aufgenommen hat, gleichzeitig einen Stalin hervorgebracht und blutigen Terror ausgeübt hat, wurde mir viel zu spät offenbar. Schwer war es zu begreifen und einzusehen, daß bei der Bekämpfung des Faschismus selbst grausame barbarische Methoden angewandt worden sind. Wir waren von dem Glauben an die Oktoberrevolution geprägt und es lebte in uns die Vorstellung von Millionen blutend kämpfender Menschen, die aufgebrochen waren, Europa und die ganze Welt vor dem Faschismus zu retten, so stark, daß wir nicht realisieren wollten, daß hinter dieser Front ein Stalin am Schreibtisch saß und der Stalinismus sein demagogisch barbarisches Unwesen trieb. Schuldhaft zu spät habe ich es erkannt, hingegeben der humanistischen Grundidee der Bewegung."

Das Neue Theater in der Scala

Das „Neue Theater in der Scala" wurde von den Sozietären Günther Haenel, Wolfgang Heinz, Friedrich Neubauer, Karl Paryla und Emil Stöhr geleitet. Die kollektive Leitung sah so aus, daß jeder der Sozietäre für ein bestimmtes Aufgabengebiet verantwortlich war, wichtige Entscheidungen aber gemeinsam getroffen wurden. Paryla war für das Künstlerische zuständig, Wolfgang Heinz für das Kaufmännische und den Verkehr mit den Behörden, Stöhr kümmerte sich um Technisches. Wolfgang Heinz war der Inhaber der Konzession, weil das Wiener Gewerberecht keine genossenschaftliche Konzession für die Führung eines Theaterbetriebs vorsah. „Da haben wir uns zusammengesetzt und überlegt: ‚Wer hat das beste kaufmännische Hirn?' Und das war Wolfgang Heinz. Er hat die Konzession bekommen, aber nichts ohne uns entschieden", erzählt Emil Stöhr. Auch Paryla legt Wert darauf, daß *„wir uns künstlerisch und politisch von niemandem etwas dreinreden haben lassen. Was an Richtigem und Unrichtigem geschehen ist, das war in unserer Verantwortung! Das Zusammenleben der Menschen braucht Strukturen, es müssen aber keine hierarchischen sein. Das wichtigste war, daß keiner die Macht an sich reißen konnte. Gegenseitige Kontrolle, Solidarität und Diskussion, das waren unsere Auswege, um ein Führertum zu umgehen."* Über Spielplan und Engagements wurde gemeinsam entschieden. Für jedes Stück gab es eine Abstimmung, beim Vorsprechen saßen die Sozietäre im Zuschauerraum. Enge Mitarbeiter wie Franz Josef Engels, Hortense Raky oder Friedrich Lobe waren in den Entscheidungsprozeß eingebunden. *„Der junge Emigrant und Genosse aus London, Otto Tausig, hat mir und Hortense Raky vorgesprochen, wir fanden ihn ungewöhnlich begabt, er hat sich außerordentlich entwickelt, als Künstler und als Mensch. Er wurde einer der engsten Mitarbeiter der ‚Scala'; als Lilly Schmuck, ein Prototyp eines Wiener Mädels aus dem Volk, vorgesprochen hat, waren alle begeistert von ihrem komischen Talent."*

Die Sozietäre waren allesamt nicht nur Schauspieler, sondern auch Regisseure. *„Ich bin wie Max Reinhardt der Meinung, daß das Theater in erster Linie vom Regietisch aus geleitet werden soll, das heißt: nach den Bedürfnissen der Schauspieler und nicht aus einem Verwaltungsbüro."* Friedrich Neubauer inszenierte die Eröffnungspremiere „Höllenangst", Günther Haenel den „Bockerer"; Emil Stöhr inzenierte exemplarische Nestroys: „Einen Jux will er sich machen", „Eulenspiegel"; Wolfgang Heinz inszenierte „Die Feinde", „Hamlet", „Leben des

31 „Das Neue Theater in der Scala", Parylas künstlerisches Zentrum von 1948 bis 1956.

Galilei“. Wenn auch der eine oder der andere einige Zeit abwesend war, um – wie Paryla – Filme zu machen oder zu gastieren, standen doch Sozietäre ununterbrochen auf der Bühne. „Wir haben jeden Abend gespielt wie die Löwen“, erinnert sich Emil Stöhr. Die ständig präsenten Schauspieler, Regisseure, Theaterleiter waren der Garant, daß das hohe künstlerische Niveau gehalten werden konnte.

Die Künstler, die an der „Scala“ arbeiteten, waren zumeist Linke, keiner hatte sich für das „Dritte Reich“ exponiert, viele waren Verfolgte gewesen: den Regisseur und Dramaturgen Franz Josef Engels hatte Paryla nach Zürich gerettet; im Konzentrationslager Buchenwald hatte er bei der Zwangsarbeit ein Bein verloren; der Schauspieler Peter Sturm war schon von den Austrofaschisten ins Anhaltelager Wöllersdorf gesperrt worden – die Nazis hatten ihn 1938 ins KZ „übernommen“. Viele waren zur Emigration gezwungen gewesen wie der Bühnenbildner Heinrich Sussmann oder Friedrich Lobe, ein in der Weimarer Republik bekannter Schauspieler; unter Arbeitsverbot gelebt hatten Erwin Faber, Fritz Eckart und Guido Wieland, populäre Schauspieler und spätere Fernsehlieblinge; einige waren erklärte Antifaschisten: Dorothea Neff hatte eine Jüdin in ihrer Wohnung versteckt und ihr so das Leben gerettet – nach dem Krieg wurde sie vom israelischen Yad Vashem als „Gerechte“ ausgezeichnet. Wesentliche Schauspieler waren Erika Pelikowsky, die vom Burgtheater kam, Hortense Raky, Rudolf Rhomberg, Fritz Imhoff, Hans Putz, Eva Zilcher, Lilly Schmuck, Hella Ferstl sowie die Kostümbildnerin Erika Thomasberger. Trude Beckmann, Trude Hajek, Gaby Banschenbach spielten an der „Scala“ ebenso wie Heinrich Schweiger, Rudolf Wessely, Veit Relin, Karl Bachmann, Fritz Grieb, Fritz Hofbauer, der spätere Burgtheaterdirektor Gerhard Klingenberg, Hans Rüdgers, Christian Möller, Hans Schulbaur, Friedrich Links, Ludwig Blaha, Toni Kramreither, Fritz Zecha, Curt Eilers, Alfons Lipp, Rolf Kutschera (später langjähriger Direktor des Theaters an der Wien). *„Wenn wir sie auch nicht alle auf einmal engagieren konnten, waren sie doch ein präsumptives Ensemble, das sich charakterologisch und künstlerisch sehen lassen konnte. Aus unserem Reservoir an begabten jungen Schauspielern haben andere Theater gerne gefischt.“*

Die Sozietäre holten internationale Künstler wie die Komponisten Hanns Eisler und Marcel Rubin zur Zusammenarbeit; Eisler schrieb die Musik für viele Nestroy-Aufführungen und trug entscheidend dazu bei, Nestroy aus der Theaterkonvention des süßlichen Biedermeier-Ambientes zu befreien. John Heartfield, weltberühmt für seine Anti-Hitler-Montagen, wurde als Bühnenbildner für „Hamlet“ gewonnen, Benno Besson inszenierte „Volpone“, Hans Lietzau „Der Widerspenstigen Zähmung“. Die Sozietät lud, was niemand sonst in Österreich wagte, Bertolt Brecht ein. 1953 inszenierte Brecht sein Stück „Die Mutter“ mit Helene

Weigel, Ernst Busch und Scala-Schauspielern. Zu Gastspielen wurde das Berliner Ensemble mit „Der Hofmeister“ eingeladen, die Volksbühne Berlin mit Hedda Zinners „Der Teufelskreis“ und das Deutsche Theater mit „Die Sonnenbrucks“ von Leon Kruczkowski. Es gastierten ehemalige Zürcher Kollegen wie Therese Giehse, der Regisseur Leopold Lindtberg, der Bühnenbildner Teo Otto – Personen, die im deutschen Nachkriegstheater eine entscheidende Rolle spielten.

Die Künstler der „Scala“ hatten ähnliche Ansichten über die gesellschaftspolitische Aufgabe des Theaters. Es ging ihnen darum, das Publikum im Theater auf lustvolle Weise zum Denken anzuregen. In der Theaterarbeit waren sie, wie Bertolt Brecht bemerkte, an Psychologie und Diskussion gewöhnt; sie orientierten sich am Stil Stanislawskis, waren aber auch der Arbeitsweise Brechts aufgeschlossen. Stanislawski, der bedeutende russische Erneuerer der Schauspielkunst, hatte eine Methode zur Rollenaneignung durch inneres Erleben entwickelt – Brecht forderte eine Distanzierung des Schauspielers von seiner Rolle. Paryla wehrt sich gegen jede Etikettierung eines Stils: *„Ich war nie ein Naturalist, aber ich konnte auch naturalistisch arbeiten; vom Naturalismus haben wir alle gelernt. Wir haben nicht nur nach der Stanislawski-Methode gearbeitet. Seit Zürich waren wir der Meinung, daß sich der Stil nach dem Stück richten soll. Shakespeare will anders gespielt werden als Schiller und Brecht. Mit der Brecht-Methode kann man nicht alle Stücke spielen. Ich bin gegen die Einengung der Wege durch Stile: man muß den Stil suchen für jedes Stück, für jede Aufführung in einer bestimmten Zeit, in einem bestimmten Theater. Und er muß immer vom Inhalt des Stückes her kommen. Es ist auch eine falsche Vorstellung, daß Stanislawski vom Himmel gefallen wäre: Elemente des Naturalismus hat es schon immer gegeben, meistens waren es die großen Komiker, die sich diese Natürlichkeit geleistet haben. Ebenso wie Brecht haben wir alle unsere Ideen von irgendwo geholt. Kunst hat einen Zusammenhang über Jahrhunderte, man ‚erfindet‘ nie etwas im Moment; von jeder Theaterentwicklung hat die Schauspielkunst etwas gelernt, vom Expressionismus etwa die Genauigkeit.“* Ernst Fischer beschrieb seinen Freund Paryla als einen Schauspieler, der seiner Rolle nicht durch Erlebnis unterworfen, sondern ihr „durch Überlegung überlegen“ ist: „Er gibt sich der Rolle hin, gewinnt zu ihr Distanz, bedenkt sie in allen ihren dramatischen, strukturellen, psychologischen Zusammenhängen, in ihrer Zeitbedingtheit und ihrer die Zeit überdauernden Intensität, gibt sich abermals hin, wird vom Erwägenden zum Ergriffenen, und mitten im Ergriffensein zum genau Beobachtenden, jede brüchige Stelle Entdekkenden, sie durch Einfall und Verstand Korrigierenden. Er arbeitet schonungslos an sich, und es mag nicht immer leicht sein, mit diesem nach Vollkommenheit Strebenden zu arbeiten. Für ihn ist Theaterspielen nicht sparsamer Energieverbrauch, Beschäftigung nach Stundenplan. Er nimmt die Sache ernst und sie macht ihm Spaß. Und eben in dieser Synthese von Ernstnehmen und Spaßhaben besteht seine künstlerische Durchschlagskraft. Doch außer sich gerät er, wenn's nur so halb getan wird, ohne Ernst und Spaß."

Es ist klar, daß Bühnenkünstler mit einem solchen engagierten Theaterverständnis keine platten Salonkomödien spielen wollten, sondern Stücke, die sich wie Gerhart Hauptmanns „Die Weber" zum Anwalt der Armen und Entrechteten machen oder wie „Stützen der Gesellschaft" von Henrik Ibsen ein korruptes Bürgertum kritisieren. Sie griffen Themen auf, derer sich im Nachkriegstheater niemand sonst annahm, etwa das russische Stück „Der Weg ins Leben", inszeniert von Hortense Raky und Otto Tausig, das sich mit Problemen der Integration schwer erziehbarer Kinder auseinandersetzt oder ein Stück über die Rassendiskriminierung in Amerika „Tief sind die Wurzeln..." von Arnaud D'Usseau. Sartres „Die ehrbare Dirne" stand ebenso auf dem Spielplan wie Stücke, die Greuel der NS-Zeit aufzeigen, so zum Beispiel „Julius Fucik" von Jurij Burjakowsky über den tschechischen Journalisten, der vom Volksgerichtshof zum Tod verurteilt wurde – ein Vorläufer des in den sechziger Jahren wichtig werdenden Dokumentartheaters. Dennoch waren ernste Themen in der Minderheit. Die „Scala" setzte auf Komödien. Von den großen Komödien der Weltliteratur wurden gespielt: Aristophanes „Lysistrate", Calderons „Der Richter von Zalamea" und „Dame Kobold", Lope de Vegas „Was kam denn da ins Haus...?", „Volpone" von Ben Jonson; „Was ihr wollt", „Die lustigen Weiber von Windsor", „Der Widerspenstigen Zähmung" von Shakespeare; „Der eingebildete Kranke" und „Die Schule der Frauen" von Molière; Lessings „Minna von Barnhelm", Goldonis „Ein Diener zweier Herren", Beaumarchais „Figaros Hochzeit", Gogols „Heirat" und „Der Revisor", Ostrowskis „Wölfe und Schafe", Bernhard Shaws „Heuchler" und „Blanco Posnets Befreiung".

Hingezogen fühlten sich die Scala-Leute zu Stoffen, die wie ein Bilderbogen ein ganzes Leben, eine Gesellschaftsschicht, eine Epoche beleuchten. Dazu eignen sich Werke der russischen Weltliteratur. Neben dem schon bekannten „Der lebende Leichnam" von Leo Tolstoi machte die „Scala" das Wiener Publikum mit Dramatisierungen von „Auferstehung" und „Krieg und Frieden" bekannt, setzte sich für Maxim Gorki ein – „Feinde", „Die Kleinbürger", „Nachtasyl", „Kinder der Sonne" –, spielte Gogol und Ostrowski. Breite, epische Inhalte kamen der realistischen Arbeitsweise der Schauspieler entgegen; sie erzielten viel Lob für ihre dichten Ensembleleistungen. *„Der uns freundschaftlich zugetane Kritiker vom ‚Abend', Peter Loos, pflegte immer zu spät zu kommen, auch zur Premiere von ‚Auferstehung'. Ich kam gerade im Scheinwerferkegel durch den Mittelgang*

32 Einer der Höhepunkte der „Scala" – Zeit war Parylas Inszenierung von Leo Tolstois „Auferstehung", 1951. Bildmitte Hortense Raky als Masslowa.

33 Als Boxer Joe Bonaparte in Clifford Odets „Golden Boy". Paryla spielte diese Rolle 1949 am „Neuen Theater in der Scala" in Wien und 1950 am „Deutschen Theater" in Berlin-Ost.

des Zuschauerraums: ‚Karl, setz' dich, die Vorstellung hat schon begonnen!', raunte er mir zu, doch ich ging weiter, die Treppe zur Bühne hinauf. Da bemerkte er seinen Irrtum und setzte sich verschämt nieder. Auf der Bühne erwartete mich das Ensemble – alle Figuren der Vorstellung –, Osterglocken und russische Ostermusik erklangen, ich begann Texte aus dem Roman zu sprechen und dann begann das Spiel." Was selbst einen geübten Kritiker überraschte, war die epische Dramaturgie einer höchst ungewöhnlichen und modernen Inszenierung. Die „Scala" spielte Leo Tolstois berühmten Roman „Auferstehung" in einer Dramatisierung von Nemirowitsch Dantschenko vom Moskauer Künstlertheater als deutschsprachige Erstaufführung. Der Regisseur Paryla hatte für die „Scala" eine eigene Bearbeitung vorgenommen. Tolstois Roman aus der zweiten Hälfte des 19. Jahrhunderts ist ein leidenschaftlicher Protest gegen das autokratische Verhältnis der Feudalherren gegenüber den vormals Leibeigenen, eine scharfe Kritik an den menschenunwürdigen Zuständen in den Gefängnissen und an der Macht der orthodoxen Kirche: Fürst Nechljudow ist Geschworener in einer Gerichtsverhandlung, bei der eine Prostituierte des Mordes an einem ihrer Kunden angeklagt ist. In der Angeklagten Masslowa erkennt der Fürst das junge Mädchen wieder, welches er einst verführt und mit einem Kind sitzen gelassen hat; von da an stieg sie immer tiefer die soziale Stufenleiter hinab. Er möchte seine Schuld wiedergutmachen, versucht sie aus dem Gefängnis zu holen, verspricht ihr sogar die Ehe. Indem er sich für sie einsetzt, öffnen sich ihm erst die Augen für die Ungerechtigkeiten und katastrophalen Zustände, die seine eigene Klasse zu verantworten hat; er möchte ein neues Leben beginnen. Die Masslowa braucht seine Hilfe nicht mehr: im Gefängnis hat sie sich Revolutionären angeschlossen und einen neuen Sinn für ihr Leben gefunden. Die Dramatisierung ging zwar nicht so weit, Tolstois religiöse Weltanschauung – daß der Mensch nur die Gebote des Evangeliums einzuhalten brauche, um das Böse in der Welt zu überwinden – zu integrieren, sie ließ es jedoch zu einem versöhnlichen Schluß kommen und verzichtete darauf, einen Fingerzeig auf die Oktoberrevolution zu geben. Das Stück mit seiner Fülle von Personen aus allen Schichten der Bevölkerung, seiner Gleichzeitigkeit und Verschränktheit von Ereignissen, seinen abwechselnd intimen Szenen und Massenbewegungen, stellte große Anforderungen an Schauspieler und Bühnentechnik. Für die neunzehn Bilder baute Parylas Bühnenbildner Heinrich Sussmann verschiedene Schauplätze wie Gericht, Kanzlei, Gefängniszelle, Nechljudows Zimmer, Besucherraum im Gefängnis auf der Drehbühne auf und verwendete zusätzlich einen Laufsteg für Szenen, die unterwegs spielen. Präzise Bühnenbewegungen waren erforderlich, denn oft drehte die Bühne nur ein ganz kleines Stück weiter, wenn von einem Zimmer ins nächste gegangen wurde – eine

34 Paryla als Weinberl und Lilly Schmuck als Christopherl in Nestroys „Einen Jux will er sich machen“, 1952 im „Neuen Theater in der Scala“; Regie führte Emil Stöhr.

35 Gorkis „Die Kleinbürger“, eine legendäre Inszenierung von Karl Paryla und Wolfgang Heinz am „Neuen Theater in der Scala“ 1950. Der Erfolg wiederholte sich in einer Neuinszenierung am „Deutschen Theater“ in Berlin-Ost 1957 und bei einer Tournee durch Westdeutschland. Paryla spielte den Arbeiter Nil und Wolfgang Heinz den Kirchensänger Teterew.

große Leistung, wenn man bedenkt, daß das Theater, nicht, wie heute üblich, über eine elektronisch gesteuerte Drehbühne verfügte, sondern von Bühnenarbeitern mittels Stecken bedient werden mußte. Als Klammer fungierte der Part des Sprechers, den Paryla selbst übernommen hatte. Er war nicht nur die Stimme des Dichters, der das Geschehen kommentiert und Aufschluß über geheime Gedanken und Beweggründe der Personen gibt, er bewegte sich frei im Theaterraum. Zwar hatte er einen Platz an der Rampe im Scheinwerferkegel, doch mischte er sich auch als Statist ins Bühnengeschehen, unterbrach die Handlung, um dem Publikum Wichtiges mitzuteilen und setzte sich manchmal sogar zum Publikum in den Zuschauerraum. Der Text des Sprechers bestand vor allem aus Worten des Romans. Paryla spielte in der Maske Tolstois: *„Das schien mir notwendig, für Wien, für Österreich und für unser Theater, das den Anfeindungen und Verdächtigungen der reaktionären Kreise begegnen muß. Niemand sollte der Dramatisierung und dem privaten Gesicht des Schauspielers den billigen Vorwurf machen können, die Kommentare des Sprechers seien theatralische oder politische Willkür. Das Antlitz des Dichters verbürgt die Echtheit seiner Worte"*, schrieb er damals. Da die Figur des Fürsten Nechljudow autobiographische Züge hat und Emil Stöhr den Nechljudow spielte, ergaben sich aus der Ähnlichkeit der Brüder Paryla – Stöhr interessante dramaturgische Wirkungen, wenn die beiden Figuren auf der Bühne zusammentrafen.

Die „Scala" hatte bei diesem personenreichen Stück keine Besetzungsprobleme: Dorothea Neff, Otto Tausig, Rudolf Rhomberg, Erwin Faber, Hella Ferstl, Friedrich Links, Friedrich Lobe, Mela Wigandt, Lilly Schmuck spielten wichtige Rollen; manche waren doppelt besetzt. So verkörperte Dorothea Neff einmal eine Gefängnisinsassin, dann eine Gräfin; Otto Tausig war in der Gerichtssaalszene der Staatsanwalt, später der Häftling Simonson. Hortense Raky erschütterte in der Darstellung der weiblichen Hauptrolle, der Katjuscha Masslowa. Paryla beschreibt seine Frau und jahrzehntelange Mitarbeiterin: *„Von Hortense Raky kann man als Partner, der ich oft war, und als Regisseur lernen. Sie war so überzeugend und wahrhaftig, daß man vergaß, eine Schauspielerin vor sich zu haben. Die Masslowa ist eine Figur aus dem Stande der Bediensteten, die über ein tragisches Schicksal, über Mord und Totschlag, Gefängnis und Verbannung sich zu einem denkenden, selbstbewußten Menschen entwickelt. Hortense Raky – sie ist die Tochter des berühmten Industriellen und Erdölfachmanns, der in Zistersdorf das österreichische Erdöl entdeckt hat und Salzgitter in Deutschland gegründet hat –, sie, die prädestiniert erscheint für die Darstellung der Königin Elisabeth, der Gräfin Tertzki (die sie auch gespielt hat), konnte hier die sozial tief angesiedelte Figur der Masslowa so überzeugend spielen, daß man meinte, mit dem wirklichen Leben*

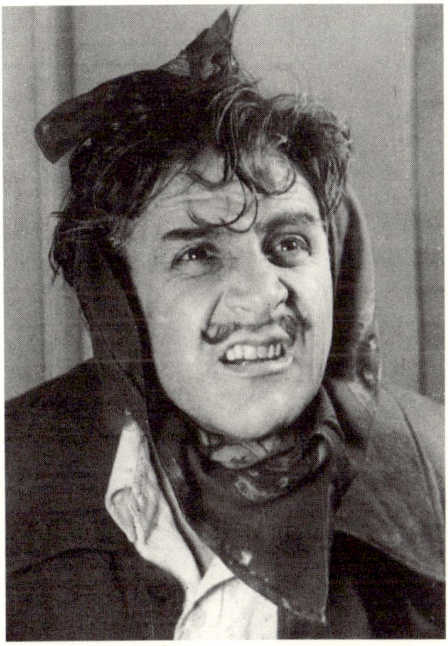

36 Paryla als Herr von Lips in Nestroys „Der Zerrissene“, „Neues Theater in der Scala“, 1951.

37 Paryla mit Hortense Raky in „Blanco Posnets Erweckung“ im „Neuen Theater in der Scala“ 1954.

konfrontiert zu sein. Sie ist der Prototyp einer Schauspielerin, wie sie sich das Publikum nicht vorstellt: bescheiden und uneitel."

Die berühmteste Aufführung in der Geschichte des „Neuen Theaters in der Scala" war Maxim Gorkis „Die Kleinbürger". In den Gesprächen des Kleinbürgers Bessemjenow, seiner Frau, seiner beiden Kinder, des jungen Arbeiters Nil, des Hausmädchens, der Kostgänger und Nachbarn enthüllt der Dichter das soziale und klassenmässige Verhalten der Personen. Eine solche Stückvorlage erfordert genaueste Dialogregie und äußerste Stimmigkeit der Tableaus, um immer wieder Spannung zwischen den Personen entstehen zu lassen. Dorothea Neff, Hortense Raky, Eva Zilcher, Maria Gabler, Hella Ferstl, Emil Stöhr, Friedrich Links, Wilhelm Hufnagl lieferten Meisterliches. Paryla und Wolfgang Heinz führten Doppelregie und spielten den Arbeiter Nil und den Kirchensänger Teterew. *„Gemeinschaftliche Regiearbeit war bei uns keine Seltenheit, besonders nicht, wenn man so wie ich mit Wolfgang Heinz freundschaftlich verbunden war und in fast allen Fragen des Berufs auf eine weitgehende Übereinstimmung bauen konnte."* Die Rolle des Lokomotivführers Nil liebt Paryla sehr: *„Nil ist der erste Arbeiter und der erste Revolutionär in der Literatur, der ungewöhnlich viel Lebenslust und Witz hat. Er ist der erste Arbeiter auf dem Theater, der nicht deklamiert und keß an die Rampe tritt, sondern der auch gefräßig ist und verliebt, wütend, lustig streitbar, der den Kampf die Freude des Lebens nennt... Die Inszenierung war nicht naturalistisch, sondern entsprach der Anleitung Gorkis, daß das Publikum den Menschen auf der Bühne zuschauen sollte wie Tieren im Zoo, wie Affen hinter Spriesseln, über die man lachen kann."* Zur epischen Einstimmung in das Werk gab es zu Beginn des Stückes und zwischen den Akten kurze Texte vom Band, die Stimme des Dichters: „In einer Welt, in der jede Veränderung und jeder Wandel des Lebens gefürchtet wird, in der man den Menschen mißachtet und seinen Traum vom Menschenglück haßt, in der Menschen ohne Phantasie und ohne Glauben an die Zukunft leben, in tierischem, abscheulichem Egoismus, in einer solchen Welt entsteht fast alles Leid dadurch, daß man um den Besitz von Menschen und Dingen kämpft. Ist so ein Leid tragisch? Ist es etwa eine Tragödie, wenn sich in einem zoologischen Garten Affen raufen...?", lautete der Text zwischen zweitem und drittem Akt.

Wie schon in Zürich und später an den Münchner Kammerspielen beeindruckte Paryla an der „Scala" als Fedja in Tolstois „Der lebende Leichnam". Hortense Raky und er führten Doppelregie. Fritz Kortner, der diese Aufführung bei einem Wienbesuch sah, schrieb: „Ich hatte noch die herrliche Reinhardtaufführung des Tolstoischen Fragments ‚Der lebende Leichnam' in Erinnerung mit Moissi als Fedja. Nun sollte ich Karl Paryla in dieser Rolle sehen. Die Regie von Paryla

 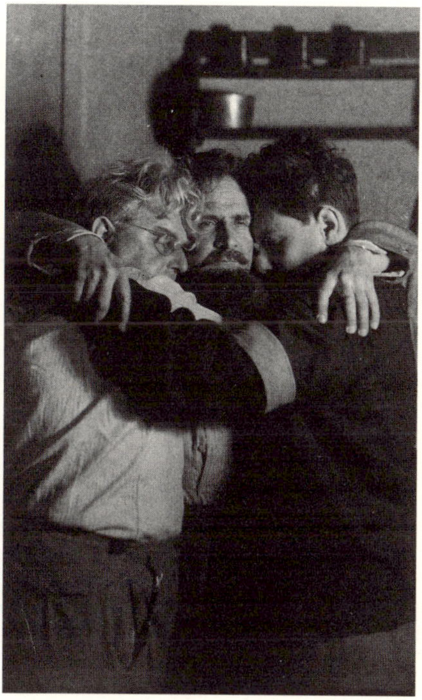

38 Paryla in der Maske des Lenin in Nikolai Fjodorowitsch Pogodins „Das Glockenspiel des Kreml", Regie: Friedrich Lobe, „Neues Theater in der Scala", 1952.

39 In „Julius Fucik", einem Stück über den tschechischen Journalisten, der von den Nazis hingerichtet wurde, spielte Paryla 1953 an der „Scala" die Titelrolle; im Bild mit Friedrich Neubauer (rechts) und Otto Tausig (links).

bannte mich schon nach den ersten Sätzen. Paryla selbst verblüffte mich. War Moissi das unschuldige, jesuhafte Opfer der ihn umgebenden feindlichen Lebensumstände, so spielte Paryla auch die im Wesen Fedjas begründete Schuld. Er war mürrisch, mit sich zerfallen, war aus seiner Welt geflohen in die andere, zu der er dann auch nicht gehört. Er stand zwischen beiden Welten. Das ergriff mich. Wie romantisch, zauberhaft und verlockend war das Zigeunermilieu bei Reinhardt gewesen. Paryla jedoch enthüllte auch noch dessen Schäbigkeit und Kümmerlichkeit. Es war für mich ein überraschendes Erlebnis, einer so grundrichtigen Darstellung eines Mitmenschen zu begegnen. Die Aufführung war artistisch nicht so meisterhaft und formvollendet inszeniert wie die Reinhardtsche. Auch gab es in ihr nicht die großen, lebensvollen Schauspielerleistungen wie die der Lucie Höflich, des Eduard von Winterstein, der Johanna Terwin und Rosa Bertens. Parylas Aufführung hatte jedoch für mich die große Bedeutung, auf heute bezogen zu sein."

Auffallend an dem Spielplan ist der starke Österreich-Bezug, der sich durch die gesamte Ära zieht. Zu den bedeutenden Leistungen der „Scala" zählen die Nestroy-Aufführungen, *„der Klassiker des österreichischen Nationaltheaters, der Molière der Österreicher"*, wie Paryla in Programmheften und Vorträgen formulierte. Wie zu erwarten, wurde Nestroy nicht als zuckerlrosa Biedermeier-Boulevard gespielt, sondern wie in Zürich *„kraftvoll, politisch, nestroyisch. Wir lassen uns auf keine Verniedlichungen und falsche Versöhnlichkeiten ein."* Sprachschatz, Inhalt und Kampf des 48er Autors, seine Kritik an der Gesellschaft, waren für die Scala-Leute Programm. Jedes Jahr wurde zumindest ein Nestroy gespielt: nach „Höllenangst" inszenierte Friedrich Neubauer „Der Zerrissene"; Otto Tausig „Der böse Geist Lumpazivagabundus"; Paryla „Das Mädl aus der Vorstadt" und „Die schlimmen Buben in der Schule / Häuptling Abendwind"; Emil Stöhr war der Regisseur bei „Einen Jux will er sich machen", „Eulenspiegel", „Nur keck" und „Theaterg'schichten"; die letzte Nestroy-Premiere, „Zu ebener Erde und erster Stock", inszenierte Karl Bachmann. Mit voller Absicht wurde zur Eröffnungspremiere des „Neuen Theaters in der Scala" Nestroys „Höllenangst", ein sehr politisches Stück, in dem die Erbitterung des Dichters über die verlorene bürgerliche Revolution von 1848 zum Ausdruck kommt, gewählt. *„Ich habe nach der Lektüre von Karl Kraus dieses Stück vorgeschlagen und es wurde angenommen. Nestroy war für uns ein Genosse, ein Kommunist, gemeinsam mit Scholz ist er in den Tagen der Revolution Wache gestanden; ihm ging es nicht nur um den Gegensatz zwischen arm und reich, er hat die Ideale der französischen Revolution, ‚Freiheit, Gleichheit, Brüderlichkeit' noch radikaler ausgedrückt"*, erinnert sich Paryla, der den Wendelin spielte. Eine eigene Bühnenfassung wurde erstellt; der

Nestroy-Herausgeber Otto Rommel bescheinigt ihr: „Eine geschickte und diskrete, die Substanz des Stückes schonende und nur die Anspielungen auf Zeitverhältnisse erneuernde Bearbeitung des Stückes." Regisseur Friedrich Neubauer, Otto Tausig und Karl Paryla schrieben aktuelle Zusatzstrophen zu den Couplets; das entspricht der Tradition, die Nestroy sich selbst eingeräumt hat, um sich direkt an das Publikum zu wenden. Aus Nestroys Fragmenten wurde einiges in die Bühnenfassung übernommen: unter Verwendung des Couplet-Fragments

„Wenn's Schicksal gerecht nicht kann wer'n
Von wem soll'n sie's lernen unsere Herren?"

schrieb Friedrich Neubauer unter dem Pseudonym Fritz Habeck ein neues Couplet für Wendelin. Statt Nestroys Quodlibet kam ein schmissiges „Angst-Couplet" hinein:

„Die Angst – die Angst – die Angst geht um!
Ihr lieben Leut', dreht's euch net um!
Wie? Wann? Wo?
Am End' gibt's Krieg? A Revolution?
Rechts oder links?
Wer weiß das schon?"

Vor allem aber wurde Wendelins „Schicksalsmonolog" in die Bühnenfassung aufgenommen, den Nestroy aus Zensurrücksichten nicht vollendete, aber für den ersten Akt geplant hatte. Die „Scala" plazierte ihn nach dem „Angst-Couplet". Wortwörtlich heißt es bei Nestroy:

„Ich bin einer von die, man arme Teufel heißt. Man nennt die Teufln arm, daß der Teufel noch einen Entschuldigungsgrund in der Armut hat. Warum aber man die Armen unter die Teufel klassifiziert, das weiß ich nicht, offenbar muß es unter die Reichen gar so viele Engeln geben, das weiß ich wohl auch nicht, aber es muß doch so sein. Man nennt uns auch häufig arme Narren; warum der Arme nun ein Narr is, das weiß ich auch noch nicht, offenbar muß es unter die Reichen lauter G'scheite geben, gar kein Zweifel, sonst hätt' ja die Benennung keinen Sinn. Nach den neuesten Ansichten nennt man uns Proletarier und verbindet damit die zarten Nebenbegriffe von Kommunist, Aufrührer, staatsgefährlicher Mensch. Es ist wirklich kurios, wie man die Armut ausstaffiert. Allerdings ist der Arme geborener Revolutionär, aber so Staatsgefährdendes is nix an ihm. Ich weiß das, ich bin auch einer und mir könnt's nie einfallen, gegen die irdischen Regierungen anzustürmen, die sind oft selber arm."

Auch Musik und Bühnenbild signalisierten einen neuen Zugang zu Nestroy. Hanns Eisler und Teo Otto zitierten zwar Wienerisches, fanden aber jeweils einen authentischen und sehr modernen Ausdruck. Nestroys Fähigkeit, soziales Milieu und plebejische Charaktere genau zu zeichnen, sein Eintreten gegen Heuchelei, sein Brandmarken der falschen Gemütlichkeit, sein hintergründiger Witz, seine Aggressivität und Unsentimentalität verlangen hervorragende Schauspieler. Nestroy selbst überlistete die Zensur durch sein stummes Spiel, aus dem das Publikum mehr entnehmen konnte als tatsächlich ausgesprochen wurde. Für Schauspieler mit szenischem Einfallsreichtum sind seine Stücke ein Glücksfall. Die „Scala" verfügte über solch ein Nestroy-Ensemble. Mit Paryla, Emil Stöhr, Wolfgang Heinz, Otto Tausig, Rudolf Rhomberg, Hans Putz, Lilly Schmuck und Dorothea Neff war eine Eignung für diesen Dichter vorhanden, wie sie selten zusammenkommt, wenn sich Intention und Sprachkraft des Dichters mit den Schauspielern decken. *„Ich habe Nestroy liebend gern gespielt und inszeniert. Er ist kein Possenreißer und Witzemacher und doch hinreißend komisch, ist ebenso schwer zu spielen wie Shakespeare. Die Besetzungen der Rollen sind entscheidend, sind die Angelegenheit der Schauspieler, der genauen Virtuosen, denn bei Nestroy darf man keine Faxen machen, nicht schwindeln, nicht Stegreif spielen. An seinen Worten und Formulierungen darf man nicht rütteln."*

Neben den Klassikern Franz Grillparzer und Ferdinand Raimund bevorzugte die „Scala" Stücke aus dem Leben österreichischer Menschen: Peter Roseggers Volksschauspiel „Am Tage des Gerichts" über einen, der wildern gehen muß, weil er seine Frau und seine Kinder nicht ernähren kann; bei den Bauernkomödien von Ludwig Anzengruber „Die Kreuzelschreiber" und „Doppelselbstmord" wurden, im Gegensatz zum „Blut und Boden"-Schwelgen vergangener Zeiten, die sozialen Hintergründe herausgearbeitet – die Abhängigkeit der Kleinbauern vom Großbauern und die Engstirnigkeit der Bauern. Paryla inszenierte „Die falsche Catalani" von Adolph Bäuerle, eine Ausgrabung aus dem Altwiener Volkstheater. Die Scala-Sozietäre bemühten sich aber auch um ein zeitgenössisches Volksstück. Einen besonders guten Griff hatten sie bei „Der Bockerer" von Peter Preses und Ulrich Becher, einem der ersten österreichischen Stücke zur NS-Vergangenheitsbewältigung. Diese Uraufführung war die zweite Premiere des Theaters und ebenso programmatisch wie Nestroys „Höllenangst": Der schlitzohrige Wiener Fleischhauer, der auf seine Weise den Nazis Widerstand leistet, ist eine Vorläuferfigur des „Herrn Karl"; erst Jahrzehnte später erkannten andere Theater die Qualität dieses Stückes. Der berühmte Komiker Fritz Imhoff spielte den Bockerer, Paryla lieferte mit dem aus dem Irrenhaus entlaufenen Alois Selchgruber eine Hitlerparodie. Ein Auftragswerk war Josef Tochs „Der Löwe von Linsburg", ein Stück über die Amerikahörigkeit von österreichischen Provinzhonoratioren, das die politische Linie der KPÖ vertrat, den Marshall-Plan abzulehnen. Wie sich Paryla erinnert, sollte Toch auch über den Februarkämpfer Georg Weissel ein Stück schreiben.

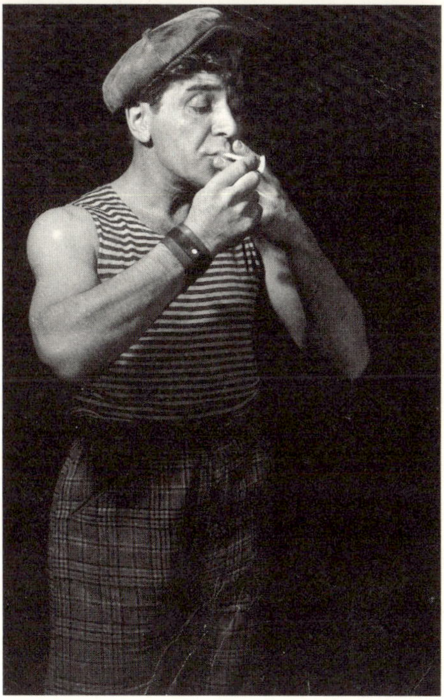

40 Der Fedja in Tolstois „Der lebende Leichnam" war eine Rolle, die Paryla mehrmals spielte: in Zürich, in Wien und in München. Das Bild zeigt ihn in der Aufführung des „Neuen Theaters in der Scala" 1955; für die Regie zeichneten Hortense Raky und er selbst.

41 In der Regie von Wolfgang Heinz spielte Paryla an der „Scala" 1956 den Liliom, eine seiner populärsten Rollen.

Der Vorwurf, in der „Scala" wären hauptsächlich kommunistische Propagandastücke gespielt worden, hielt sich lange und doch waren sie im Repertoire nachweislich in der Minderheit. In der ersten, zweiten und vierten Spielzeit standen jeweils zwei bis vier Tendenzstücke von russischen, österreichischen und amerikanischen Schriftstellern auf dem Spielplan, darunter Ernst Fischers „Der große Verrat", ein Stück gegen Tito und dessen Abkoppelung von der sowjetischen Einflußsphäre, und „Die Brücken von Breisau" – in dieser Komödie werden Kriegsvorbereitungen und wirtschaftliche Ausbeutung durch die amerikanische Besatzungsmacht von der arbeitenden Bevölkerung aufgedeckt und verhindert. Diese Stücke sowie „Glück" von Pjotr Pawlenko und „Dreißig Silberlinge" von Howard Fast schadeten dem Image der „Scala". Ernst Fischer distanzierte sich später von dem Stück „Der große Verrat" und Paryla ärgert sich: *„Für mich, der ich damals den Tito gespielt habe, ist es heute erschreckend, daß wir Tito vorgeworfen haben, aus dem Comintern ausgetreten zu sein – womit er Recht hatte –, anstatt ihn als bärenjagenden Fürsten anzuprangern, der einen Staat von Menschen hinterlassen hat, die sich heute gegenseitig totschießen!"*

Die „Scala" hätte diese Propagandastücke nicht gebraucht, um ihre Botschaft zu vermitteln. Die Anliegen des Volkes gegen die Mächtigen, sowohl gegen Personen als auch gegen Strukturen, sind in den deutschen Klassikern, in den Stücken des Naturalismus, in der russischen Dramatik und in modernen internationalen Stücken klar formuliert. *„Schiller war für seine Zeit viel gefährlicher, als Brecht für unsere"*, kommentiert Paryla. Gegen den sozialen Sprengstoff, der aus „unverdächtigen" Klassikern und Nestroy herausgeholt wurde, konnte man schwerlich etwas einwenden, sind doch die Worte im Text nachzulesen.

Nicht nur neue Textfassungen, ungewöhnliche Musik, Bühnenbild und Kostüme verschärften die politischen Akzente; der Schwerpunkt lag im komödiantischen Spiel: ohne die Struktur der Stücke zu ändern, wurden selbst Komödienfiguren ernst genommen und realistisch gestaltet; dadurch gelang es den Schauspielern, neues und verblüffend modern und politisch aktuell anmutendes Profil aus den Rollen herauszuholen. Paryla spielte Hamlet als Kämpfer in einer Weltuntergangsgesellschaft und nicht als melancholischen Zweifler und Zauderer. „Du bist gesunder Hamlet gegen kranke Zeiten", heißt es in einer Gedichtzeile des österreichischen Schriftstellers Arthur West. *„Wir sind von der Stelle ausgegangen, wo Hamlet sagt: ‚... daß ich berufen bin, die Zeiten einzurenken.'"* Den Jago in „Othello" spielte Paryla als Emporkömmling. In „Der Widerspenstigen Zähmung" war Paryla als Petrucchio nur scheinbar der Sieger in Shakespeares Geschlechterkampf, Hortense Raky als Katharina ließ keinen Zweifel offen, daß sie in der Ehe nicht die Unterlegene sein würde; die uns heute geläufige Interpretation war damals sehr progressiv.

Die an der „Scala" gepflogene kritische Sichtweise auf Stücke war neu im Nachkriegstheater. Damals dominierten noch romantisch-verschwommene Ansichten von den angeblich „ewigen" Werten, die die Kunst zu bewahren habe: ein Kunstverständnis, welches es den Nazis ermöglicht hatte, die Kunst für ihre Zwecke zu mißbrauchen. Konkrete, kritisch-aufklärerische Inhalte im Theater wurden abgelehnt. „Kulturzertrümmerung" hieß es, wenn bei klassischen Stücken eine Parallele zur Gegenwart gezogen wurde. Erst in den späten sechziger Jahren änderten sich die Erwartungsgewohnheiten. Heute regt sich kein Mensch mehr auf, wenn eine Figur in einem Klassiker ein Kostüm, das aktuelle Assoziationen herausfordert, trägt. Wenn Künstler allerdings an besonders gehätschelten Ikonen der österreichischen Kultur rütteln oder der Österreicher selbst Ziel der Kritik ist, gibt es heute noch Empörung. Parylas Inszenierung von Franz Grillparzers „Der Traum ein Leben" 1951 war eine wagemutige Aufführung und brach ein nationales Tabu: mit dem Dichter des ‚Loblieds auf Österreich' Kritik am Österreicher auszusprechen.

Parylas Inszenierung hatte Schwächen, das lag zum Teil an dem zu großen technischen Aufwand, den er für Verwandlungen und Massenszenen wünschte und der die technische Kapazität des Hauses überforderte. Der Theaterskandal entzündete sich jedoch nicht an einer nicht geglückten Aufführung, sondern an der politischen Aussage. Paryla hatte die Geschichte von Rustan, der das einfache Glück bei seinem Onkel Massud und dessen Tochter Mirza mit der weiten Welt vertauschen will und in einem Traum geläutert wird, weitergedacht. Rustan war für ihn nicht irgendein junger Bursche aus dem Morgen- oder Märchenland, der einen beliebigen Traum hat. Er sah in ihm einen jungen Österreicher, der im Traum eine mögliche Variante seiner Biographie durchlebt. Das Stück spielte in älpischer Gegend mit Kuhglockengeläute und Sensengedengel; Rustan trug Lederhose, Wadenstrümpfe und Tirolerhut; Mirza ein Dirndl; Zanga war kein Negersklave, sondern ein türkisches „Arbeitstier", heute würden wir sagen Gastarbeiter. Der Regisseur äußerte damals in der Zeitschrift „Tagebuch": *„Die Greuel dieses Traums sind für viele Jünglinge konkrete Wirklichkeit geworden, so wie der Faschismus und die angezündeten Städte für viele Jünglinge, die Lederhosen trugen und Wadenstrümpfe."* Er interpretierte das Stück als Grillparzers Warnung vor überheblichen Führergestalten und Eintreten für den allgemeinen Frieden. Parylas Aussage: erst nach Erlangung des weltpolitischen Friedens ist ein innerer möglich. Es war eine Provokation, daß Paryla die berühmten Verse

„Eines nur ist Glück hiernieden,
Eins: des Innern stiller Frieden
Und die schuldbefreite Brust!
Und die Größe ist gefährlich,
Und der Ruhm ein leeres Spiel;“
verkürzte auf:
„Eines nur ist Glück hiernieden,
Eines nur: der Frieden.“

„Kulturelle Zerstörung“, „eine Versündigung an Grillparzer, also geistigem Nationalbesitz“, empörten sich die Kritiker. „Wer sich erlaubt, das Motto eines zeitlosen Humanismus in ein Schlagwort des aktuellen Kalten Krieges umzuwandeln, bedarf keiner Kritik mehr; er hat sich selbst gerichtet.“ schrieb die „Kleine Zeitung“: Es ist stets riskant, Textstellen zu ändern, vor allem derart exponierte; doch dahinter stand ein bemerkenswertes Regiekonzept, welches zu diskutieren die wütenden Kritiker verweigerten. In der Art und Weise, wie eine aktuelle Querverbindung aus Grillparzers Werk mit dem Maulkorb belegt wurde, erkennt man, daß die „Scala“ eine in der Nachkriegszeit sorgsam vermiedene Österreich-Diskussion losgetreten hatte. Ernst Fischer schrieb damals: „Der Ankläger Grillparzer ist uns heute, da wir die schauerlichen Karikaturen Napoleons, die Hitler und Mussolini, erlebten, da die Rustans und Jasons bis zum äußersten entarteten, da Zangas Jubelruf: ‚Es lebe der Krieg‘ uns drohend in den Ohren gellt, so nah wie selten zuvor; aber mit der romantisch-kleinbürgerlichen Idylle, die Grillparzer seinen negativen Helden als das Positive gegenüberstellt, können wir wenig anfangen. Der Un-Tat, das Nicht-Tun entgegenzustellen, dem Verbrechen die Flucht in ein stilles Glück im Winkel, dem blutstarrenden Kapitalismus die philiströse Resignation, dem Kriegslärm ringsumher den ‚Frieden der eignen Brust‘, mit diesem ängstlichen, zeit- und lokalbedingten Grillparzer, der das altösterreichische: ‚Da kann man halt nix machen!‘ in melodische Verse transponierte, mag sich ein alter Hofrat befreunden, kann sich jedoch das kämpferische Volk nicht abfinden. Man hat dem Regisseur vorgeworfen, daß er die Verse von ‚Des Innern stiller Frieden in ein Bekenntnis zum Frieden‘ umwandelte. Der Regisseur hat wohlgetan; es geht nicht um ‚des Innern stillen Frieden‘, es geht um den Frieden der Welt.“

Auch Parylas Inszenierung von Beaumarchais „Figaros Hochzeit“ sorgte für Gesprächsstoff. Paryla hatte den Figaro schon in Zürich gespielt, damals aber nicht inszeniert. An der „Scala“ betonte er das historische Faktum, daß das Stück unmittelbar vor der französischen Revolution entstanden ist, ein „Fanfarenruf der Revolution“ war. Die Dialoge wirkten radikal und kämpferisch, ohne den

42 1956 drehte Paryla „Gasparone“. In dem Film, der ohne die üblichen Operetten-Klischees der fünfziger Jahre auskam, spielte er auch selbst mit.

43 Als Girardi in seinem Film „Der Komödiant von Wien“, 1954.

Lustspielcharakter zu schmälern. Paryla sagte damals in einem Radiointerview: *„Ich habe mir noch einmal das Original Beaumarchais' vorgenommen und manche Szenen stärker darauf zurückgeführt. Wissen Sie, gerade in unserem Theater ist das nicht so einfach. Oft glaubt das Publikum oder die Kritik, wir hätten aus politischer Tendenz irgendetwas aufgepfropft, was in Wahrheit im Original enthalten ist. Wenn Sie sich zum Beispiel an die Rede der Marcelina im ‚Figaro' erinnern, an die Stelle, wo sie im Laufe der Gerichtsverhandlung Figaro als ihren Sohn erkennt und von dem Unrecht spricht, das die Männer an den Frauen begehen, da ist kein Satz neu hinzugekommen. Das steht alles wortwörtlich bei Beaumarchais."* Bei der Charakterisierung der Figuren war Paryla über das noch in der Typenkomödie verhaftete Original hinausgegangen: Wolfgang Heinz spielte einen Grafen von Gottesgnaden, der vermeint, sich alles – jede Ranküne – erlauben zu können; Eva Zilcher als Gräfin und Hortense Raky als Susanna waren moderne Frauen, die ihren Wert genau kennen; Erwin Faber holte aus dem Dottore Bartholo mehr als nur das typologische Charakterlose und Schurkische heraus: ein Genießer des Lebens, ein Sanguiniker, ein Egoist, der sich seines Lebens freut. Paryla selbst begeisterte das Publikum durch „seine hohe Kunst, burlesken Scherz und witzsprühende Verschlagenheit in ergreifenden Ernst übergehen zu lassen", wie die „Welt-Illustrierte" schrieb. Zum Schlußbild, Figaros und Susannas Hochzeitsfest im Garten des Grafen Almaviva, ließ Paryla Adel, Volk und Dienerschaft blaue, weiße und rote Tücher schwenken, sodaß der Eindruck der Trikolore entstand; dazu wurden einige Takte der Marseillaise gespielt. Es gab Kritiker, die es als prokommunistisch ablehnten, daß Figaro sein rotes Halstuch wie ein Fahne schwang, als wollte er zur Revolution aufrufen. Paryla sagte damals: *„Napoleon nannte ‚Figaros Hochzeit' sogar die ‚Revolution in Aktion'. Darum schien es mir wichtig, in einem Symbol, in einer Allegorie den Sprengstoff, den die Komödie enthält und der anno dazumal weiß Gott nicht verdeutlicht werden mußte, für das Publikum heute sichtbar werden zu lassen und als musikalischen Ausdruck des drohenden Gewitters in der Komödie die Marseillaise zu wählen. Wir spielen Beaumarchais' ‚Figaro' als ein Stück, das seinerzeit geholfen hat, sein Publikum zur Marseillaise der französischen Revolution reif zu machen."* Keineswegs prokommunistisch wurde die Inszenierung bei einem Gastspiel in der DDR aufgefaßt, bei dem Otto Tausig für den erkrankten Paryla den Figaro spielte: bei Figaros berühmtem Monolog gegen Staat, Justiz, Tyrannei und Amtsmißbrauch gab es Beifallskundgebungen, die sich gegen die Regierung der DDR richteten.

Paryla nennt den Kontakt mit dem Arbeiterpublikum eine seiner wertvollsten Erfahrungen: *„Wir sind zu den Menschen in die Betriebe gegangen, denn der Besuch war schlecht. Wir haben sie ausgefragt: ‚Was wollt ihr sehen?' ‚Keine* *tagespolitischen Stücke', haben sie gesagt, ‚über Politik sind wir informiert.' Nein, sie wollten Kunst, Kultur, große Kunst: ‚Hamlet'. So haben wir ‚Hamlet' gespielt, ‚Wilhelm Tell', ‚Maria Stuart', ‚Macbeth'; Klassiker; – und sie sind gekommen. Vom Publikum, dem einzig legitimen Lehrer haben wir gelernt."* In der Tat hat das „Neue Theater in der Scala" Publikumsschichten gewonnen, die bisher noch nicht mit Theater konfrontiert waren. Die „Scala" hat einen Volksbildungsauftrag des Theaters ohne staatliche Verordnung wahrgenommen. Ihr Sonderangebot war ein „Theater zu Kinopreisen". In unkonventioneller Weise reiste die „Scala" ihrem Publikum entgegen, spielte in den Wiener Randbezirken und in Niederösterreich; regelmäßige Abstecher führten nach Krems, St.Pölten, Amstetten, Güssing, Brunn am Gebirge, Korneuburg, Berndorf. Emil Stöhr erinnert sich daran, wie er sich im Schloß Esterházy in Eisenstadt vor einer Vorstellung zu „Der Revisor" als Chlestakow auf dem Spinett von Joseph Haydn schminkte. In einer Zeit, als das Angebot für kleine Theaterbesucher noch gering war, widmete sich die „Scala" auch kritischen Kinder- und Jugendstücken. Es gab die Publikumsorganisation „Verein der Theaterfreunde" und in fast allen Wiener Bezirken wurden Einführungsabende veranstaltet, Diskussionen und Lesungen in Gasthäusern, um den theaterungewohnten Menschen die Schwellenangst zu nehmen; eine bedeutende soziokulturelle Arbeit, ohne Institution dahinter. 1954 verliehen die „Theaterfreunde" Paryla den von ihnen gestifteten Nestroy-Ring für „ganz hervorragende künstlerische Leistungen". Dieser, vom Publikum überreichte Ring war für Paryla die wertvollste Auszeichnung. Als er 1990 den „Nestroy-Ring der Stadt Wien" erhielt, vergaß er nicht, seinen ersten Ring und die „Scala" zu erwähnen.

Das „Neue Theater in der Scala" befand sich im Knotenpunkt von drei verschiedenen Auseinandersetzungen: Auf der einen Seite beherrschte der Kampf gegen den Kommunismus das innenpolitische Klima in Österreich. Auf der anderen Seite ecken genossenschaftliche und selbstverwaltete Betriebe in organisierten und bürokratischen Strukturen immer an. Drittens unternahm das Bühnenkollektiv der „Scala" eine Theaterrevolte, die man erst heute als „lebendige Unruhe und produktive Verunsicherung" in der Wiener Kulturszene anerkennt.

Nicht alles, was das Theater sich vorgenommen hatte, konnte erreicht werden. Wie Paryla heute kritisch anmerkt: *„Wir kamen nicht so weit, daß sich die Mitarbeit und Mitbestimmung auf alle ausgewirkt hätte, denn das Theater befand sich von Anfang an in einem Existenzkampf, sodaß sich weiterentwickelnde demokratische Strukturen nur bis zu einem gewissen Grad auswirken konnten."* Trotzdem war die „Scala" ein Vorläufer des Mitbestimmungsmodells, wie es im deutschen Theater später versucht wurde, sich aber nicht durchsetzen konnte. Daß es innerhalb einer Gruppe, die gemeinsam Entscheidungen fällt, Differenzen gibt, ist natürlich. *„Bei jeder Art von Zusammenarbeit im künstlerischen Betrieb kommt es zu Feindseligkeiten und Eifersüchteleien"*, sagt Paryla, wenn man ihn darauf anspricht.

Waren in der ersten Nachkriegszeit noch Ansätze von Neuorientierung und kulturpolitische Diskussionen geduldet worden, änderte sich ab 1947/48 die Situation gravierend: der Kalte Krieg zwischen den beiden Supermächten, die in Wien als Besatzer aufs engste miteinander zu tun hatten, war ausgebrochen. Die Sowjetunion versuchte ihr Einflußgebiet zu vergrößern, Amerika antwortete mit der „Truman-Doktrin". Der ideologische Riß der Welt ging genau durch Österreich, das, um einen Staatsvertrag und seine Freiheit zu erlangen, mit beiden Großmächten fertig werden mußte. Die Österreichische Regierung, die ÖVP und SPÖ, hatten sich für das westliche Lager entschieden, den österreichischen Kommunisten unterstellte man, einen Umsturz zu planen und das Land zerreißen zu wollen. Man sparte nicht mit gegenseitigen Vorwürfen. Entsprechend reagierten die Medien. Eine – angesichts der Tatsache, daß die Kommunisten in Österreich nur über 5% der Wählerstimmen verfügten, irrational erscheinende – Kommunistenhetze setzte ein. Österreichische Zeitungen schürten diese Angst oft in unverantwortlicher Weise. Die „Scala" konnte sich aus dem parteipolitischen Kampf nicht heraushalten. Das Theater wurde boykottiert und 1956 auf bürokratischem Weg zu Fall gebracht. Zuerst verwehrte die Stadt Wien dem Theater jahrelang die Subvention aus den Mitteln des „Kulturgroschens", die Volkstheater, Josefstadt, Raimundtheater, später auch kleine Bühnen und Kellertheater bezogen. Als Grund wurde mangelnde Auslastung angegeben, was tatsächlich streckenweise der Fall war. Doch auch als die „Scala" in den letzten beiden Jahren die Zahl ihrer Besucher bedeutend erhöhen konnte und bei Klassikeraufführungen ausverkauft war, wurde die für das Theater lebenswichtige Subvention nicht gegeben. Viktor Matejka richtete im Gemeinderat regelmäßige und scharfe Anfragen an seinen Nachfolger Kulturstadtrat Hans Mandl wegen des ungerechtfertigten Ausbleibens der Subvention.

Neben der Subventionsverweigerung nahm die Hinhaltetaktik durch die Stadt Wien bezüglich der Verlängerung der Konzession nervenzermürbende Ausmaße an. Nach dem Staatsvertrag 1955 hatte die „Scala" einen schweren Stand. Das von den Russen als „Deutsches Eigentum" konfiszierte Gebäude stand dem Restituierungsfonds des Österreichischen Gewerkschaftsbundes zu. Obwohl sich die Gewerkschaft Kunst und freie Berufe des ÖGB für den Weiterbestand der „Scala" und somit für 100 Arbeitsplätze einsetzte und sich der Verband der Theaterdirektoren anschloß, beharrte der Dachverband des ÖGB als Verwalter des Restitutionsfonds auf seinem Recht. Die Theaterleute mußten ihr Haus räumen; es war

44 Die letzte Aufführung des „Neuen Theaters in der Scala": Bertolt Brechts „Leben des Galilei". Paryla als Galilei (rechts) mit Gustav Dieffenbacher.

sinnlos und kunstfeindlich. Dreieinhalb Jahre stand das Gebäude leer, bis es niedergerissen wurde, noch mit dem Plakat der letzten Premiere vom 9. Juni 1956: „Jeden Abend: ‚Das Leben des Galilei‘ von Bertolt Brecht“. 1960 kaufte die Gemeinde Wien das Grundstück, ließ es aber jahrelang unbebaut. Erst 1977 wurde darauf ein Gemeindebau errichtet.

Die letzte Premiere, Bertolt Brechts „Leben des Galilei“, war das Vermächtnis der Scala-Leute: Paryla spielte den Galilei. *„Dieses Stück war die Quintessenz unserer Arbeit, wir Emigranten hatten zu Galilei eine besondere Beziehung: Galilei hat sich zwar zwingen lassen zu widerrufen, aber noch als Blinder hat er weitergeschrieben und sein Manuskript ins Ausland geschmuggelt. Außerdem war Brecht unser Verbündeter, er war ein großer Künstler, der auch nicht in Parteizentralen herumgesessen ist und sich das Gequatsche von Kleinbürgern angehört hat. In diesem Stück gibt es die unmißverständlichen Sätze: ‚Wer die Wahrheit nicht weiß, der ist bloß ein Dummkopf. Aber wer sie weiß und sie eine Lüge nennt, der ist ein Verbrecher‘ und ‚Unglücklich das Land, das Helden nötig hat.‘ “* An die letzten Vorstellungen im Juni 1956 erinnert er sich: *„Die Rampe war jeden Abend übersät mit Blumen, kleinen Sträußchen, die Menschen mitgebracht hatten. Es war erschütternd, es war wirklich so, wie wenn man etwas auseinanderreißt, ein Publikum und sein Theater, die Kultur und das Volk.“*

In der kurzen Zeit von acht Jahren hatte die „Scala“ internationale Reputation gewonnen. Die an Stadtrat Mandl adressierten Protestbriefe und Telegramme gegen die Schließung lesen sich wie ein „Who is who“ des Theaters: Bertolt Brecht, Lion Feuchtwanger, Paula Wessely, Ernst Lothar, Kurt Horwitz, Hans Schweikart, Helene Weigel, Ernst Busch, Erich Engel, Oskar Wälterlin, Paolo Grassi, Howard Fast, Erwin Piscator, Therese Giehse und viele andere bedeutende Theaterleute verliehen ihrer Empörung Ausdruck.

„Daß das Theater geschlossen wurde, habe ich eigentlich nie verkraftet“, notierte Paryla in seinen Notizen. An Fritz Kortner schrieb er 1969: *„Ich fühle mich schuldig, daß ich das Kampffeld der Scala in Wien damals allzu leichtfertig verlassen habe.“* Es gab Überlegungen von Schauspielern und Publikumsvertretern, mit Sitzstreiks die Schließung des Theaters zu verhindern, aber *„wir hatten allesamt schon zu viel in uns aufgenommen von dem Streben linksgerichteter Leute, sich genehm zu benehmen und sich an die Hauptmahlzeit 'Kompromiß‘ zu halten...“*, übt Paryla Selbstkritik. Noch heute träumt er von diesem Theater: *„Wie man oft im Leben sagt ‚hätte ich das nur gemacht’, denke ich, wir hätten die Scala retten müssen und zum Beispiel ein Nestroy-Theater draus machen sollen. In Wien gibt es ein Raimundtheater, in dem nie Raimund gespielt wurde; ein Nestroy-Theater gibt es überhaupt nicht. Es wäre eine Ehrenaufgabe gewesen, alle seine*

45 Der Abriß des „Neuen Theaters in der Scala" 1956. Blick von der skelettierten Drehbühne in den Zuschauerraum.

46 Rückwärtige Ansicht der „Scala" während der Demolierung.

Stücke zu spielen, auch die, die noch nie aufgeführt worden sind, kein Stück hätte man auslassen dürfen.“

Die Scala-Leute vermißten später das Ensemble, *„ein Ensemble von hervorragenden Schauspielern, das wie eine gut funktionierende Klaviatur den Werken der Dichter zur Verfügung stand“*, die gemeinsame Besessenheit – „als der Bestand der Scala durch die Verwehrung des ‚Kulturgroschens‘ gefährdet war, haben wir angeboten, ohne Gage zu arbeiten, so stark war der Zusammenhalt“, berichtet Emil Stöhr – und die besondere geistig-künstlerische Atmosphäre: *„Die ‚Scala‘ war die Wiedererweckung einer linken Vergangenheit; Intellektuelle wie Ernst Fischer, Hanns Eisler, Ruth von Mayenburg, Lou Fischer, Georg Knepler, Peter Loos, Bruno Frei, Franz Josef Engel, Alfred Polgar, Bertold Viertel oder Liesl Neumann bemühten sich um die Rettung zeitgerechter Qualitäten des Kunstlebens. Viertel, Regisseur am Burgtheater, fehlte bei keiner unserer Premieren; eigentlich hätte er zu uns gehört, denn die ‚Volksbühne‘ in der Neubaugasse, die er zusammen mit Fritz Kortner vor dem Ersten Weltkrieg gegründet hatte, war der wesentlichste Vorläufer der ‚Scala‘. Ernst Fischer brachte großes Interesse für die ‚Scala‘ auf; ich halte ihn für einen der bedeutendsten österreichischen Schriftsteller – seine ‚Gesammelten Werke‘ stehen noch bevor. In diesem Kreis gab es Frauen von hoher künstlerischer Qualität wie Lou Fischer, eine bedeutende Freundin meines Lebens, die nicht so ganz zum Zug kamen wie die Männer.“*

Auch das Publikum gedachte noch lange „seinem“ Theater. Die „Scala“ hatte nicht nur unter den Arbeitern ihr Publikum, sondern auch unter Intellektuellen und politisch Interessierten. *„Bruno Kreisky und Helmut Zilk besuchten unsere Vorstellungen“*, erinnert sich Paryla. Jahre später gastierte im Ronacher das Deutsche Theater aus Berlin mit Gorkis „Die Kleinbürger“ in der Inszenierung von Karl Paryla und Wolfgang Heinz, die auch mitspielten, wie schon 1950 an der „Scala“. Wolfgang Lesowsky, ehemaliger Mitarbeiter an den Münchner Kammerspielen und Freund von Paryla, hat dieses Gastspiel als junger Mensch gesehen: „Es war das größte Theatererlebnis, das ich je hatte, und zwar sowohl von der Aufführung als auch vom Publikum. Das Ronacher war voll mit Arbeiterpublikum, das Theater war ein brodelnder Hexenkessel. Die Leute sind zwischendurch aufgesprungen und haben gesungen.“

Nach Jahren der Verdrängung haben Theaterwissenschaftler zur Wiederentdeckung beigetragen. Mittlerweile wird die Arbeit des Künstlerkollektivs auch von offizieller Seite gewürdigt. Die Worte des Bürgermeisters von Wien, Helmut Zilk, als er Paryla 1984 den Professorentitel verlieh, sind eine Art Wiedergutmachung: „Ich stehe nicht an zu sagen, daß ich es als eine Schande für die Stadt empfunden habe, unter welchen schmählichen Umständen man aus vordergründigen politischen Gründen das „Neue Theater in der Scala“ eingehen ließ. Ich sage das sehr bewußt in meiner heutigen Stellung und gebe Dir den Titel ‚Professor‘ in ganz besonderer Weise für diese Jahre und für diese wichtige Episode in der Geschichte dieser Stadt.“

Die Affäre Karl Paryla bei den Salzburger Festspielen

Im Frühsommer 1952 war Paryla Mittelpunkt eines handfesten Skandals. In einem Zeitungskrieg wurde sein Engagement bei den Salzburger Festspielen als untragbar bezeichnet und der Schauspieler als Feind Österreichs beschimpft, der die österreichische Währung unterminiere. Als die Festspiele den Vertrag mit Paryla kündigten, zog der Skandal neben massiven Protesten seitens der Gewerkschaft und Solidaritätskundgebungen von Künstlerkollegen, politische Kreise. Im Parlament kam es zu einer Anfrage an den Minister und die Bundesregierung mußte in einer Note auf eine Erklärung des sowjetischen Hochkommissars im Alliierten Rat antworten.

Was war vorgefallen, daß die Salzburger Festspiele erstmals in ihrer Geschichte einem Künstler gegenüber vertragsbrüchig wurden? Paryla hatte ein freches Gedicht geschrieben! Im Juli 1951 hatte die Zeitung „Tagebuch“, herausgegeben von Bruno Frei, Ernst Fischer und Viktor Matejka, das Spottgedicht „Zwischenrufe für den Salzburger ‚Jedermann‘“ abgedruckt. In dem mehrstrophigen Zweizeiler mengt sich ein frecher „Rufer“ in das Spiel vom Leben und Sterben des reichen Mannes ein und spricht Personen und Orte des Stückes mit aktuellen Anspielungen an. Paryla meint dazu heute: *„Karl Kraus hat diese hofmannsthalschen Verse schon in hämische Kritik gezogen.“* Parylas Wettern gegen die Wirtschaftspolitik und die amerikanische Präsenz in Österreich hatte folgenden Hintergrund: Im Zuge der Konsolidierung der Wirtschaft herrschten in Österreich zu Beginn der fünfziger Jahre Verteilungskämpfe zwischen Unternehmern und Arbeitnehmern. Durch die fünf Lohn- und Preispakete der Regierung zerrann den kleinen Leuten das Geld zwischen den Fingern; damals war noch nicht absehbar, ob der Marshallplan greifen würde. Auch schien es, als würde man die Besatzungsmächte nie wieder loswerden, denn die Amerikaner bauten gerade im Salzburger Stadtteil Siezenheim eine riesige Militärstadt für 10 000 Soldaten, das Camp Roeder. Daß dieses Gedicht mit einer völlig anderen Angelegenheit, nämlich Parylas künstlerischem Engagement bei den Salzburger Festspielen vermengt wurde, ist nur vor dem Hintergrund des Kalten Krieges erklärbar, denn für einen Ausschluß waren keine künstlerischen Gründe vorhanden.

Paryla war bei den Salzburger Festspielen ein gut eingeführter und bekannter Schauspieler. Die amerikanische Prüfungskommission, die in den ersten Nachkriegsjahren die künstlerischen Engagements genehmigte, hatte keine Einwände

47 Parylas Teufel im „Jedermann“ bei den Salzburger Festspielen 1947 und 1948, den er als witzigen Volksteufel spielte, fand Anklang bei Publikum und Kritik, nicht allerdings beim Salzburger Erzbischof.

gegen ihn, Paryla war „clear“. 1947 und 1948 hatte ihn Helene Thimig, die Witwe von Max Reinhardt, für ihre „Jedermann“-Inszenierung als Teufel geholt. Paryla erinnert sich: *„Nach dem Regiebuch von Max Reinhardt spielte ich die Frechheit und Lustigkeit des Volksteufels aus und erntete Gelächter und Applaus beim Publikum. Bei der Premierenfeier holte mich Helene Thimig an ihren Tisch und teilte mir besorgt mit, wie sehr der Erzbischof Rohracher entsetzt über meine Darstellung gewesen sei: der Teufel dürfe nicht die Lacher auf seiner Seite haben. Obwohl Frau Thimig vorher glücklich mit meiner Darstellung war, versuchte sie mich nun, zu Retuschen zu veranlassen; ich sollte die Engel nicht allzusehr persiflieren, weniger Purzelbäume machen und eher die Dämonie des Teufels als gefallener Engel betonen, á la Werner Krauss. Die Purzelbäume hätte ich weggelassen, aber ich blieb dabei, daß diese Figur von Reinhardt als Volksteufel gedacht war. Diese Geschichte fand eine Parallele, als 1956 Fritz Kortner am Residenztheater „Faust“ inszenierte. Mein Kollege aus Zürich, Ernst Ginsberg, ein strenger Katholik, sollte den Mephisto spielen und empfand Kortners Konzept, den Teufel als Volksteufel spielen zu müssen, blasphemisch. Unter Mitwirkung unseres ehemaligen Kollegen aus Zürich, Kurt Horwitz, der nun Intendant am Residenztheater war, kam es zu einem Tausch, bei dem alle glücklich wurden: ich spielte bei Kortner den Mephisto als Volksteufel und Ginsberg spielte den Teufel bei den Salzburger Festspielen als gefallenen Engel.“*

Über seinen Teufel im „Jedermann“ schrieb die „Wiener Zeitung“ am 29. 7. 1949: „Ein scharf umrissener, trivialer Teufel aus dem Volksgefühl, Vertreter des ‚gesunden Verstandes‘.“ Franz Tassié in der „Weltpresse“ bescheinigte ihm: „Karl Paryla ist als Teufel wahrscheinlich die stärkste, hinreißendste und packendste Erscheinung der ganzen Aufführung.“ Im Sommer 1948 spielte Paryla noch den Naukleros in Grillparzers „Des Meeres und der Liebe Wellen“, in einer Inszenierung von Ernst Lothar mit Paula Wessely, und 1949 den Beaumarchais in Goethes „Clavigo“, ebenfalls in der Regie von Ernst Lothar mit Käthe Gold und Will Quadflieg. Otto Basil schrieb in der „Weltpresse“ über Parylas Spiel in „Des Meeres und der Liebe Wellen“: „Bewunderns- und liebenswert Karl Paryla als Naukleros. Hier wird österreichisches Theater im besten und saftigsten Sinne des Wortes gespielt. Paryla versteht es auch am ehesten, Grillparzers gehobene, nicht immer auf dem Kothurn, sondern manchmal auf Stelzen schreitende Sprache in ein volkstümlich blühendes, auch uns nahes Deutsch aufzulösen. Gewiß wird Grillparzer bei aller Goethe-Verehrung dies gleichfalls gewollt haben.“ Der Wiener Kurier schrieb: „Wie abgerundet und lebendig ist der Naukleros Karl Parylas, in seiner Kraft und Lebensfülle eine der besten Leistungen des Künstlers.“

Mehr als ein dreiviertel Jahr gab es keine Reaktion auf Parylas Spottgedicht

TAGEBUCH

70 GROSCHEN

HERAUSGEGEBEN VON ERNST FISCHER, BRUNO FREI, VIKTOR MATEJKA

KARL PARYLA

macht Zwischenrufe für den Salzburger „JEDERMANN"

Zeichnung: Wilhelm Kaufmann

AUCH IN DIESEM JAHR WIRD wieder der „Jedermann" von Hofmannsthal gespielt, auf dem Domplatz Salzburgs, inmitten historischer und ewiger Kulissen. Die Sonne und der Abendhimmel spielen mit, die gegenwärtige Zeit verkörpernd. Die Hohenfeste Salzburg, mittelalterlich verbleicht, schaut der ausgebombten und wieder geflickten Kirche über die barocke Achsel, und rings von den Türmen klingen die „Jedermann"-Rufe wie jenseitige Mahner. Manchmal mischen sich in die Spannung des Spieles die Geräusche des Alltagslebens von heute. Aber die Rufer von den Türmen sind nicht zu stören, wenn sie regiegemäß das köstliche Spiel vom reichen Mann, Herrn Jedermann, vor der Kirche und vor dem Publikum da unten stören. Wie wäre es nun, wenn noch ein anderer Turmrufer sich einmengte, mit Zwischenrufen, die ebenso aus der gegenwärtigen Umwelt kämen wie der gelegentliche Lärm eines Jeep und der allmähliche Wechsel vom Abend zur Nacht, in diesem Jahr 1951, das hoffentlich nicht das letzte ist für Salzburgs Festspiele und ihren „Jedermann" ...

Spiel und Zwischenruf

Jetzt habet allsamt Achtung, Leut ...
A Platz kost 150 Schilling heut!

Der Stoff ist kostbar von dem Spiel ...
Denn mit die Rohstoff schiebn s zuviel!

Kommen Verwandte und fremde Gäst ...
Zum Beispiel 15.000 Soldaten aus West!

Wir wollen jetzt vors Stadttor gehen ...
Da könnts a Militärstadt bauen sehen!

Wollen dort das Grundstück uns ansehen ...
Das Raupenschlepper grad ummähen?!

Obs tauglich ist für einen Lustgarten ...
Mit Aussicht auf an Militärstützpunkt, an aparten!

Ist alles schon recht, muß nur dafür
Ein Fug und ein Gesetz auch walten ...
Tritt ein durch die Fugen der Hintertür,
so bleibt am besten alls beim alten.

Acht du auf meine Mägd und Knecht,
Gefalln mir allermaßen nit recht ...
Denn ihnen gfallt, das ist ihr Recht,
der fünfte Lohn- und Preispakt schlecht.

Hättst tausend Bettler auf dem Hals ...
Und auch die Bauern aus Siezenheim-Wals!

Es käm mein Seel nit mehr auf dich
Als dieser Schilling sicherlich ...
Der fallt grad jetzt ganz fürchterlich!

Du kaufst das Land mitsamt dem Knecht ...
Der kennt den Marshall-Plan nit schlecht!

Bald werden dir die Sinn vergehen ...
Den Staatsvertrag wirst a nit sehen!

Dort winkt der Tod grausamer Gestalt ...
In einem Jeep, aus dem es knallt.

Ich bin der Tod, scheu keinen Mann ...
Im Frieden kommt schon Salzburg dran —
Was wird im Krieg mit Oesterreich dann?

Weiß wohl, was ich in Mächten hab ...
Den Massenmord im Marshallstab.

Ist all umsonst dein Handausrecken ...
Weil unsre Kunstschätz in Amerika stecken!

Ich frage, sind hier Zweifel im Spiel?
Natürlich, puncto Salzburg viel:
Die Festspielstadt ist jetzt der Schopf
von dem Atlantikblock sein' Brückenkopf!

Ich geb es auf, ich kehr mich um,
mich ekelts hier, ich geh nach Haus ...
Doch die Besatzung rundherum
geht nicht nach Haus — sie dehnt sich aus!

Und nun laß uns die Reis antreten ...
Wär auch a Red für regierende Marionetten!
Merks, Poldi! Nachahmung erbeten!

Ein prächtig Schwelger und Weinzecher ...
Beim Trinken sind s stark, beim Regieren sind s schwächer.

Ungläubig als ein finsterer Heide,
in Wort und Taten frech vermessen ...
Er hat sein Land und Volk vergessen
im grünen, braunen und schwarzen Kleide.

Witwen- und Waisengutsverprasser ...
Ein Wirtschaftsführer von reinstem Wasser!

Mir fehlen ihn zu malen die Wort ...
Der Justiz fehln s a, das is ihr Sport!

Die Welt ist dumm, gemein und schlecht,
Auch geht Gewalt allzeit vor Recht ...
Was wiederum verblüffend echt
auf Siezenheim just passen möcht!

Herr, laß das Ende sanft uns sein ...
Jetzt sinkt er in die Erd hinein
und wartet, bis im Bombenkrieg
er samt der Erd zum Himmel flieg.
Derweil fliegt auf ein Taubenpaar
am Domplatz. Und die Taubenschar
bringt uns den Frieden dieser Welt,
der jedermann vom Krieg abhält.

Die FESTSPIELSTADT fragt mehr als grantig:
Seit wann liegt SALZBURG am Atlantik?

NACHBEMERKUNG DER REDAKTION AUF SEITE 2

48 Parylas satirisches Gedicht „Zwischenrufe", abgedruckt in der Zeitschrift „Tagebuch", war der Anlaß zur „Affäre Paryla bei den Salzburger Festpielen" 1952.

„Zwischenrufe". Mitte März 1952 lud Ernst Lothar, der erstmals den „Jedermann" inszenieren sollte, Paryla für die Rolle des Teufels ein. Ein rechtsgültiger Vertrag kam zustande. Noch immer passierte nichts. Erst am 23. Mai 1952 publizierte Friedrich Torberg im „Wiener Kurier" einen gehässigen Artikel: wenn jemand, der noch dazu Kommunist sei, die Salzburger Festspiele kritisiere, dürfe er nicht bei dieser Institution auftreten. Andere Zeitungen zogen nach.

Am 27. Juni 1952, knapp vor Probenbeginn des „Jedermann", beschäftigte sich die Kuratoriumssitzung des Salzburger Festspielfonds mit der „Angelegenheit Paryla". Anwesend waren unter andern: Landeshauptmann Josef Klaus, Sektionschef Musil als Vertreter des Ministeriums, der Salzburger Bürgermeister Pacher. Von der Sitzung gibt es ein Protokoll in indirekter Rede, das im Archiv der Republik Österreich einsehbar ist und aus dem im Folgenden zitiert wird: Sektionschef Musil gab bekannt, „daß er von dem Herrn Bundesminister für Unterricht den Auftrag habe, dahingehend Sorge zu tragen, daß der Schauspieler Karl Paryla auf keinen Fall bei den Salzburger Festspielen auftrete und zwar um jeden Preis. Paryla sei als überzeugter Kommunist bekannt und betätige sich propagandistisch auf das Stärkste. Er habe dies wiederholt unter Beweis gestellt, dabei die österreichische Bundesregierung, einzelne Minister und auch insbesondere die Salzburger Festspiele in einem Artikel des ‚Tagebuchs' mit Schmähreden angegriffen." Landeshauptmann Klaus von der ÖVP, der den Minister der eigenen Partei unterstützte, fügte hinzu, „daß er bei seinem letzten Besuch in Wien habe feststellen müssen, daß nicht nur der Herr Unterrichtsminister gegen das Auftreten des Schauspielers Paryla sei, sondern das gleiche Verlangen von Herrn Bundeskanzler und Herrn Außenminister gestellt werde. Im gesamtösterreichischen Interesse ist nach seiner Ansicht eine Verwendung des Schauspielers Karl Paryla untunlich." Der erste Vorstoß der Politik verpuffte. Die Kuratoriumsmitglieder sprachen sich gegen eine Kündigung des Vertrags aus. Bürgermeister Pacher von der SPÖ war der entschiedenste Gegner der Vertragsauflösung: „Solange die kommunistische Partei nicht verboten ist, solange in Nationalrat, Gemeinderäten und Landtagen Kommunisten als Volksvertreter sitzen und eine kommunistische Presse völlig legal in Österreich amtieren kann, ist es unmöglich, einem Künstler zu verbieten Kommunist zu sein. Die verfassungsmäßigen Rechte in Österreich stellen die politische Zugehörigkeit zur kommunistischen Partei frei und da der Schauspieler Paryla seit dem Vertragsabschluß bis zur Jetztzeit keine Tat begangen hat, die strafrechtlich verfolgt wird, ist nach den Gesetzen eines Rechtsstaates und einer Demokratie, die wir in Österreich haben, es ausgeschlossen, im vorliegenden Falle Paryla aus den uns bekannten Gründen eine Ausbootung vorzunehmen." Musil erklärte, „daß er weisungsgemäß auf seinem Standpunkt beharren müsse, daß dem Schauspieler Paryla ein Auftreten untersagt werde. Er müsse daher alle Herren um ihre Stellungnahme bitten." Nochmals präzisierten sie ihre Einwände, die stimmberechtigten Mitglieder zogen sich zur Beratung zurück, doch kam keine Stellungnahme im Sinne des Ministers zustande. Die Sitzung wurde auf 3. Juli vertagt und sollte in Wien im Beisein des Ministers stattfinden. Da mit einer Ausnahme keiner der Anwesenden das Spottgedicht Parylas kannte, wurde vereinbart, den Herren eine Abschrift zukommen zu lassen.

Es ist bezeichnend, daß der Inhalt des Gedichts kein Thema war und auch bei der folgenden Sitzung keines wurde. Musil und Landeshauptmann Klaus erklärten auch nicht, daß man sich über die Anspielung auf die Trinkfreudigkeit des Bundeskanzlers so aufregte. Jeder in Österreich wußte, daß der Kanzler dem Alkohol nicht abhold war; das trug sogar zu seinem volkstümlichen Image bei. Paryla hatte jedoch nicht freundlich in die „Reblaus-Legende" eingestimmt. Damit hatte er eine Todsünde begangen, die man in Österreich nicht verzeiht: er war pietätlos gegen die Oberen gewesen.

Eine Woche später zog dann Minister Kolb die Sache durch; in seiner Anwesenheit argumentierten alle Mitglieder mit Ausnahme des sozialdemokratischen Bürgermeisters Pacher vorsichtiger und sich entschuldigend. Hofrat Paumgartner etwa betonte, daß er immer derjenige gewesen sei, der sich gegen ein Engagement Parylas ausgesprochen habe, da er ihn für einen schlechten Schauspieler und außerdem für die Rolle des Teufels im „Jedermann" nicht geeignet halte. In den vergangenen Tagen hatte der Präsident der Salzburger Festspiele Puthon den Regisseur Ernst Lothar unter Druck gesetzt: „Diese Besprechung sei nicht leicht gewesen, da Hofrat Lothar auf dem Standpunkt stand, daß er im Falle der Vertragsstornierung Parylas als Regisseur zurücktreten werde. Erst das Argument, daß wenn Hofrat Lothar sich jetzt von der Regieführung zurückziehen, derselbe Fall einträte (nämlich Vertragsbruch), den Hofrat Lothar in der Sache Paryla verurteilt hat, hat den Ausschlag gegeben." Dann verlas er einen Brief Lothars, worin dieser seine Bereitschaft erklärt, die Regie des „Jedermann" unter der Bedingung beizubehalten, daß sämtliche rechtlich begründeten Ansprüche des geschädigten Künstlers in vollem Umfang befriedigt werden.

Damit war die Sache gelaufen. Nichts hatten die Kuratoriumsmitglieder mehr befürchtet, als ein Abspringen des Regisseurs und eine damit verbundene Absage der „Jedermann"-Vorstellungen. Abgesehen vom Imageverlust hätte das, wie Puthon vorgerechnet hatte, voraussichtlich einen Schaden von einer Million Schilling gebracht. Obwohl sie schon gewonnen hatten, setzten Kolb und Klaus in unehrlicher Argumentationsweise nach: Klaus „stellte auf den Einwand des Bürgermeisters Pacher, daß die politische Betätigung das Recht jedes Staatsbürgers ist und auch Politiker und Presse Angriffe gegen die Regierung unternehmen, fest, daß es ein Unterschied sei, ob ein Journalist oder ein Schauspieler sich publizistisch betätige und betonte, daß Paryla nicht das Recht habe, von dem, den er besudele, angestellt zu werden. Er habe die österreichische Währung unterminiert, die Festspielstadt Salzburg als eine Festung des Atlantikwalls bezeichnet. Er sei der Meinung, daß ein solcher Schauspieler, von dem man nachträglich gehört habe, daß er so ungeheuerlich die Regierung angegriffen habe, als Schauspieler nicht zu verpflichten sei." Minister Kolb behauptete, „daß es ihm fern liege, auf das Kuratorium der Salzburger Festspiele einen Druck auszuüben". Der Minister dürfte besonders hitzig geworden sein, denn das Protokoll wechselt in die direkte Rede: „Es ist jedoch eine Angelegenheit der Öffentlichkeit geworden, ohne unser Zutun. Aber wir müssen mit der Tatsache rechnen, daß die Presse des In- und Auslandes sich schon mit der Sache befaßt. Der Höhepunkt ist die parlamentarische Anfrage, wo Nationalrat Fischer meinte, ich sei kein österreichischer Minister, sondern ein amerikanischer Ministrant. Können wir uns das bieten lassen, daß ein Mann, der so hervorgetreten ist wie Paryla, eine solche Auszeichnung genießen und uns abtrotzen kann, daß er doch auftreten wird. Da habe ich ein Nein zur Antwort. Es ist kein Druck, der ausgeübt wird, sondern für mich die Erfüllung einer Aufgabe. Es ist die Frage, wer anzuordnen hat, die Staatsgewalt oder irgendein anderer! Weil das Wort von Druck gefallen ist und Vertragsbruch. Ich habe keine Entscheidung veranlaßt, welche das Recht gebrochen hat. Aber jeder Vertrag kann storniert werden, es ist mir selbstverständlich den Betrag wert. Ich schädige den Mann nicht, er bekommt seinen Anteil, ich brauche weder den Herrn Häussermann noch einen anderen amerikanischen Herren als Hilfe. Für mich ist es keine amerikanische und keine künstlerische Angelegenheit, sondern nur eine Angelegenheit der Öffentlichkeit." Das Kuratorium stimmte nun einer Vertragsauflösung zu, unter der Bedingung, daß die Bundesregierung die finanziellen Auswirkungen zu tragen habe. Paryla brachte vor Gericht eine Schadensersatzklage wegen Berufsschädigung ein, man einigte sich im Vergleich.

Es sollte zwanzig Jahre dauern, bis Paryla wieder bei den Salzburger Festspielen auftreten konnte: als Narr in Otto Schenks Inszenierung von „Was ihr wollt" 1972, später spielte er in Giorgio Strehlers Inszenierung „Das Spiel der Mächtigen" den Totengräber.

Für diese Affäre gibt es zwei Erklärungsversuche: der heftige Antikommunismus vor dem Hintergrund des Kalten Krieges einerseits, und der Kampf darum, wer in Salzburg das Sagen haben sollte, andererseits. Der Kalte Krieg befand sich 1951/52 auf einem Höhepunkt. Österreich war noch immer besetzt und der Staatsvertrag schien in weite Ferne gerückt zu sein. Östlich und nördlich der Grenzen ließen die Sowjets den Eisernen Vorhang herunter, Amerika lag im Fieber von McCarthys Kommunistenjagd. Der berechtigten Angst, auch in Österreich könnte entlang der sowjetischen Zonengrenze ein Eiserner Vorhang heruntergehen, steht jedoch selbstherrliches Verhalten und wenig ausgeprägtes Demokratieverständnis österreichischer Politiker gegenüber. Aus der Erklärung des Ministers bei der Sitzung geht klar hervor, daß seitens der USA kein Druck ausgeübt wurde. Seine Argumentationsweise ist fadenscheinig, durchschaubar und selbstherrlich, wenn er sich zum Verteidiger des angeblich beleidigten Bundeskanzlers macht und den österreichischen Steuerzahler für verletzte Eitelkeiten aufkommen läßt. Dahinter stand jedoch die zentrale Frage der österreichischen Kunstpolitik: Wer sollte die Macht haben? Eine nach Neuerungen strebende kritisch-intellektuelle Künstlerschaft oder eine parteipolitisch dominierte Bürokratie mit der Vorstellung von historisierender-bürgerlicher Repräsentationskultur? Da die praktische Politik schwer mit ungebärdigen, revoltierenden Leuten zurechtkommt, wurde ein Disziplinierungsfeldzug gegen alle Künstler und Intellektuelle unternommen, die sich nicht unterordnen wollten.

Die „Angelegenheit Karl Paryla“ war nicht die einzige in dieser Zeit. Während derselben Sitzung, in der Parylas Vertragsauflösung beschlossen wurde, zog man auch den Schlußstrich unter die Affäre Bertolt Brecht-Gottfried von Einem: Als sich Brecht, der 1948 als Staatenloser aus Amerika zurückgekommen war, um die österreichische Staatsbürgerschaft bemühte, war ihm Gottfried von Einem, Komponist und Kuratoriumsmitglied der Salzburger Festspiele, behilflich gewesen. Von Einem hatte die große Chance erkannt, die Brecht für die Erneuerung der Festspiele hätte sein können: der Dichter wollte einen „Salzburger Totentanz“ schreiben. Brechts Vorhaben war schon weit gediehen und er machte sich Gedanken um Aufführungsort und Besetzung. Auf seiner Wunschliste schienen die prominenten Schauspieler Fritz Kortner, Therese Giehse, Helene Weigel, Peter Lorre, Rudolf Forster und Karl Paryla auf. Der Skandal um Brechts Staatsbürgerschaft, wieder von konservativen Zeitungen zur Kommunistenhetze ausgewalzt, brachte die Politiker in Verlegenheit. SPÖ- und ÖVP- Politiker hatten nämlich einstimmig Brechts Einbürgerung befürwortet. Als Sündenbock wurde Gottfried von Einem aus dem Direktorium der Salzburger Festspiele entfernt. Den Hinausschmiß legitimierte man so: wenn wir eine Oper von ihm herausbringen, dann kann er ohnehin nicht mehr Kuratoriumsmitglied bleiben. Auch an eine weitere Tätigkeit Brechts war nicht mehr zu denken; mehr noch, seine Stücke wurden bis in die frühen sechziger Jahre boykottiert. Und auch da hatten Friedrich Torberg und Hans Weigel ihre Hand im Spiel.

Im Sommer 1946 waren Hortense Raky und der kleine Nikolaus von Zürich nach Wien übersiedelt. Eine Zeitlang lebte die Familie im 18. Bezirk, bis sie in Wien-Mauer ein altes Weinhauerhaus mit einem schönen Garten erwerben konnte. Die Weinkeller gehen bis in die Zeit der Türkenkriege zurück, Paryla besitzt sogar das Recht, Wein auszuschenken und Schnaps zu brennen. Sein Freund Hanns Eisler pflegte ihn scherzhaft dazu aufzufordern, Heurigenwirt zu werden. *„Der österreichische Ausweg für einen Wiener mit Talent und Überzeugungen, der sein ganzes Leben lang um Anerkennung und Beschäftigung in der Heimat kämpfen mußte und sich im Ausland herumtreibt“,* kommentiert Paryla heute.

1948 wurde Stephan geboren, fünf Jahre später die Tochter Veronika. 1958 ging Nikolaus Paryla schon auf die Schauspielschule, nachdem er als Zwölfjähriger erste Talentproben am „Neuen Theater in der Scala“ als Tom Sawyer in dem gleichnamigen Kinderstück abgegeben hatte. *„Er ist ein körperlich sehr beweglicher Schauspieler“,* freut sich sein Vater, *„wie ein Clown, wie Chaplin, kann er mit seinem Körper alles machen und ausdrücken. Als er in Wien mit Süskinds ‚Der Kontrabaß‘ ein kleines Gastspiel geben durfte, hat er gespielt und sich selbst inszeniert in einer Weise, die ich nur bewundern kann: alles hat gelebt, ein Schauspieler war imstande, den ganzen Bühnenraum zu bevölkern. Er spielte, sprach, sang, tanzte und hatte manchmal einen Blick als ‚Überlegender‘, daß man glauben konnte, die Gedanken nehmen Gestalt an.“* Nikolaus Paryla war jahrelang Ensemblemitglied des Residenztheaters in München, lebt heute in Rom und spielt in Deutschland. Auch Stephan Paryla, der sich Stephan Paryla-Raky nennt, „damit der schöne Theatername meiner Mutter nicht ausstirbt“, ist ein beliebter Schauspieler und Entertainer geworden. *„Er ist ein Allroundtalent, er kann alle Personen karikierend nachahmen, aber auch Sprachen. Ich habe viel zu selten Gelegenheit, mit Stephan zusammen zu arbeiten, aber wenn, so wie bei „Hamlet in Unterschlammdorf“ am Volkstheater oder bei „Die Minderleister“ in Zürich, ist immer Erstaunliches und für das kritische Vaterherz Befruchtendes entstanden.“* Beide Söhne sind musikalisch und spielen mehrere Instrumente. Wenn Stephan Paryla-Raky auf der Bühne Gitarre spielt, dann nimmt er voll Respekt die Gitarre seines Vaters.

Die Tochter Veronika wollte nicht Schauspielerin werden, *„obwohl ich sie für die Begabteste von uns allen halte; sie hat sich der Heilkunde verschrieben.“* Paryla arbeitet gerne mit Familienmitgliedern. *„Verwandtschaft ist etwas Positives, auch Schauspieler in einem Ensemble müssen Familienmitglieder sein, der Familie Kunst zugehörig; wenn man sich gut versteht, mit Liebe und Freundschaft, arbeitet man besser. Während der Arbeit vergesse ich das allerdings oft und trage dann zu meinem schlechten Ruf als autoritärer Regisseur bei.“*

VII. KAPITEL

Pendler zwischen Ost und West

Die Schließung des „Neuen Theaters in der Scala“ war ein schwerer Verlust für Paryla, aber kein künstlerischer Einbruch. Zwei unterschiedliche Arbeitsmöglichkeiten in West und Ost taten sich auf, eine in München an den Kammerspielen und am Residenztheater, eine andere am Deutschen Theater in Ostberlin.

In München bereitete sich Paryla am 23. September 1956 mit der Rolle des Schauspielers Gennadi Demjanitsch in Alexander Ostrowskis „Der Wald“ einen glänzenden Einstieg. Hans Schweikart, der Intendant der Münchner Kammerspiele und Regisseur dieser Aufführung, hatte Paryla auf Empfehlung von Fritz Kortner und Therese Giehse – „Das kann nur der Paryla!“ – engagiert. Seine Erfahrungen mit Künstlern aus der Zürcher Emigration waren gut, zuvor hatten Leonard Steckel, Leopold Lindtberg und Wolfgang Heinz gastiert. „Eines war den ‚Vier Zürchern‘ bei aller persönlichen Verschiedenheit gemeinsam: sie machten ein immer spannungsgeladenes, ‚brisantes‘ Theater. Sie spielten und inszenierten, als stünde noch immer der Teufel hinter ihnen, wie in den Jahren der Emigration. Für die Kammerspiele waren ihre Inszenierungen nach dem Krieg ein fruchtbarer Kontrast zum eigenen Stil und eine Ehre“, schreibt Wolfgang Petzet in seinem Buch über die Kammerspiele. Die Rolle des arbeitslosen, dem Theater glutvoll hingegebenen Wanderschauspielers Gennadi Demjanitsch, der seine reiche Tante, gespielt von Therese Giehse, anbetteln will, sich aber aus Stolz lange nicht dazu überwinden kann und dann aus Großzügigkeit das Geld verschenkt, spielte Paryla mit einer komödiantischen Einfallskraft, die die Zuschauer begeisterte. Im Stück rettet Gennadi das Mädchen Aksinja, gespielt von Hanne Hiob, das ins Wasser gehen will. Um ihr wieder Lebensmut zu geben, weint er die Tränen Hamlets am Grab der Ophelia. Dieter Munck, lange Jahre Regieassistent und lieber Freund Parylas, erinnert sich an die Probe dieser Szene und schildert ein Detail, das aufschlußreich für Parylas Arbeitsweise und seine Beredsamkeit ist: „Bertolt Brecht lag zu dieser Zeit noch keine vier Wochen im Zinksarg auf dem Dorotheen-Friedhof in Berlin. Für seine älteste Tochter, für Hanne Hiob, ging Paryla zu undistanziert mit der Szene um. Sie behauptete, er identifiziere sich mit der Rolle. Hanne Hiob formulierte den Einwand freundlich, nachdem Paryla sie auf der Abendprobe mit dazuerfundenen Rufen – ‚Halt! Mein Gott, Aksinja! Hilfe!‘ aus dem im Hintergrund angenommenen See nach vorn ins Trockene gerettet hatte. ‚Kommen Sie mir nicht mit dem ‚Kleinen Organon‘, leitete Paryla seine Antwort ein. ‚Ich kenne die Schriften Ihres Vaters. Er hat nicht in allem recht. Ich identifiziere mich mit der mir aufgegebenen Rolle nicht. Ich stelle sie, ohne sie zu denunzieren, kritisch vor. Gennadi Demjanitsch, der arme Hund, hat Ihren Papa nicht studiert. Er weiß nicht, wie er den Hamlet zur Wiederbelebung Aksinjas verfremden soll. Also spielt er ihn, wie er ihn zum Schluchzen der höheren Töchter von Nowosibirsk gegeben hat: exemplarisch kulinarisch.‘ Hans Schweikart trat mir unter dem Tisch auf den Fuß und flüsterte: ‚Schreib das auf!‘ So kam es, daß sich die Geschichte einigermaßen wörtlich erhalten hat.“

Mit der nächsten Arbeit, „Faust“ am Residenztheater, begann eine langjährige, Paryla herausfordernde Zusammenarbeit mit Fritz Kortner. Fritz Kortner, 1947 nach 14-jährigem Exil nach Deutschland zurückgekehrt, war einer der bedeutendsten Regisseure des Nachkriegstheaters. Er bildete *„ein Glied in der Kette“*, wie Paryla es ausdrückt: *„Vor 1933 stand er im Zentrum der deutschen Schauspielkunst, nach dem Krieg hat er die Theaterkultur weitergegeben, die durch den Nationalsozialismus zugrunde gerichtet wurde.“* Kortner wurde für viele Theaterleute zum prägenden Anstoß. Paryla, der zu dem Zeitpunkt schon ein erfahrener Schauspieler und Regisseur war, sagt: *„Ich habe von Kortner viel gelernt und lerne heute noch von ihm; für mich ist er nicht tot, für mich lebt er noch.“*

Ein Schlüsselerlebnis hatte Paryla bei „Faust“: *„Als Mephisto hat er mich bei einigen wichtigen Sätzen ganz vorne an die Rampe gebracht, ohne Bezug zum Partner. Dagegen habe ich mich gewehrt. Als ein im Stanislawski-Stil Erzogener, bevorzuge ich die Beziehung der Menschen zueinander. Ich habe lange darüber gegrübelt, was Kortner wollte, und kam darauf: in einer Theaterszene kann man auch das entwickeln, was im Film die Großaufnahme ist. Wenn Sätze eine besondere Wichtigkeit haben, ist Übertreibung, ist Überstiegenheit notwendig, die man erreichen kann, indem man den Schauspieler aus der Szene herausholt. Das ist dann nicht unbedingt die Wirklichkeit so wie im Naturalismus, aber tiefer aussagend und wahrer. Ich habe das später selbst oft so gemacht.“* Jede Arbeit mit Kortner war für Paryla ein Ereignis, insbesondere 1957 Shakespeares „Was ihr wollt“, als er den Narren spielte: „Als Narr bedurfte er der Schellen nicht. Wenn er sein sterbenstrauriges Lied von Knochen und Leichen sang, die unglücklich Liebenden in Schluchzen ausbrachen und er dann lächelnd den durchlöcherten Strohhut zog mit den Worten: ‚Es war mir ein Vergnügen‘, so war die Quintessenz der Inszenierung gegeben. Vielleicht war ‚Was ihr wollt‘ die ausgeglichenste, schlechthin schönste der zwölf Kortner-Inszenierungen während der Intendanz Schweikart“, schreibt Wolfgang Petzet. 1959 folgte Büchners „Dantons Tod“ am Residenztheater, in dem Paryla den Robespierre spielte. Paryla ist dieses Stück, in dem die Frage gestellt wird, wie weit die Revolution geht, beruflich und

49 Paryla als Narr in der Kortner-Inszenierung von „Was ihr wollt“, München, Kammerspiele 1957.

50 Erste Zusammenarbeit mit Fritz Kortner, München, Residenztheater 1956. Paryla als Mephisto in Goethes „Faust“.

politisch sehr angelegen: *„Kortner und ich waren uns einig über die geschichtliche Hellsichtigkeit des jungen Büchner, der Robespierre sagen läßt: ‚Die soziale Revolution ist noch nicht fertig.‘ Ich habe auch 1973 bei meiner ‚Danton‘-Inszenierung in Hannover diesen Aspekt betont.“* In „Zwiesprache“, 1964 an den Kammerspielen, hießen Autor und Regisseur Fritz Kortner. In dem Stück gibt es eine Figur, die Kortner mit autobiographischen Zügen ausgestattet hat; diese Rolle hatte er Paryla zugedacht. Joachim Kaiser vermerkte in der „Süddeutschen Zeitung“: „Er darf nicht so viel reden, wie die beiden Eheleute, deren zehnter Hochzeitstag mit Kuß und Kollier beginnt und mit einer Katastrophe endet, er ist nur eine Nebenfigur und knapp entwickelter Typus: Professor Ewald, der seine Freunde besucht. Dennoch hingen die fesselndsten Momente der Aufführung mit den Auftritten dieses sentimentalen, streitbaren, selbstzerstörerischen und flammend-intelligenten Mannes zusammen. Karl Paryla von Fritz Kortner glänzend geführt, wurde zum lebendigen Bild einer Figur, in der Unruhe und Resignation sich kraftvoll die Waage halten. Das Uraufführungspublikum sah eine Schauspielerleistung allerhöchsten Anspruchs.“ In „Kabale und Liebe“, ein Jahr später, bewertete Kortner die Charaktere von Vater Miller und der Millerin neu: „Karl Paryla war mehr sanguinisch zigeunernder Musikus und Hortense Raky eine köstliche Nummer von verschlafener, beschränkter, still genießender Küchenmutter.“

1968 hatte Paryla auch mit dem Schauspieler Fritz Kortner zu tun: in Otto Schenks Fernsehverfilmung „Der Kaufmann von Venedig“. Kortner spielte den Shylock und Paryla den Tubal. Paryla erinnert sich: *„Kortners Shylock überschüttete den jüdischen Freund Tubal in überraschender Weise mit Küssen und Umarmungen, als sollte die übergroße Liebe der zwei Juden die peinliche Grausamkeit auslöschen, an der man sich beim dubiosen Happy End des Stückes stößt. Auch bei Shakespeare darf man einmal kopfschütteln!“*

Kortners Art zu arbeiten kam Paryla entgegen. *„Seine Vorliebe für Gesten hat mich glücklich gemacht. In Deutschland sagte man mir als junger Mensch immer: ‚Warum machen Sie soviel mit den Händen?‘ Kortner hat zu Schauspielern gesagt: ‚Warum haben Sie die Hände an der Hosennaht? Haben Sie nur diese Geste und die mit der erhobenen Hand? Die zwei Gesten sind zu wenig!‘ – Meine ungehemmte Gestik hat ihm offenbar zugesagt. Ich erinnere mich, wie ich in der „Scala“ bei „Der lebende Leichnam“ als Fedja einen Blick in den Zuschauerraum geworfen habe, und in der dritten Reihe einen Mann mit vorgebeugtem Oberkörper bemerkte, der mich verwundert anstarrte. Es war Kortner. ‚So wie Sie Theater spielen, das ist richtig‘, sagte er später; aus beruflicher Verwandtschaft ist eine Freundschaft entstanden.“* Kortners Fähigkeit, Leidenschaften in

51 Fritz Kortner als Shylock (rechts) und Paryla als Tubal in der Shakespeare-Fernsehverfilmung 1968, Regie: Otto Schenk.

Widersprüchlichkeiten auszudrücken, war im glatten Theater der fünfziger Jahre suspekt, seine Inszenierungen oft heftig umstritten. Er lehnte Unverbindlichkeit und Austauschbarkeit im schauspielerischen Ausdruck ab. Paryla fühlte sich in seiner Theaterauffassung bestätigt: *„Er hatte bei der Arbeit nicht nur die Herstellung der Vorstellung im Sinne, sondern auch die moralische Wirkung. Er faßte Kunst, nach Schiller, als moralische Anstalt auf."*

Schauspieler werden in Interviews immer wieder darauf angesprochen, ob Kortner „schwierig" gewesen sei, da man seine Probenkrachs in den Zeitungen genüßlich breittrat. Paryla widerspricht: *„Er war so schwierig, wie es für einen Menschen, der nicht gerne Kaffee trinkt, schwierig ist, einem anderen zuzuschauen, der gerne Kaffee trinkt. Kortner war ein Lebensgenießer und ein amüsanter Anekdotenerzähler. Bei aller Ernsthaftigkeit war jede Probe bei ihm gemütlich wie eine Jause mit Kipferl und Kaffee, denn er war ein begeisterter Wiener. Und als solcher hatte er Lust an entlarvendem Humor und beißender Ironie. Hat er doch an der Unerbittlichkeit von Karl Kraus gelernt. Mit Recht hat er jede Situation nicht nur tragisch gesehen. Es gibt den idealen Helden der klassischen Zeit nicht mehr, man muß das Leben sehen, als ob man vor den Gitterstäben eines Menschenzoos stünde, dann sieht man die komischen Seiten. Wenn man eine Figur charakterisiert, fließt nicht nur Kritik ein, sondern auch Karikatur. Kortner hatte einen prägnanten Sinn für das Karikaturistische. Sich lustig machen über Menschen kann verletzend sein, eine der weniger positiven Wirkungen witziger Menschen."*

In einem Brief, den das Ensemble von „Kabale und Liebe", darunter Christiane Hörbiger, Christa Berndl, Hortense Raky, Helmut Lohner, Horst Tappert, Paul Verhoeven und Paryla, nach der letzten Vorstellung an Kortner schrieb, heißt es: „Wir, die Schauspieler, haben geschwiegen, als diese Aufführung zur Premiere in die Buh-Schreie und Buh-Schreibe geriet. Wir haben uns mitbetroffen gefühlt. Wir haben geschwiegen, als aus der schönen, künstlerischen Probenzeit – unverständlich und beschämend – unwahrhaftiger Skandalklatsch in die Öffentlichkeit gepreßt wurde. Es ist jetzt an der Zeit, Ihnen zu sagen, daß wir Sie und die Arbeit mit Ihnen sehr lieben und als unvergeßliches, lehrreiches Erlebnis in unserem Beruf hochhalten."

Als Kortner 1970 starb, beschwor Paryla im Residenztheater bei einer Trauerstunde die Gestalt Kortners: *„‚Auch das Gute hat eine Chance', ist ein berühmtes Wort von Ihnen! Und das Gute konnte Sie unendlich erschüttern. Tränen liefen Ihnen die Wangen hinunter, wenn Sie die Leistung eines Schauspielers auf einer schlecht beleuchteten Bühnenprobe ‚beeindruckte', wie Sie sich dann auszudrücken pflegten. Ich weiß, was es für den Schauspieler bedeutete, wenn Sie nach* *einer Szene sagten: ‚Ich bin einverstanden', während Sie sich verstohlen die Augen wischten, und kein öffentliches Lob trugen Ihre Schauspieler so stolz herum, als Ihr ‚Es war außerordentlich.'"*

Fritz Kortner hatte nie ein Theater geleitet und sich seine Schauspieler immer wieder zusammengeholt. Noch heute erzählt Paryla eine Geschichte, nach der Kortner von einem bayrischen Kulturbeamten gefragt wurde, ob er nicht einen Direktor für das Residenztheater wüßte: *„Ihn, den Berufensten hat man nicht gefragt! ‚Ich werde nachdenken', antwortete Kortner und verabschiedete sich. Er hat einmal mit mir davon geträumt, in München ein eigenes Theater zu gründen, doch das ist schwer, wenn man so wie er immer mit Stücken beschäftigt war; und er lebte in den Stücken, die er inszenierte, für ihn waren Proben nie zu Ende, auch am Sonntag hat er uns zu Proben gerufen und nachher saß man noch lange in einem Eckerl zusammen und überlegte das zu Probierende."*

Kortner nannte den Kollegen und Menschen Paryla „einen Unbeherrschten"; unbeherrscht im doppelten Sinn: einer, der sich nicht zurückhalten kann und einer, der sich von niemandem beherrschen läßt. Kortner war Paryla sehr zugetan, nannte ihn liebevoll „seinen Volkssänger". Für Paryla, der sehr häufig, nicht nur aus politischen Gründen, Schwierigkeiten hatte und von den Theaterleitungen geschnitten wurde, setzte er sich mehrfach ein und holte ihn und seine Frau Hortense Raky immer wieder in seine Inszenierungen. 1969 schrieb er: „Lieber Paryla, Nach einer besonders anstrengenden Probe mit Hartnäckigen, Fahrlässigen, um Sinn und Inhalt Unbekümmerten – gar nicht zu reden von dem, was hinter Sinn und Inhalt steht – kommen Sie mir sozusagen folgerichtig in den vom Alter noch verhältnismäßig unramponierten Sinn. Ich weiß nicht, wo Sie stecken, was Sie treiben, wo Sie über was wütend sind. Was die Welt betrifft, sind wir nicht einer Meinung. Schließlich ist Ihre wie auch meine falsch. Was macht es aus, daß wir nicht gleicher, falscher Meinung sind! Mit einer mir nicht geläufigen Herzlichkeit grüßt Sie und die Ihren Ihr Kortner."

In die Annalen der Kammerspiele schrieb sich Paryla mit seinem Nestroy-Zyklus ein. 1957 inszenierte er „Talisman", 1959 „Einen Jux will er sich machen" und 1964 „Der böse Geist Lumpazivagabundus". Mit „Talisman" wurden Nestroy, Paryla und sein Ensemble, darunter Otto Schenk als Plutzerkern, in München enthusiastisch gefeiert. Walter Kiaulehn schrieb im „Münchner Merkur": „Diese Vorstellung verdiente es, auf Räder gesetzt zu werden. Es gäbe einen Siegszug der österreichischen Komödie." Dieter Munck, Regieassistent bei dieser Aufführung, berichtet: „Als es sich nicht mehr länger vermeiden ließ und Hans Schweikart Paryla eine Regie an den Kammerspielen geben mußte, überlegte der ehemalige Chef der NS-Filmgesellschaft Bavaria, was Paryla, ohne daß es einen Skandal gäbe, inszenieren könnte. Schweikart, der Schlaumeier, verfiel auf Nestroy, der nach seinem Verständnis ein gemütlicher Biedermeier-Poet ohne Biß, Ecken und Kanten war. Mit einer seiner Possen würde es unmöglich sein, dem Publikum ‚weltanschaulich' zu kommen. Wie sehr vertat er sich da mit Nestroy. Als Paryla in dem ihm konzedierten ‚Talisman' als Titus Feuerfuchs vom Tierreich berichtete, darin ‚die Ochsen einen Abscheu vor der roten Farb haben, und unter diesen wieder die totalsten Büffel die heftigste Antipathie zeigen', fiel Schweikart das Herz in die Hose. ‚Wieso schreibt er derartige Sätze ein?', fragte er mich, der ihm antworten mußte, daß es sich um puren, unverfälschten Nestroy handelt. Als Paryla in Zusatzstrophen zu den Original-Couplets sein Unbehagen an der Adenauer-Republik artikulierte und von den Richtern sang, ‚die schon vorher die Richter warn', flüchtete Schweikart aus dem Zuschauerraum. Erst in den siebziger und achtziger Jahren, als sich die Herren in Pension befanden, beschäftigten sich mehrere Gerichte mit den Nazi-Juristen, die in der jungen BRD unangefochten weiter gerichtet hatten. In den fünfziger Jahren traute sich an sie nicht einmal politisches Kabarett heran." Was die Münchner begeistere, war die hohe Kunst Parylas, politisches und rationales Theater zu machen, und gleichzeitig mit überbordenden, szenischen und schauspielerischen Einfällen das Wiener Volkstheater wiederzuerwecken. Jahrzehnte später inszenierte Paryla am Münchner Volkstheater den „Talisman", sein Sohn Nikolaus Paryla spielte den Titus Feuerfuchs: *„Ich war selber überrascht, wie scharf und hart man den Titus spielen kann, ohne an Komik zu verlieren; man kann sehr ernst werden bei dieser Art von Darstellung."*

Für „Einen Jux will er sich machen" holte Paryla Hans Moser, der in Deutschland hauptsächlich durch seine Filme bekannt war, als Hausknecht Melchior an die Kammerspiele. „Die beiden waren unendlich glücklich miteinander", erinnert sich Dieter Munck an die Proben, „Paryla als Weinberl nahm alle Lazzi Mosers begeistert auf." Der damals achtzigjährige Moser beglückte das Münchner Publikum: „Moser war neben Paryla sozusagen ‚der stille Österreicher'. Der Held des Films beherrschte mit seiner leisen Art die Bühne."

Das erlesene Komikertrio Attila Hörbiger, Romuald Pekny und Peter Eschberg spielte in Parylas „Lumpazivagabundus"-Inszenierung die drei Handwerksburschen Knieriem, Zwirn und Leim. Paryla erinnert sich: *„Attila Hörbiger war eine Idealbesetzung für den Knieriem, weil er neben Witz alle negativen und positiven Eigenschaften, auch Armut und Kühnheit, in großer Meisterschaft einbrachte. Peter Eschberg spielte etwas Gewagtes: er war als Liebhaber der Verdreckteste und Verkommenste von allen. Ausgerechnet ihm gelingt es am Ende als einziger, ein Bürger und reicher Mann zu werden; es war etwas Absurdes in seiner Dar-*

52 München, Kammerspiele 1957. Paryla als Titus Feuerfuchs in seiner eigenen „Talisman“-Inszenierung mit Gertrud Kückelmann als Salome Pockerl.

stellung." Nestroy hatte sich viele Jahre mit dem „Lumpazi" und den Figuren der drei herumziehenden Handwerker beschäftigt. In seine Bearbeitung für die Münchner Kammerspiele bezog Paryla Stellen aus verwandten Stücken ein: „Die Familien Zwirn, Knieriem und Leim", „Der Feenball oder Tischler, Schneider und Schlosser", „Das lustige Elend" – und erreichte damit auch in den Szenen der Feenwelt mehr Realismus. Schon den Zeitgenossen war Nestroys Talent, „welches der Verfasser in diesem Stück für Schilderungen aus dem Leben gegriffener Volksszenen verrät", aufgefallen. *„Nestroy gestaltete sie als Ausdruck des Elends im österreichischen Volk vor der 48er Revolution; sie sind keine Idealfiguren, sondern so mies, wie sie waren: Knieriem, Zwirn und Leim sind drei versoffene Lumpen. Nestroy zeigte den Zusammenhang auf zwischen Arbeitslosigkeit, Vagabundentum, politischer Verkommenheit und Zurückgebliebenheit.*" Der Realismus, die Kneipen- und Gossenseligkeit, der Vorstadtton störte manche Kritiker, denn das entsprach nicht dem gewohnten Nestroyklischee, das in Deutschland noch mehr als in Wien vorherrschte. Warf man Paryla einerseits vor, daß er dem Stück „eine niederländische Breite gab" und es „manchmal wie eine Vision von Rabelais" wirke, kritisierte man andererseits, daß er zuviel „Mordsgaudi" bei den Schauspielern zulasse und mit „Komik das Stück verschleppte".

Dieter Munck beschreibt, wie Paryla Wissen und Freude um sich zu verbreiten weiß und tritt dem Vorwurf entgegen, er sei ein ungeduldiger „Orlando furioso": „Als ich sein Assistent war, saßen, wenn Paryla die Bühne hatte, jederzeit Schauspieler anderer Produktionen im Zuschauerraum. Sie saugten auf, was auf ihren Proben fehlte: Parylas Genie, seine Vitalität, das Handwerk, die Arbeitswut, der Humor, seine Unnachgiebigkeit, sein Feuer, der Elan. Bei anderen Regisseuren ließ sich vor der Tür nicht immer ermessen, ob drin noch probiert wurde. Der Ort, an dem Paryla an den Münchner Kammerspielen probierte, war nicht zu verfehlen. Er kam zum ‚Talisman' mit zwei Aktentaschen voll Sekundärliteratur. Er breitete sie vor den Schauspielern aus, bezog sich auf die Bücher und empfahl sie zu ausgiebigem Gebrauch. Er wußte über das Stück, mit dem er umging, Bescheid. Er reflektierte das Wissen gleich einem Fachgelehrten. Er motivierte die Schauspieler, indem er sie, ihre Aufgaben analysierend, von sich und seinem Vorhaben überzeugte."

In den Jahren 1956 bis 1961 pendelte Paryla zwischen München und Ostberlin. Dies war eine äußerst produktive Phase in seinem Leben, in der er Triumphe als Schauspieler feierte und als Regisseur wichtige Inszenierungen schuf. Paryla, Hortense Raky und die Kinder Nikolaus, Stephan und Veronika hatten Wohnsitz in Ostberlin genommen. Nikolaus, der schon an der „Scala" Kinderrollen verkörperte hatte, trat sein erstes Engagement als Schauspieler am Hans-Otto-Theater in

53 1956 drehte Paryla „Mich dürstet“, den ersten Film über den Spanischen Bürgerkrieg. Das Bild zeigt eine Szene mit den Internationalen Brigaden.

54 Paryla (rechts) als Arbeiterführer August Bebel in dem DEFA Film „Die Unbesiegbaren“, 1952, im Bild links Erwin Geschonneck.

55 Paryla als Doktor Semmelweis in dem DEFA Film „Retter der Mütter“, 1950.

Potsdam an; Stephan ging in Berlin in die Schule. Paryla war nicht das erste Mal in der DDR. Bei der DEFA, der Deutschen Filmanstalt, hatte er drei große Filme gemacht: 1950 die Titelrolle in „Semmelweis – Retter der Mütter“ (ein Film über den Wiener Entdecker des Serums gegen das Kindbettfieber); 1952 den Arbeiterführer August Bebel in „Die Unbesiegbaren“ (für diese Rolle erhielt er den Nationalpreis der DDR); 1956 war Paryla Regisseur und Coautor von „Mich dürstet“, einem Film über den Spanischen Bürgerkrieg. *„Es war der erste Film über den Spanischen Bürgerkrieg, der Generalprobe der deutschen Stukas für den Zweiten Weltkrieg. Neben hervorragenden deutschen Schauspielern, wie Edwin Marian, arbeitete ich mit Laienschauspielern, die die Internationalen Brigaden darstellten, die Deutschen aus Konzentrationslagern, die österreichischen Sozialdemokraten, die Franzosen, Engländer und Schwarzen, die der bürgerlichen spanischen Republik im Kampf gegen die Faschisten zu Hilfe gekommen waren. In Berlin stand mir auch reichlich Dokumentarmaterial zur Verfügung, ich habe Originalaufnahmen von deutschen Stuka-Angriffen in den Film hineingeschnitten.“*

1955 hatte Bertolt Brecht Hortense Raky und Paryla eingeladen, Mitglieder in seinem Theater am Schiffbauerdamm zu werden – eine Tatsache, die der landläufigen Meinung widerspricht, es hätte unüberbrückbare Gegensätze zwischen Schauspielern, die die psychologische Methode nach Stanislawski praktizierten, und den Brechtschauspielern gegeben. Brecht wird es wohl in erster Linie um gute Schauspieler gegangen sein und um Menschen mit verwandter politischer Gesinnung. Paryla und Hortense Raky fühlten sich jedenfalls *„als latente Mitglieder Ihres hervorragenden Ensembles“*, wie Paryla an Brecht schrieb. *„Leider ist der große Brecht zu früh gestorben“*, sagt er heute. 1966 ärgerte sich Paryla, daß zu Brechts zehntem Todestag in der „Süddeutschen Zeitung“ die Frage gestellt wurde, ob sich Brechts Bedeutung in diesen zehn Jahren geändert hätte: *„Nicht sechzig Jahre hat B. gelebt. Dreißig Jahre war er verpönt. Zwölf Jahre war er in der Emigration. Zehn Jahre hat es gedauert, bis Deutschland erkannte, wer B. war. In den Jahren vor seinem Tod hat er die größte Geltung in der Welt gewonnen. Und wieviel Jahre sind geblieben bis zum Zeitpunkt, da ihn Deutsche schon wieder in Frage stellen wollen?“*

Wolfgang Langhoff, der Freund aus der Zürcher Emigration und nun Intendant des Deutschen Theaters in Ostberlin, hatte das Ensemble der „Scala“ nach Berlin eingeladen, als die Schauspieler mit ihrem Theater auch ihre Arbeitsplätze verloren hatten: „Wenn man Euch in Österreich nicht will, kommt zu uns, hier seid ihr willkommen.“ Die Sozietäre hatten Pläne geschmiedet, das Wiener Theater in die DDR zu übersiedeln oder dort ein neues zu gründen, doch das war nicht realisierbar. So nahmen sie die Einladung gerne an: Erika Pelikowsky, Hortense Raky, Lilly Schmuck, Wolfgang Heinz, Friedrich Hofbauer, Fritz Links, Friedrich Lobe, Georg Lhotzky, Karl Paryla, Peter Sturm, Emil Stöhr, Otto Tausig und Rudolf Wessely übersiedelten nach Berlin und spielten oder inszenierten am Deutschen Theater. Sie wollten sich jedoch als Ensemble erhalten; Wolfgang Langhoff ermöglichte 1957 eine Neuinszenierung von Gorkis „Die Kleinbürger". Der Wiener Erfolg wiederholte sich. Die schauspielerischen Leistungen der Wiener nahm man in Ostberlin als Bereicherung auf, die „Maßstäbe für die Zukunft setzen". Dieter Kranz erinnert sich heute noch an die Innovation der Inszenierung beim „Herausarbeiten der komödiantischen Situationen in diesem Stück. Die Engstirnigkeit der Kleinbürger und ihre Neigung zu wehleidiger Nabelschau wurde der Lächerlichkeit preisgegeben, ohne andererseits die Tragik ungenutzter menschlicher Begabungen in Abrede zu stellen." Vier Jahre lang stand diese Inszenierung auf dem Spielplan. Das Deutsche Theater schickte „Die Kleinbürger" 1960 auf Gastspielreise in die Bundesrepublik. Als auf politischer Ebene durch die Berlin-Krise, ausgelöst durch Chruschtschows „Berlin Ultimatum" und Eisenhowers Antwort darauf – der „Berlin-Garantie" –, Eiszeit herrschte und die beiden deutschen Regierungen Adenauer und Ulbricht nicht einmal mehr brieflich miteinander verkehrten, war das Gastspiel eines ostdeutschen Theaters in Westdeutschland ein kulturpolitischer Akzent, wie Ernst Schumacher von der „Deutschen Woche" erkannte: „Wider die Hoffnung der politischen Kleinbürger hierzulande bekam das Ensemble aus Ostberlin großen Beifall. Das Gastspiel bewies die Möglichkeit und Nützlichkeit des kulturellen Austausches zwischen den beiden Teilen Deutschlands."

Wolfgang Langhoff bot seinen Freunden hervorragende Arbeitsmöglichkeiten. Das Deutsche Theater, das ehemalige Theater Max Reinhardts, war zusammen mit dem von Brecht gegründeten Berliner Ensemble das erste Theater der DDR und verfügte über ein exzellentes Ensemble sowie über finanzielle Mittel. „Man konnte sich für eine Inszenierung die Schauspieler aus hundert Ensemblemitgliedern aussuchen, wir hatten zum ersten Mal im Leben drei Monate Probenzeit. Zeitdruck gab es nicht", erinnert sich Emil Stöhr. Mit ihrem lebendigen Realismus fügten sich die Scala-Leute gut in Wolfgang Langhoffs Theater ein, das präzise Intellektualität und Komödiantik zu verbinden wußte und zum Brecht-Stil des Theaters am Schiffbauerdamm ein Gegengewicht bildete. Langhoff gestand den Wiener Künstlern zu, innerhalb seines Theaters ihre Vorlieben zu pflegen. Paryla unternahm 1957 eine Neuinszenierung von Tolstois „Auferstehung", mit denselben Hauptrollenträgern wie an der „Scala" – Hortense Raky, Emil Stöhr und Paryla selbst – und 1958 eine Neuinszenierung der Bernhard-Shaw Einakter „Der Mann des Schicksals" und „Blanco Posnets Erweckung" mit Hortense Raky und ihm selbst in den Hauptrollen. Parylas wichtigste Regiearbeit am Deutschen Theater war die „Wallenstein"-Trilogie von Friedrich Schiller mit Wolfgang Heinz als Wallenstein, Wolfgang Langhoff als Octavio Piccolomini, Horst Drinda als Max Piccolomini und Hortense Raky als Gräfin Terzky. Für diese Inszenierung, die bis Ende 1964 auf dem Spielplan stand, erhielt Paryla den Nationalpreis der DDR.

Wolfgang Langhoff und Paryla planten eine gemeinsame Regiearbeit. Wie Paryla liebte Langhoff Schiller, daher sollte es „Wilhelm Tell" sein. In monatelanger Vorbereitungszeit wurde gemeinsam konzipiert und das Regiebuch ausgearbeitet. Doch es kam nicht zur Aufführung: zunächst war die Bühne des Deutschen Theaters reparaturbedürftig und die Produktion mußte verschoben werden; dann hatten sich die politischen Zeiten geändert. Ende der fünfziger Jahre verhärtete sich die Politik der DDR und stand im Gegensatz zu den Ideen, für die sich die Emigranten eingesetzt hatten. Der Zürcher Kreis schloß sich in Ostberlin: tiefe menschliche Verbundenheit zwischen den Theaterleuten bildete eine Gegenwelt zur politischen Realität. Wie Emil Stöhr berichtet, hat Wolfgang Langhoff die Hände schützend über seine Freunde gebreitet, um ihnen künstlerisches Arbeiten zu besten Bedingungen zu ermöglichen. Doch der Staat gewann über die sogenannte „Kaderabteilung" des Deutschen Theaters mehr Einfluß. „Hier saßen lauter Bürohengste, theaterfremde Leute, die sich einzumischen versuchten." Auch Dramaturgen mit Kontakten zur „Stasi" machten laut Stöhr dem Intendanten das Leben schwer: „Wir wurden künstlerisch nie unter Druck gesetzt, ich bin aber davon überzeugt, daß Wolfgang Langhoff politisch unter Druck gesetzt wurde." Den Wienern wurde erst nach und nach klar, daß sie ein privilegiertes Leben in einem geschützten Kreis führten. Beim Symposium „Fluchtpunkt Zürich", im März 1990 in Berlin, berichtete Thomas Langhoff, wie sein Vater in dieser Zeit ins ZK gerufen wurde. Als er nach Stunden noch nicht wiederkehrte, rief Frau Langhoff verzweifelt Paryla an: „Wortlos hat er sich ins Auto gesetzt, wortlos ist er mit der Mutter und mit mir hingefahren und im Gebäude verschwunden, wir haben draußen gewartet. Mit ‚es ist alles in Ordnung', kam er heraus und fuhr wieder nach Hause. Der Vater hat dann erzählt, die waren alle so erschrocken, weil er 'reingestürmt ist und so vehement und lautstark aufgetreten ist, daß sich die Sache dann erledigt hatte." Thomas Langhoff, heute selbst Intendant des Deutschen Theaters im wiedervereinigten Deutschland, erzählte diese Geschichte „als Beispiel von Zivilcourage und persönlichem Einsatz" – eine scheinbar unbedeutende Geschichte, doch was war schon unbedeutend in einem Land, das sich abkapselte und seine Bürger am Selbstbestimmungsrecht hinderte? Parylas Dazwischentreten hat vielleicht dafür gesorgt, daß Langhoff nicht verhaftet wurde;

56 In Tolstois „Auferstehung" spielte Paryla den Sprecher, der die Stimme des Autors verkörpert, und Emil Stöhr die männliche Hauptrolle, den Fürsten Nechludoff. Für das „Deutsche Theater" unternahm Paryla 1957 eine Neuinszenierung.

offensichtlich wollte man sich mit einem prominenten Schauspieler, der Nationalpreisträger und Ausländer war, nichts anfangen. Daß Wolfgang Langhoff schließlich doch abgesägt und pensioniert wurde, lag daran, daß ab den sechziger Jahren nur noch Ulbricht-Getreue das Sagen hatten. Das Deutsche Theater hatte es Wolfgang Langhoff zu verdanken, daß es nach dem Krieg so schnell wieder zu einer ersten Bühne wurde, doch er war jemand, der sich nicht vereinnahmen lassen wollte, auch nicht von den eigenen Genossen.

Als im August 1961 die Mauer als „antifaschistischer Schutzwall" errichtet wurde, befand sich Paryla gerade in Proben zu Pavel Kohouts „Die dritte Schwester": *„Man war plötzlich in der Situation, Kollegen neben sich zu haben, wie den lieben und nahen Horst Drinda, die nicht mehr hinausdurften. Es gab zwei Kategorien von Kollegen, die einen durften ausreisen, die anderen nicht. Ich als Österreicher durfte. Ich habe in meinem ganzen Leben vor nichts so sehr Angst gehabt, wie vor dem Eingesperrtsein. Aus Angst bin ich weggegangen, nicht aus Mut, eher aus Wut. Der Mauerbau, der verhängnisvoll und politisch falsch war, hat sich auch auf das Künstlerische ausgewirkt. Vielleicht war die Kollegenschaft derselben Meinung, wenn es auch kein Wort dagegen gab."* Das kulturelle Klima verschärfte sich. Emil Stöhr wurde als „subversiver Regisseur" bezeichnet und Paryla erzählt von seiner letzten Inszenierung „Die dritte Schwester": *„Kohouts Stück war schon Opposition, war schon Kritik am Größenwahn der Politbeamten. Beim Publikum war es ein Erfolg, die Apparatschiks zogen schiefe Gesichter."* Paryla und Hortense Raky erfüllten ihre vertraglichen Verpflichtungen. Die Parylas übersiedelten nach Wien. Auch Emil Stöhr verließ die DDR. Seine Tochter Katja Paryla, die gerade auf die Schauspielschule ging, blieb und wurde eine der wichtigsten Protagonistinnen des Deutschen Theaters. Auch Otto Tausig und die anderen Scala-Leute kehrten zurück. Wolfgang Heinz, der 1965 zum Intendanten des Deutschen Theaters avancierte, und seine Frau Erika Pelikowsky blieben. Daran zerbrach fast die jahrzehntealte Freundschaft mit Paryla. 1967 schrieb Paryla einen Brief an Heinz: *„Du hast die Vermutung ausgesprochen, ich wäre auf Hortenses Druck, die nach Wien zurückwollte, seinerzeit aus der DDR weggegangen. Vielleicht wolltest Du mich damit entschuldigen. Ich kann das nicht unwidersprochen lassen, weil es nicht wahr ist. Ich kann nicht in Situationen existieren, in denen ich nicht meinen Meinungen und meinen Überzeugungen unbeschadet Ausdruck geben kann und mein ganzes Leben ist Beweis dafür, daß ich aus Selbstsschutz vor meinem ausbrechenden Temperament mich immer dann in Sicherheit gebracht habe, wenn ich befürchten mußte in Umstände zu geraten, denen mein Naturell, die beschränkte Fähigkeit mich zurückzuhalten, nicht gewachsen wäre. Eine solche Situation war damals, als ich nach Abwicklung meiner*

Verpflichtungen weggegangen bin.“ Nach dem Tod von Wolfgang Heinz schrieb Erika Pelikowsky, seine Witwe: „Karlicek, mein Lieber. Ich wollte Dir noch einmal sagen, wie sehr Wolfgang an Dir hing und Dich schätzte, daß Ihr nicht nur politisch und künstlerisch wirklich Brüder wart. Und ich kann Dir schwören, daß er nie an Deiner künstlerischen, menschlichen und politischen Qualität und Integrität gezweifelt hat.“

Zu gehen war für den freiheitsliebenden Paryla eine Notwendigkeit, trotzdem mischte sich Trauer in seine Gefühle des Zorns und der Auflehnung: *„Wir haben ein Stück Heimat mit einem Ensemble verloren. Kostbare Spielfelder der Tradition gerieten in Vergessenheit, welche zusammen mit neu zu entwickelnden Konzeptionen der Menschendarstellung eine echt revolutionäre Proben- und Spielmentalität ergeben haben. Dann gab es eine Zeit, wo man sich nicht mehr gekümmert hat, um Unsereinen.“* Wolfgang Langhoffs Sohn Thomas sagt heute: „Wir waren sehr traurig, daß du weggegangen bist, später hat man es absolut verstanden.“ Lange kränkte es Paryla, daß in den nächsten zwanzig Jahren in verschiedenen DDR-Publikationen seine künstlerischen Leistungen geschmälert wurden, weil er „den sozialistischen Weg nicht mitgegangen ist“, wie die Sprachregelung lautete.

VIII. KAPITEL

Ein berufsmäßiger Menschenkenner

Für die andere Seite war Paryla den „sozialistischen Weg" viel zu weit mitgegangen: 1957 bezeichnete Hans Weigel in einer Kölner Zeitung Hortense Raky, Erika Pelikowsky, Karl Paryla und Wolfgang Heinz als „notorische kommunistische Agenten", die als Künstler getarnt auf ihren Gastspielreisen in Westdeutschland „spionieren". Die vier brachten eine Ehrenbeleidigungsklage ein, Hans Weigel wurde am 24. November 1958 rechtskräftig verurteilt. Weigels Artikel stand in Zusammenhang mit der im Westen gängigen Praktik, Engagements linker Künstler zu verhindern. *„Als berufsmäßiger Menschenkenner wundere ich mich nicht"*, sagt Paryla heute, *„daß Hans Weigel und Friedrich Torberg, beide zurückkehrende Emigranten, Feinde wurden. In Zürich hatte Hans Weigel Arbeitsverbot, er hat aber für uns illegal Texte für Couplets geschrieben. ‚Ich geh jetzt dichten', pflegte er zu sagen, wir fanden das witzig. Bei meiner ersten Lesung in Wien nach der Rückkehr 1946 habe ich auch ein Gedicht von ihm gelesen: ‚No passeran', das heißt: ‚Sie kommen nicht durch' – ein antifaschistischer Kampfruf aus dem Spanischen Bürgerkrieg. Und dann wird ein Mensch zum Feind; nicht von einem Tag zum anderen, aber im Zuge eines gewissen Zeitungeistes."*

In der Tat hatten es Paryla und die anderen ehemaligen Scala-Leute in Wien nach 1961 schwer – nicht beim Publikum, sondern bei einem Teil der Theaterkritik und bei Kulturfunktionären. Emil Stöhr berichtet noch heute kopfschüttelnd, daß er „in Wien einem politischen Druck seitens der Direktionen des Volkstheaters und des Theaters in der Josefstadt ausgesetzt war, wie ich ihn in Ostberlin nie erfahren habe. Ich sollte eine Erklärung gegen den Kommunismus und gegen die DDR unterschreiben. ‚Aber deshalb bin ich doch aus der DDR weggegangen', antwortete ich und unterschrieb nicht. Ich habe hier nie mehr Theater gespielt, im Fernsehen öfter, aber nie mehr im Theater." Auch von Otto Tausig, der später Mitglied des Burgtheaters wurde, gibt es ähnliche Geschichten.

Ein Wiederauftreten im Volkstheater – das Haus, dem Paryla von Jugend an verbunden war – *„wurde von Direktor Epp ausdrücklich verhindert"*, wie Paryla erzählt, *„was mir sehr leid tat, denn Leon Epp war mein Schulkollege und hat für das Volkstheater Wertvolles geleistet."* Erst Epps Nachfolger Gustav Manker holte ihn mehr als ein Jahrzehnt später für Gorkis „Wassa Schelesnowa" und Duschinskys „Kaiser Franz Joseph I. von Österreich". 1962 trat Paryla in drei Produktionen am Theater in der Josefstadt auf, doch ergab sich keine feste Bindung an das Haus.

In Wien pflegten Theaterdirektoren einflußreiche Kritiker „um Rat“ bezüglich Spielplan und Engagements zu fragen. Paryla bedeutete für den Regisseur der Aufführung und für das betreffende Theater ein Wagnis. Als es Heinrich Schnitzler für Nestroys „Die verhängnisvolle Faschingsnacht“ und Otto Schenk für „Frühere Verhältnisse“ 1962 dennoch wagten, gab es bösartige Polemiken in den Zeitungen. Das Publikum zeigte sich gar nicht so interessiert daran, honorierte vielmehr, daß man Paryla geholt hatte und spendete frenetischen Applaus. Der auf seine Ehre erpichte Holzhacker Lorenz in „Die verhängnisvolle Faschingsnacht“ ist bei Paryla ein wienerischer Proletarier mit unglaublichen Facetten, bei dem der scharfe Intellekt und nie die Gemütlichkeit dominiert. Die Schriftstellerin Dorothea Zeemann rühmte seinen Lorenz: „Wie er die Worte umdreht, daß die Begriffe herausfallen, wie sein rasendes Temperament die Banalität der Sätze zersprengt! Sein Couplet ‚Aber s' ist alles nicht wahr‘, war bereits Sprachwissenschaft.“ Die Aufführung wurde vom Österreichischen Fernsehen aufgezeichnet und wird immer wieder ausgestrahlt. Sie ist ein rares Dokument von Parylas Nestroy-Eignung.

Eine weiteres Beispiel, leider nicht aufgezeichnet, war Parylas Muffl in Nestroys „Frühere Verhältnisse“ unter der Regie von Otto Schenk. Paryla hatte Schenk in München kennengelernt, als der junge Schauspieler in Ostrowskis „Der Wald“ eine kleinere Rolle spielte, *„mit bemerkenswerter Gier nach Entwicklung – zwischen Bescheidenheit und Lerneifer“*, resümiert Paryla. Zuneigung und lebenslange Freundschaft entwickelte sich zwischen den beiden, genährt durch dieselbe Theaterauffassung und dieselbe Art zu spielen. Schenk bewies seine Treue immer wieder, brach den Boykott der Salzburger Festspiele, als er Paryla 1973 als Narr in seine „Was ihr wollt“-Inszenierung holte und ihn 1974 am Burgtheater als Zauberkönig in Horváths „Geschichten aus dem Wiener Wald“ besetzte. 1987 und 1988 standen die beiden gemeinsam auf der Bühne: Schenk als Fortunatus Wurzel und Paryla als das hohe Alter in Raimunds „Der Bauer als Millionär“ bei den Salzburger Festspielen.

Gogols „Heirat“ in der Regie des jungen Hans Hollmann, *„einer meiner geistigen Söhne“*, wie ihn Paryla liebevoll bezeichnet, folgte im Oktober 1962. An den Reaktionen auf Paryla in der Rolle des Kotschkarjow, der seinen Freund, gespielt von Leopold Rudolf, unbedingt verheiraten will, zeigte sich, daß es nicht nur politische Ressentiments gegen ihn gab: Parylas Bühnenfuror, seine vitale, entfesselte und trotzige Art, Theater zu spielen, war manchen zuviel, andere bewunderten gerade das an ihm. Sein Spiel konnte jedenfalls niemanden kalt lassen, entweder man gab sich hin, wenn „die Bühne im Feuer stand“, wie Otto Schenk es ausdrückt, oder man lehnte ab; lau und beiläufig konnte sein Spiel nie konsumiert werden, das hätte Parylas Persönlichkeit und allem, was er auf dem

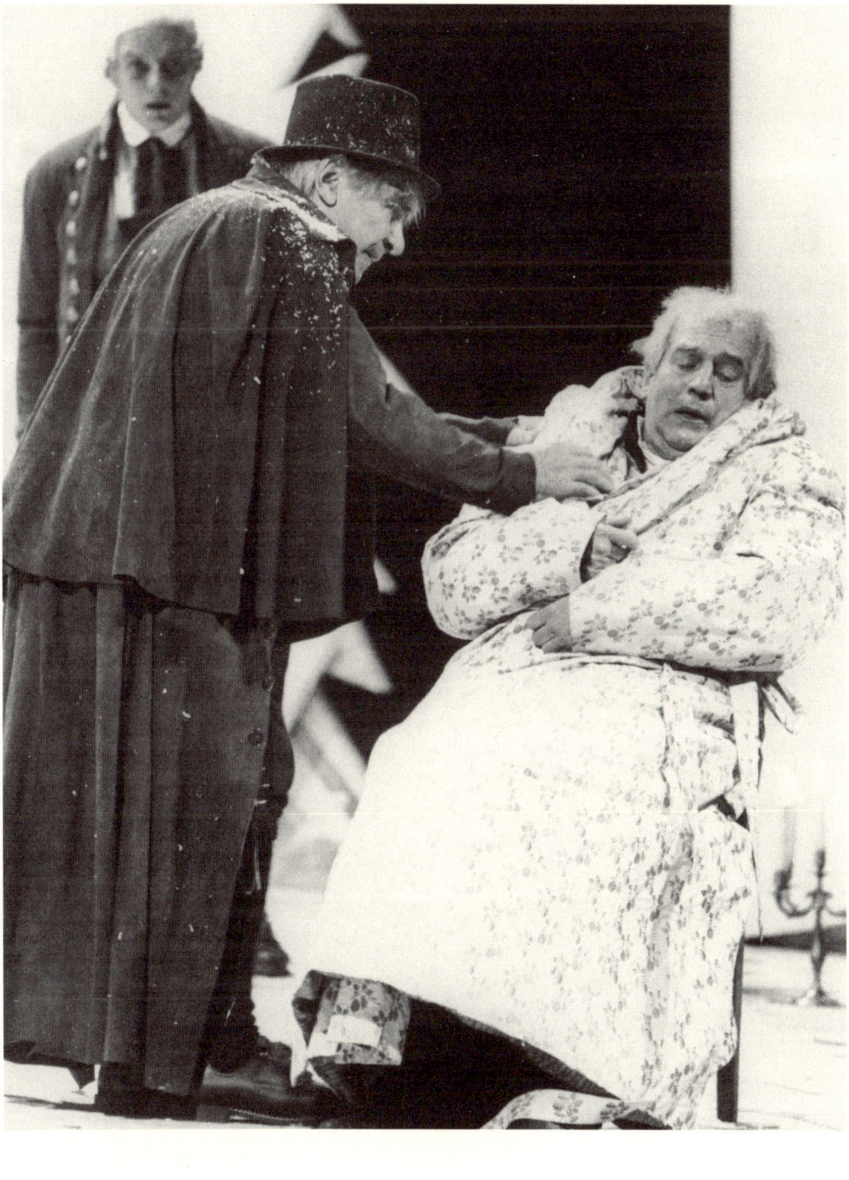

57 Karl Paryla mit Otto Schenk in Jürgen Flimms Inszenierung von Ferdinand Raimunds „Der Bauer als Millionär" bei den Salzburger Festspielen 1987–1988.

Theater bewirken will, widersprochen. Als er drei Jahre später bei den Wiener Festwochen den Friseur Schlankl in Nestroys „Das Haus der Temperamente" verkörperte, jubelte Hilde Spiel: „Girardi könnte nicht besser gewesen sein." Paryla gab dem intriganten Bosnigl Züge eines verhinderten Revolutionärs und enttäuschten Idealisten und „entfaltete diese Rolle vor allem aus einer mimischen Urgewalt, wie sie heute im deutschsprachigen Theater kaum ihresgleichen findet."

Wenn es nach dem Publikum gegangen wäre, hätte Wien nicht so lange auf Paryla verzichten brauchen; gerade damals erlebte er einen Höhepunkt als Schauspieler und vor allem als Regisseur. Leider hatte er seine Regie-Erfolge in Deutschland. Bis weit in die siebziger Jahre herrschte in Wien ein Provinzialismus der Selbstgenügsamkeit, der alles negierte, was sich jenseits der Grenzen abspielte und sich insbesondere gegen Theaterkunst in Deutschland richtete. Es gab aber auch Leute, die sich für Paryla einsetzten: Lou Fischer, Gertrud Obzyna, Hermi und Karl Löbl, die nach der Lesung „Aus meinem österreichischen Tagebuch" im Zyklus „Die berühmte Stimme" im Konzerthaus 1964 verlangten, Paryla wieder häufiger in Wien zu sehen.

Ernst Fischer beschwerte sich 1965: „Heute feiert der große österreichische Schauspieler Karl Paryla seinen 60. Geburtstag. Anstatt in Wien ein Theater zu leiten, Regie zu führen, Nestroy zu spielen, wie dieser Shakespeare der Vorstadt sich selber gespielt hat, ohne Zugeständnis an fadenscheinige Gemütlichkeit, hart, aggressiv, beunruhigend, ist der große Schauspieler Karl Paryla zu seinem sechzigsten Geburtstag Privatgast in seiner Heimatstadt. Offizielle Feiern, Lorbeerkränze – daß er davor bewahrt ist, entspricht seinem Wesen, seinem Temperament, seiner Originalität. Sich durch Hintertürln einzuschleichen ist eine ihm unbekannte Kunst; er zieht es vor, mit der Tür ins Haus zu fallen, hat kein Talent, mit Kunstbürokraten umzugehen, ist zu künstlerischen und politischen Kompromissen nicht bereit und gilt daher als suspekt. Doch daß Österreich von diesem genialen, durch und durch österreichischen Künstler so wenig Gebrauch macht, ist auch durch hieramts übliche Gepflogenheiten nicht zu rechtfertigen." Ernst Fischer zitierte damals Paryla, der sich trotz Erfolgen in Deutschland nach Wien sehnte: *„Nicht mehr Vagabund sein, der einmal hier spielt, einmal dort! In Wien ein kleines Theater haben, um Nestroy anders zu spielen als es der Brauch ist, um das andere Österreich darzustellen, das nicht für den Fremdenverkehr zurechtgemachte, um mit jungen Schauspielern und Autoren, mit jungen Menschen überhaupt zu arbeiten! Ich habe ständig Krach in Wien, und bin doch nur hier zu Hause, und eben zu diesem Zuhausesein gehört, so glaube ich, das Krachhaben. Natürlich ist es noch immer so, daß ich einer Rolle nicht widerstehen kann, aber schöner wäre es doch, nicht nur das einzelne zu gestalten, sondern eine Gesamtheit – und was*

58 Paryla als Kean in der gleichnamigen Sartre-Fernsehverfilmung 1963 von Peter Beauvais. Links im Bild Otto Tausig.

59 Paryla als Professor Bernhardi. In der Schnitzler-Fernsehverfilmung von 1965, Regie: Peter Beauvais, spielte sein Sohn Michael Paryla auch seinen Sohn im Stück.

ich an Liebe zum Theater in mir habe, an Wissen und Können, weitergeben, einem Ensemble, einem Kollektiv...“ Das war 1965.

Einer Rolle, der er offenbar im Jahre 1969 nicht widerstehen konnte, war die des Dr. Felix Fürst in Martin Walsers „Zimmerschlacht“, ein Zweipersonenstück, das vom Autor als „Übungsstück für ein Ehepaar“ bezeichnet wird. Paryla spielte die unblutige Eheschlacht zusammen mit seiner Frau Hortense Raky im Theater am Neumarkt in Zürich. Hortense Raky und Paryla, durch mehr als dreißigjährige gemeinsame Bühnenarbeit fugenlos aufeinander eingespielt, haben – den Kritiken zufolge – das Stück nach allen Regeln der Kunst ausgeschöpft und dem Theater eine Sternstunde beschert. Elisabeth Brock-Sulzer, die Paryla seit seiner Zeit am Zürcher Schauspielhaus genau verfolgte, versuchte die von ihm ausgehende Faszination in Worte zu fassen: „Paryla ist Felix Fürst, aber zugleich ist er auch der, der den Felix Fürst erfindet. Immer erlebt man hier zwei Phasen des schauspielerischen Schaffens zugleich, das Sein und das Werden der Figur. Paryla spielt, ist da und zugleich fragt er sich und uns: Wie geht das nun weiter? Was mache ich Paryla-Felix Fürst nun im nächsten Moment? Atemlos. Der Zuschauer wird es auch. Da ist nicht die geringste Lücke, nicht die kleinste Pause, das Weberschiffchen rast hin und her, zielsicher, genau. Und doch hat man nie den Eindruck des Abgekarteten, des Vorherbestimmten, es bleibt das Erlebnis eines dauernden Wagnisses, einer Erfindung im Augenblick... Daß dieser spielende Mensch da oben so neugierig auf sich selbst ist, das macht neugierig. Uns, die Zuschauer, sie, die Partner.“

Parylas mimische Ausdruckskraft, die Elisabeth Brock-Sulzer nicht genug rühmen konnte, kam ihm im Medium Fernsehen zugute. Man kann sich heute kaum mehr vorstellen, daß man damals diskutierte, ob das technische Medium Fernsehen auch ein künstlerisches sein könnte, bei dem die Eigenart des Schauspielers sich über die kleinen, grauen, flimmernden Scheiben in den Wohnzimmern überträgt. Paryla hatte die Frage schon für sich entschieden. Die Reduzierung auf das zweidimensionale Gesicht bedeutete für manche, auch berühmte Theaterschauspieler eine Barriere; Parylas realistische Mittel, die nie stilisierend oder artifiziell waren, sondern das Wesentliche und Widersprüchliche einer Figur vergrößerten, oft vergröberten, behaupteten sich vor dem objektiven, kühlen Auge der Kamera. Ernst Wendt beschrieb 1963, wie Parylas Komödiantik als Sartres „Kean“ in einer Fernsehproduktion vorzüglich zur Geltung kam: „Die Kamera zeigte ganz nah, ganz deutlich nicht eine Kunstfigur, sondern einen Kunstvorgang: wie jenes Elementare, die überscharfe bittere Lust des Schauspielers Paryla von ihm eingesetzt, wie sie ‚benutzt‘ wurde, um eine hoch empfindsame, verletzliche, ihrer selbst unsichere Seele Zug um Zug bloßzulegen.“ Eine Meisterleistung der Schauspielkunst, vom Fernsehen unauffällig unterstützt, war 1964 „Der Mann mit

60 In der Fernsehverfilmung „Das Mädl aus der Vorstadt“ spielte Paryla den Winkeladvokaten Schnoferl.

der Blume im Mund“ von Luigi Pirandello. Regie führte Ettore Cella. *„Selten ist es mir in ähnlicher Weise gelungen, die unmittelbare Wirklichkeit meines Erlebens in einer vom Dichter vorgeschlagenen Figur so direkt auszudrücken. Ohne Schnitte und Gegenschüsse, unter weitgehender Zurückhaltung von Kamera und Regie, wie in einem Brennglas, konzentriert sich der Film nur auf das Erleben, auf die durchgespielte Situation eines Menschen-Schauspielers.“* Ähnliches erreichte das Fernsehspiel „Flüchtlingsgespräche“ von Brecht mit Curt Bois und Paryla. *„Mit Curt Bois war es ein Vergnügen zu spielen, denn er war einer der großen Schauspieler, die aus dem Urgrund der Ernsthaftigkeit komisch sind. Immer habe ich es im Ohr, das ewig jungenhafte Lachen von C.B., – nicht nur über andere, sondern vor allem über sich selbst. Obwohl wir uns sehr liebten, waren wir trotz jahrzehntelanger Freundschaft immer per ‚Sie'. Der berühmteste Berliner nannte mich am Telefon, das wir häufig malträtierten, immer nur K.P., und ich ihn C.B.“*

Es gibt mehrere Theateraufzeichnungen von Paryla, einige weitere Fernsehfilme; den seichten Serien, wie sie seit den siebziger Jahren zur Alltagskost der Fernsehzuschauer wurden, hat er sich jedoch verweigert, oder sie sich ihm...

Fast noch mehr als spielen, reizte Paryla die Regie, das Ganze. Der Direktor des „Jungen Theaters“ in Hamburg war von Parylas Inszenierung „Auferstehung“, die jahrelang am Deutschen Theater lief, so gefangengenommen, daß er Paryla in München aufsuchte und darauf drängte, diese Inszenierung an seinem Theater zu wiederholen. *„Es berührte mich damals, daß ein Theaterdirektor sich die Mühe macht, andere Vorstellungen anzusehen. Doch mich reizte keine Wiederholung, sondern ein ganz neues Stück: ‚Die Verfolgung und Ermordung Jean Paul Marats, dargestellt durch die Schauspielertruppe des Hospizes zu Charenton unter Anleitung des Herrn de Sade'!“* Dieses Stück von Peter Weiss vereint auf geniale Weise politisch-philosophisches Theater und entfesselte Sinneslust und ist Theater auf dem Theater: fünfzehn Jahre nach der französischen Revolution spielen Irre in einer Theateraufführung die Ermordung des Revolutionärs Marat durch das Mädchen Charlotte Corday nach. Ihr Regisseur ist der Individualist Marquis de Sade. Die beiden politisch unterschiedlichen Positionen von Marat und de Sade werden überlagert durch entfesselte Ausbrüche der Irren, die das Spiel immer wieder „vergessen“ und zur brodelnden Volksseele werden, die wissen will, was aus der Revolution geworden ist. Zu diesem Zeitpunkt gab es in Deutschland schon zwei vielbesprochene Aufführungen, denn dieses Stück totalen Theaters forderte heraus. „Paryla eröffnet dem Autor wieder einmal eine neue Dimension“, schrieb „Theater heute“. Der Regisseur aus Wien hatte das Barocke an dem Spektakel herausgearbeitet und Hamburg hatte sein exemplarisches Theaterereignis.

61 Ein großer Regieerfolg gelang ihm 1965 mit dem Stück von Peter Weiss „Die Verfolgung und Ermordung Jean Paul Marats, dargestellt durch die Schauspieltruppe des Hospizes zu Charenton unter Anleitung des Herrn de Sade" mit dem „Jungen Theater", Hamburg.

Mit „Celestina“ von Fernando de Rojas am Schauspielhaus Köln, 1966, rüttelte Paryla am eingefahrenen Stadttheater-Typus und motivierte die Schauspieler mit entschiedener Formklarheit zu äußerster Exaltation: „Ein bedeutender, vielleicht einmaliger Theaterabend. Eines unserer größten Theatertemperamente, ein Verwandler, ein Aufreißer von Schauspielern“, wurde der Regisseur gelobt. Paryla vermittelte in dem Stück seine eigene überschäumende Lebenslust und entlarvte den Sittenkodex der spanischen Adelsgesellschaft als widernatürlich. Mit Celestina, einer schamlos fröhlichen Kupplerin, gespielt von Grete Wurm, triumphierte die Lust. Parylas Theatermittel eigneten sich sehr gut, eine schwierige Szene – den Beischlaf – umzusetzen und die Lust am Leben und an der Sinnlichkeit über die Rampe zu bringen: Parmeno, ein naives Gossenkind, noch Knabe, wird von dieser Celestina zu einer jungen Prostituierten geführt. Am Vortrag von ihrem Liebhaber verlassen, liegt sie im ersten Stock im Bett und klagt über Unterleibsschmerzen. Die Alte greift unter die Bettdecke, spürt die Hitze des Mädchens, holt den Jungen herauf, bringt die beiden mit schamlosen Sprüchen zusammen. Der Bub reißt sich die Kleider vom Leib und wirft sich auf das Mädchen. Sehr genau wird die sexuelle Vereinigung der beiden gespielt. Häufig geraten solche Versuche auf Bühnen durch einen halbherzigen Realismus zur Peinlichkeit. In dieser Inszenierung wurde die Szene zur formalen Schönheit gebracht, denn das Bett stand drei Meter über dem Bühnenboden und die Zuschauer nahmen nur einen wüsten Knäuel zappelnder Leiber wahr. Im nächsten Bild wird das Erwachen der Liebenden gezeigt. Sie will ihn dabehalten, er reißt sich los, schlüpft in die Kleider, springt auf die Straße. Verwandlung, dunkle Bühne. Im Lichtkreis vorne rechts hüpft Parmeno tanzend von einem Bein aufs andere, er freut sich seiner jungen Männlichkeit. Diese Aufführung wurde 1967 zum Berliner Theatertreffen eingeladen.

Im darauffolgenden Jahr war eine Paryla-Inszenierung an der Schaubühne am Hallischen Ufer in Berlin zu sehen: die deutschsprachige Erstaufführung von Peter Weiss' „Gesang vom Lusitanischen Popanz“, eine interessante, moderne Inszenierung und ein durchschlagender Publikumserfolg. Paryla war begeistert von Peter Weiss' neuer Form für das Theater. In dem Stück geht es um das Leiden und den unterdrückten Widerstand der schwarzen Bevölkerung gegen die Kolonialmacht Portugals (= Lusitanien). Die Textvorlage ist mit Musik konzipiert und in Solo- und Ensemblenummern aufgeteilt, sodaß der Regisseur viel Spielraum für seine Fantasie und szenische Einfallsgabe hat. Die Schauspieler sprechen, singen, tanzen und verwandeln sich in die verschiedenen Figuren – aus Unterdrückern werden blitzschnell Unterdrückte. In einer präzisen Ensemblearbeit bewegte Paryla seine Schauspieler – geschrieben ist das Stück für sechs, Paryla machte

62 Als Narr bei den Salzburger Festspielen 1972 bis 1974 mit Helmut Lohner und Hans Dieter Zeidler; Regie: Otto Schenk.

63 Karl Paryla als Lorenz in Johann Nestroys „Die verhängnisvolle Faschingsnacht“ in Wien, am Theater in der Josefstadt 1962.

neunzehn daraus – in mitreißender Art, hatte den Atem für den großen Bogen und die Freude am Detail der verschiedenen Situationen. Die Bewunderung für den Kraftakt der Inszenierung war allgemein. Es gab auch Kritiker, die meinten, Parylas Art, „Theater um jeden Preis zu machen“, hätte die Härte und die Brüche des Textes betäubt; sie wünschten sich eine weiter getriebene Theatersprache wie sie das „Living-Theatre“ entwickelte, eine Off-Off-Broadway-Truppe, die Ende der sechziger Jahre mit ideologischer und ästhetischer Radikalität das europäische Theater beeinflußte.

Mit der Studentenbewegung wurde nach langen Jahren der Restauration das Theater politisch, gleichzeitig fand ein Generationswechsel statt. Die Jungen kämpften zwar gegen den verdrängten Faschismus, gegen Verkrustung und für den Sieg der Linken, doch mit anderen Mitteln. Wenn er auch keinem bestimmten Ensemble angehörte, verfolgte Paryla doch konsequent sein Konzept eines emanzipatorischen Theaters mit den Mitteln der traditionellen Schauspielkunst. Im Mittelpunkt der etwa achtzig Stücke, die Paryla in den letzten dreißig Jahren inszeniert hat, stand immer der Mensch in seinem gesellschaftlichen Geflecht und in historischen Abläufen, ging es ihm immer um politische Aussagen und gesellschaftliche Kritik: *„Ich kann gar nicht anders, als politisches Theater machen, denn alle Kunst ist Auseinandersetzung mit der Gesellschaft, den Problemen und Umwandlungen der Welt, in der wir leben.“*

Seine Autoren sind Tolstoi, Ostrowski, Gorki, dann Gerhart Hauptmann, Henrik Ibsen, Bertolt Brecht, die deutschen Klassiker; Stücke, in denen die Revolte des Bürgertums zum Ausdruck kommt. „Urfaust“, „Die Räuber“, „Don Carlos“, „Der zerbrochene Krug“, „Clavigo“, „Die Weber“, „Die Ratten“, „Fuhrmann Henschel“, „Die Gespenster“. „Puntila und sein Knecht Matti“, „Schweyk im zweiten Weltkrieg“ hat er neben Nestroy und Raimund inszeniert und gespielt. Die Stücke lassen ihn nicht los, immer wieder beschäftigt er sich aufs neue mit ihnen. Für jüngere Autoren, die politisch-gesellschaftliche Anliegen vermitteln, interessiert er sich. *„Nur werden sie mir häufig vor der Nase weggeschnappt von institutionellen Bühnen!“* So fühlte er sich besonders zu Peter Weiss hingezogen und hat in Peter Turrini eine neue Liebe entdeckt.

Mit dem Theater, „das immer sensationell und einmalig sein will und oft nur Ratlosigkeit verdeckt“, konnte er nicht viel anfangen. Ebenso lehnte er Theater als Tummelplatz privater, persönlicher Gefühle, als Ort der Nabelschau und Therapie ab und verteidigte vehement die Zuständigkeit der Schauspieler: *„Innerstes Anliegen und äußerster Anspruch der Bühnenarbeit ist der Schauspieler. An ihm liegt es, daß sich Theater über Experimente hinaus entwickelt. Keine Angst vor Tabuisierungen und Verbotstafeln. Das Publikum will davon nichts wissen. Mein*

64 In München am Residenztheater 1976, in Parylas Hauptmann-Inszenierung „Michael Kramer" spielten Nikolaus Paryla den Arnolt und Hortense Raky seine Mutter.

65 Paryla als Bukara-König Claudius und Stephan Paryla-Raky als Schkoko-Prinz Hamlet am Wiener Volkstheater, 1980 in Ivo Breschans „Hamlet in Unterschlammdorf, Regie: Karl Paryla.

Schauspieler muß Mut und Fleiß aufbringen zur Sprechkunst, zur Stimmbildung, Charakterisierungskunst, zum Verwandeln, zum Situationsspiel (denn alles gesellschaftliche Leben ist Situationsspiel). Gestik, Pantomime und Pathetik müssen ihm geläufig sein. Ein Musiker darf musikalisch, ein Maler malerisch und ein Schauspieler darf theatralisch sein." Er verweigerte sich auch Versuchen, das Theater von innen her aufzubrechen: *„Ich bin gegen mißverstandenen Kollektivismus von öffentlichen Proben. Das ist fruchtlose Anbiederei, gefahrloses Revoluzzertum und gefährdend als Publikumswerbung. Eine Theaterprobe ist die Intimsphäre der Schauspielkunst. Ich bin überzeugt, daß es für die Theaterkunst nicht zuträglich ist, wenn das Publikum aufhört, Publikum zu sein. Dann hören die Spieler auf, Spieler zu sein, das Theater hört auf, Theater zu sein. Die Polarität zwischen vortragenden Schau-Spielern und aufnehmendem Auditorium schafft das Spannungsfeld, in dem Theater entsteht. Die totale Auflösung der Theatergesetze hat nicht die zur Revolution gehörende Heiterkeit, die Lust am Kampf gebracht, sondern kleinspießige Richterlichkeit, Beckmesserei, Großmannssucht."* Sein Theater ist stets ein rationales, das sich dafür einsetzt, dem Publikum Positives, Humanes mitzuteilen. *„Ich habe keine Beziehung und keine Lust zur kunstvollen Darstellung des ausweglosen Chaos, der Sinnlosigkeit. Zum politischen Engagiertsein des vor dem Publikum Agierenden gehört das kecke Aufdecken der Zustände, aber auch die Verbreitung von Hoffnung und sei es nur in der differenzierten Darstellung der vielfältigen Möglichkeit des Menschen."* Er ist bei seinem Stil geblieben. Das sollte nicht verwundern, denn Paryla schöpft aus der Überfülle eines professionellen Menschenbeobachters und verfügt über ein reiches Reservoir an Fantasie und Einfallskraft; sein Theater ist dynamisch, von Widersprüchlichkeiten durchdrungen und überbordernd real, „komödiantisch". Doch das hört er nicht sehr gerne: *„Sehr zu unrecht wird der Schauspieler als Komödiant gebrandmarkt, wenn er dem Publikum den Spiegel vorhält. Der Spießer nennt den Schauspieler komödiantisch, wenn er ihn mit seinen verlogenen Eigenschaften darstellt. Komödiantisch ist fast eine Beleidigung, so wie wenn man von einem Arzt sagen würde, er ist ein Quacksalber."* Paryla fordert den Schauspieler als Virtuosen, den Meister seines Metiers als Könner.

Das Schönste sind für ihn Stücke mit Massenszenen, die er ohne Choreographenhilfe gerne selber in Szene setzt: *„Zwei Menschen, die sich auf der Bühne ohrfeigen, sind das Primitivste, das Interesse erlahmt bald. Aber Zeuge zu werden, wie sich Zeitläufe – Vergangenheit, Gegenwart, Zukunft – abwechselnd abspielen, das ist faszinierend. Wenn in Peter Weiss ‚Marat' ein paar Schauspieler auf der Bühne die ganze Welt spielen, das ist für mich Theater! Leider ist Peter Weiss gestorben und konnte seine zukunftsweisende Dramaturgie nicht weiterentwickeln."*

Als Paryla im Oktober 1968 in Wiesbaden „Don Carlos“ inszenierte, stand er wie viele Zeitgenossen unter dem Schock des Einmarsches der Warschauer Pakttruppen in die Tschechoslowakei. Paryla setzte den Schwerpunkt seiner Inszenierung nicht auf das Recht des Menschen auf Gedankenfreiheit, sondern darauf, daß ein einmal gedachter Gedanke zwar eine Zeitlang unterdrückt, doch nicht mehr ungeschehen gemacht werden kann.

Mit der Ethik der Revolution beschäftigte er sich im Februar 1969 in Köln, als er Gorkis „Die Kleinbürger“ zum vierten Mal in seinem Leben inszenierte. Er betonte, daß die Revolution nicht zwangsläufig eine bessere Welt bringen muß: *„Man ist nicht echter Revolutionär, nur weil man die Kategorien erkannt hat. Man muß den Menschen lieben. Wenn man den Menschen wirklich liebt, muß man auch die Widersprüche lieben, aus denen das Leben der Menschen besteht, muß man die Entwicklungssprünge in der Geschichte lieben, auch eine Revolution“*, notierte er damals. Er konzentrierte sich auf die Charaktere und ließ die Kölner die Aktualität des Komödienautors Gorki entdecken. „Parylas Geheimnis: sein kristallklares Herausmeißeln der vielen Individualitäten zwingt jeden Spieler in die Bahn des Virtuosen, aber zugleich bannt er die Solisten, als habe er ein Orchester vor sich, in die alles übergreifende Form eines Ensemblespiels“, war im „Kölner Stadtanzeiger“ zu lesen. Aus dem hervorragenden Ensemble, darunter Günter Heising, Brigitte Drummer, Christiane Bruhn, Günter Lamprecht, Verena Buss, ragte Peter Eschberg als Kirchensänger Teterew hervor. *„Ich vermute, daß Menschendarstellung, wie durch Peter Eschberg geboten, das eigentliche Element ist, mit dem sich die Bühne in der Lage sieht, überzeugende Impulse zu vermitteln. Aufrechterhaltung und Schutz der wesentlichen Tradition ist oft revolutionärer, als das Geschwätz von der Revolution.“*

Der Erfolg von „Marat/Sade“ 1966, mit dem sich Paryla im „Jungen Theater“ in Hamburg eine glänzendern Einstand beschert hatte, war der Beginn einer Vorliebe für dieses Theater, das sich später „Ernst-Deutsch-Theater“ nannte. *„Der große Schauspieler Ernst Deutsch, ein alter Freund von mir, wurde von Friedrich Schütter eingeladen, den Nathan zu spielen. Als Deutsch den Direktor fragte, wer denn bei ihm sonst noch auftrete, nannte Schütter meinen Namen. Daraufhin sagte Ernst Deutsch: ‚Dann komme ich auch.‘ Ernst Deutsch führte sein Versprechen aus und nach seinem Tod wurde das Theater ihm zu Ehren umbenannt in ‚Ernst-Deutsch-Theater‘ als Verneigung vor dem Schauspieler Ernst Deutsch, aber auch als ein Erinnern an die vertriebenen und ermordeten Größen der deutschen Theaterkultur.“* Achtundzwanzig Stücke hat Paryla seitdem an diesem Theater inszeniert. Mit dem Direktor, Friedrich Schütter, verbindet ihn eine Künstlerfreundschaft: *„Ich schätze Friedrich Schütter als eine einmalige Erscheinung im* *deutschen Theaterwesen. Seit seiner Gründung des Theaters vor vierzig Jahren, hat er mit seinem Adlatus Wolfgang Borchert Form, Linie und Idee aufrecht erhalten als Prinzipal an ein und demselben Theater.“* Hier konnte Paryla die Stücke, die ihn interessieren, inszenieren – zumeist wesentliche Werke der Weltliteratur – und Schauspieler von Rang holen, wie Inge Meisel, Maria Becker und Heinz Reincke. Inge Meisel hatte 1980 als „Wassa Schelesnowa“ einen großen Erfolg. Gerade die Fernsehaufzeichnung dieser Aufführung führt vor Augen, wie sehr Inge Meisel aus ihrem üblichen freundlichen Fernseh-Image auszubrechen imstande war. Zwei Jahre zuvor hatte Paryla die Inszenierung mit Hortense Raky am Wiener Volkstheater erarbeitet. *„Die Figur der Wassa in meiner Regiekonzeption war geprägt durch die Zusammenarbeit mit Hortense Raky. Ein schönes Erlebnis war es für mich, den Regisseur, wie Inge Meisel als Wassa in Hamburg dieses Konzept der Figur in uneitler Weise aufnahm und auf sich hin veränderte; in gewisser Weise ein kollegiales Korrespondieren zweier großer Schauspielerinnen, die sich persönlich gar nicht kennen.“*

In Hamburg ist Paryla in den letzten zwanzig Jahren auch privat heimisch geworden; die Schauspielerin Ursula Gompf ist ihm eine kluge und einfühlsame Gefährtin: *„Ich habe sie kennengelernt, als ich 1968 in Berlin die Besetzung für ‚Der lusitanische Popanz‘ zusammenstellte. Sie war eine von den singenden und tanzenden Schauspielerinnen – eine der besten. Ich habe sie dann in ihrer Heimatstadt Hamburg in der Rolle der Libera in ‚Krach in Chioggia‘ am Thalia Theater besetzt; dann war sie am ‚Ernst-Deutsch-Theater‘ in Brechts ‚Schweyk im zweiten Weltkrieg‘ die Frau Kopecka. Heute ist sie Professorin an der Hamburger Hochschule für Musik und Darstellende Kunst und arbeitet zugleich mit Schauspielern an Hamburger Bühnen. Sie ist ein künstlerisch bedeutsames Talent, das in großer Uneigennützigkeit frühzeitig die eigene schauspielerische Begabung hintangestellt hat, im Interesse der Lehre und Vermittlung. Nach vielen Jahren der autodidaktischen Entwicklung ihrer Kenntnisse auf dem Gebiet der Sprach- und Stimmkultur und des Gesanges ist sie eine beeindruckende Erzieherin von Schauspielern, Sängern und singenden Schauspielern geworden. Heute wird von Schauspielern mehrspuriges sprachliches und gesangliches Können mehr denn je verlangt, und man kann nur das lehren, was man selbst gut kann.“*

Der mit Wien untrennbar verbundene, aber nie ganz seßhafte Paryla bewies immer wieder, daß von ihm Innovation ausgeht, sei es am Theater in der Josefstadt mit „Herrenhaus“ von Thomas Wolfe mit Klaus Maria Brandauer, sei es in München mit „Michael Kramer“, wo ihm mit Franz Kutschera, Nikolaus Paryla, Hortense Raky, Christine Buchegger und Walter Schmidinger eine erschütternde Inszenierung gelang, sei es in Bonn mit Goldonis „Aufenthalt auf dem Land“.

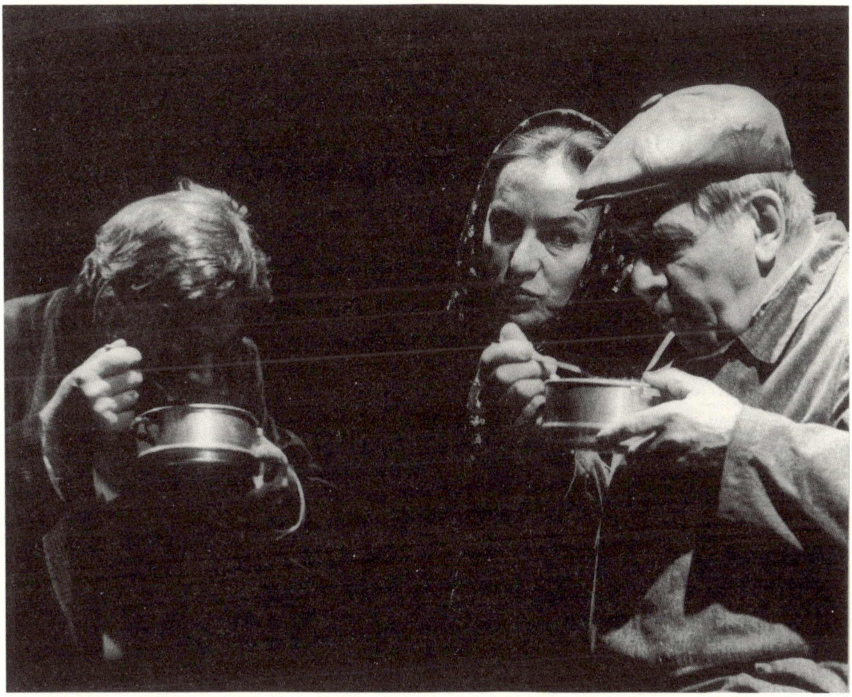

66 Hamburg, Ernst-Deutsch-Theater, 1983. Bertolt Brecht: „Schweyk im zweiten Weltkrieg", Regie: Karl Paryla. Paryla spielte den Schweyk und Ursula Gompf die Anna Kopecka.

1989 entstand am Schauspielhaus Zürich eine bemerkenswerte Vorstellung von Peter Turrinis „Die Minderleister". Turrini hat sich der betrogenen Arbeiterschaft angenommen, die durch einen gewissen Wohlstand der letzten Jahrzehnte entpolitisiert wurde. Als sie das Elend der Arbeitslosigkeit und Ausgrenzung aus der Gesellschaft trifft, kann sie ihre Wut nur gegen sich selbst richten; ein Thema, bei dem die Direktion des Theaters nicht von vornherein überzeugt war, daß es in Zürich sein Publikum finden würde. Die Anliegen von Autor und Regisseur trafen sich in ungewöhnlicher Weise und Paryla konnte Thema und Stück beim Publikum durchsetzen. Daß ihm dies gerade in Zürich gelang, der Stadt, *„der ich die schönste künstlerische Zeit meines Lebens verdanke"*, hat für ihn einen besonderen Stellenwert.

Immer wieder fällt Parylas Kraft auf, Ensembles zu bilden, die Schauspieler aus festgefahrenen Wegen herauszulocken und sie in Mit-Streiter zu verwandeln; dabei schont er weder sich selbst noch die anderen. Auf jeder Probe gibt er seinen kostbaren Erfahrungsschatz an die Schauspieler weiter; Klaus Maria Brandauer betont, er hätte „alles von Kortner und von Paryla". *„Mit Brandauer verbindet mich eine gegenseitige bewundernde Beziehung auf der Grundlage gleicher gefährdetster Qualitätsansprüche"*, sagt Paryla. Es bereitet Paryla Freude, seine Erfahrungen und sein Wissen um das Theater weiterzugeben. Seine unersättliche Neugierde auf das Leben und sein Kummer über die weltpolitische Entwicklung sind wohl der Antrieb für seine Arbeit. „Der Schauspieler und Regisseur, dem seine Kritiker gern vorwarfen, er sei doch etwas zu stürmisch, wurde auf seine alten Tage bemerkenswerterweise gerade nicht zum Berserker, den bloß noch das eigene Wohlergehen kümmert. Er wirkt vielmehr wie jemand, den die Sorge um unser deutsches Schauspieltheater viel mehr berührt als alles Nur-Persönliche", schrieb Joachim Kaiser in der „Süddeutschen Zeitung" zu Parylas fünfundachtzigstem Geburtstag.

Maria Becker, lebenslange Kollegin und Freundin, sagt über ihn: „Nicht die Kunst an sich ist sein glühend umkämpftes Anliegen, sondern die Menschen. Was geschieht in der Welt! Alles versucht er, um den Fehler aufzudecken, der es möglich macht, daß die Gesellschaft, das Zusammenleben der Menschen, so unvollkommen und zerstörerisch ist. Karl Paryla einen politischen Menschen zu nennen, hieße sein ungeheures Anliegen verkleinern. Die Bühne, das Theater versucht er zu einem Spiegel zu machen und ruft, fleht, schreit: ‚Seht hinein! Erkennt euch!' Jede seiner Regiearbeiten ist ein Aufruf zum Denken, zum Ändern, eine Bitte um Gehör. Das, was immer gilt, soll gezeigt werden – die Wahrheit soll gesprochen werden, gespielt und gehört werden."

IX. KAPITEL

Notizen aus Parylas Probenarbeit

Theater als Gattung und als Institution hat eine gemeinschaftliche, eine demokratische Aufgabe und lebt nur, wenn es die zu erfüllen weiß. Es kann ohne essentielle humanistische Beweggründe nicht auskommen.

Aktualität

Theater muß immer neu und aktuell sein. Aber Achtung vor dem Werk, Achtung vor der Sprache. Wertvoll ist ein Stück, wenn es mit der Zukunft schwanger geht.

Jedes Stück, das man dem Publikum bietet, sollte auf seine Beständigkeit untersucht werden, denn nicht einmal die Aktualität ist beständig. Die Entwicklung von der Zeit des Produktionsdatums bis zum Heute sollte zum Ausdruck gebracht werden.

Stil

Wirkung entsteht auf der Bühne, wenn man den Mut hat, die Ware Wahrheit anzubieten. Die Wahrheit kann in jedem Stil auftreten, im Stil Shakespeares, Goldonis, Schillers, Nestroys, Hauptmanns, Brechts. Hat Theater Angst vor der Wahrheit, Angst vor Tatsachen, dann nimmt es Zuflucht zu Ästhetizismen, zu Stil-Schwindeleien.

Theater ist eine lebendige Kunst, Objekt und Subjekt ist der Mensch. Dennoch ist Kunstwahrheit nicht Naturwahrheit. Jeder Atemzug auf der Bühne ist benützte Natur. Das echteste Spiel des Schauspielers ist noch Übersetzung. Die Gestaltung der innerlichen Beziehung des schaffenden Theaters zum Werk des Dichters erweckt das Werk zum Kunstleben und ergibt den Stil.

Schauspieler spielen die Bewegtheit des Lebens, es ist zu wenig, sie nur Darsteller zu nennen.

Wo Menschen sind, gibt es Spannungen, die müssen gezeigt werden. Die Leistung des Menschenspielers ist dann auf dem Weg zur Vollkommenheit, wenn er die widersprüchlichen Eigenschaften der Figur in Gang zu setzen vermag.

Der Schauspieler muß nicht nur imstande sein, seine Figur, sondern auch das Stück und seine Aussage zu gestalten.

Voraussetzungen

Schauspieler-Menschen sind auch „Dichter", nur daß es ihnen an der Kunst des Formulierens mangelt. Sie verwerten, benutzen, genießen die sprachliche Gestaltung ebenso wie die Schriftsteller sie erfinden. Schauspieler sollten sich dieser schöpferischen Beteiligung bewußt sein.

Schauspieler sind „beobachtendes und beobachtetes Leben" – Selbstbeobachtung und Beobachtung anderer.

Eine reiche Fantasie, wie wir sie von Träumen kennen, ist für den Schauspieler der notwendige Nährboden für die Erfüllung seines Berufs. Zum Theaterspielen braucht und verbraucht der Schauspieler den Humus seines Lebens. Seine Qualität hängt von der Fähigkeit zur Selbstkritik ab, sein Kunstgewissen muß der Maßstab sein.

Schauspielkunst heißt mit Sprache, Atem und Körper umgehen, heißt alle Berechnungen vorher machen, die am Ende genau stimmen müssen. Das Denken drückt sich durch physische Handlungen aus.

Jedes Theater ist Kammerspiel und Oratorium, Jahrmarkt, Versammlungsort und Stille.

Text

Der Schauspieler spricht vom Dichterwort gern als „Text". Er möge sich hüten, nur Text zu sprechen. Stücke sind Anleitungen zum Spiel. Unterhalb der Sätze gibt es andere Sätze, die sind mitzudenken, mitzubringen (Stanislawski).

Zuhörer sind oft schon zufrieden, wenn die Worte der Sprache innerhalb der Sätze rasch hintereinander gesagt werden; die alleinige Übermittlung auswendig gelernten Textes ist aber einfallslos wie ein Wasserfall. Echte Schauspielkunst deklariert die Reproduktion des Erlebens eines alternativen Denkprozesses; dieses Entstehen der Handlung wird zuweilen mit Textungenauigkeit, Unsicherheit und Manier verwechselt. Der große Schauspieler Albert Bassermann war amüsant und aufrüttelnd, weil man mitten in seinem Sprechen irregeführt wurde. Wie er die Sätze fortführte und beendete, das brachte Überraschungen: seine Art zu sprechen erlaubte Einblicke in die geheimnisvollen Sprünge des Denkens und man erlebte differenzierte Zusammenhänge.

Den aufgeschriebenen Theaterstücken, wie wir sie zu Aufführungen benutzen, ist eine merkwürdige Besonderheit eigen: es spricht immer nur eine Person, sie gibt das sogenannte „Stichwort" zur Replik oder Rede einer anderen Person, und so geht das fort bis zum Aktschluß oder Stückende. Es befinden sich jedoch fast immer auch andere Personen auf der Bühne, die zum Schweigen verurteilt sind, weil sie keinen Text haben. Dabei kann nicht übersehen werden, daß jede auf der

Bühne vorhandene Figur ununterbrochen denkt, denken soll, denken muß! Weil sie lebt. Und daß man sich Denken in der Form von Sätzen vorstellen muß, Denken als innerliches Sprechen. In diese literarische Textlosigkeit springen die Schauspieler mit Reaktionen verschiedener Art ein – mit Gesten, Blicken und allen Äußerungen, die sich in Lauten, die nicht zu Worten werden, ausdrücken. Ich bin der Meinung, daß auch Worte, Sätze eingefügt werden dürfen, wenn sie notwendig sind.

Proben

Theaterproben sind die komplizierte Zeugung einer improvisierten Partitur der Szene. Da wird die Spiel-Handlung erfunden, das erfordert so genaues Arbeiten wie das Einstudieren einer Sonate nach Noten durch einen Pianisten. Die Gänge, die Gesten, die Blicke, der Ausdruck, die Reaktionen, die Lautstärken, die Tempi, die Pausen verdichten sich zur Partitur der zu spielenden Ereignisse auf dem Theater. Und wer glaubt, „Intuition", „Stimmung", „Konzentration", „Spontaneität", „Entspannung", „Imagination" wären allein der Inhalt von Proben, ist naiv orientiert.

Ausdruck

Niemand kann leugnen, daß es im Herstellen des Ausdrucks eine Höchstform gibt, die das Empfinden in nahezu wahrhaftiger Lebensform (vom Spieler gestaltet) erreicht. Ob man dies durch Identifikations-Bemühen mit dem eigenen Gefühl erobern will oder nicht – notwendig ist das Empfinden als Basis aller Stilisierungen, Herausstellungen, Darstellungen. Im zweifelsvollen Kampf des probierenden Spielers ist es oft schwer, das „B" zwischen „A" und „C" zu finden. Nur die Besinnung auf das erdachte Gefühl bei „A" und „C" findet den wahren Ton des „B". Vergleichbar mit einem Fallschirmspringer, der sich fallen läßt oder mit jemandem, der in kaltes Wasser springt – „B" ist der Schock der Luft, die Kälte des Wassers, die Intuition der Erfahrung. Brechts eigenes Gebot, der Schauspieler solle sich nicht mit der Figur identifizieren, hat er selbst nur bedingt anerkannt: zur Geburt der Figur braucht der Schauspieler die Identifikation. Aber das Endprodukt des Spiels ist Aussicht, politische Absicht, Kontakt mit dem Publikum bis zum letzten Sitzplatz.

Bevor der Schauspieler beginnt, eine Rolle zu studieren, muß er sich über die soziale Stellung des Darzustellenden klar werden. Ist's ein Herr, ein Knecht, Prinz oder Höfling, ein Arbeiter oder Generaldirektor. Danach hat sich Sprache, Diktion, Haltung, Bewegung, Emotion zu richten. Die Darstellung von Klassen- und Standeszugehörigkeit ist wichtiger als die Darstellung der Eigenheiten des Schauspielers! Das Trennende ist Provokation zur Einigung – das gilt auch für nationale Sprengköpfe.

Realistische Spielweisen

Keine Stimmungspausen, keine Theaterallüren, keine Vorhang-Deklamation, kein Aktschluß-Spielen, kein Zelebrieren, keine Punkte, kein Synchronisationston, kein Märchenton! Gegen Schluß der Sätze bis zur Bildung kommender Gedanken keine Abschlüsse sprechen, die Geburt des neuen Satzes ist im Kommen, Nebensätze nicht fallenlassen, weiterdenken. Kein Theatertemperament, kein Stimmband- und Muskeltemperament! Nichts gegen die Oper, aber keine Spur von Veroperung auf dem Theater.

Melodie des Sprechens

Das Sprechen hat eine Melodie. Der Mensch spricht in Dur und nicht in Moll. Nicht traurig sprechen, nicht weinen beim Sprechen. Die Molltonart neigt zur Sentimentalität und führt dazu, den Satz während des Sprechens fallenzulassen; das liegt offenbar im Pessimismus unserer Zeit; wenn Menschen miteinander reden, wird der Versuch hörbar, an den Menschen zu glauben, also auch an die Möglichkeit des nächsten Satzes. Auch das Traurige muß nicht traurig gesagt werden. Der Mensch bemüht sich um Kommunikation, daran liegt ein Prinzip der Hoffnung. Man kann beobachten, daß im Leben in jeder Konversation, jedem Dialog Positives mitschwingt.

Gefühl

Jedes Gefühl hat ein entschlossenes, körperliches Atmungspendant: rasch, langsam, schwer, leicht, mühsam. Nicht zwei Gefühle mischen, eindeutig bleiben. Beweggründe und Handlungen analytisch auseinandernehmen. Die Reflexion kommt erst hinterher, nicht die Reflexionen des Publikums mitspielen.

„Dramatisches", sprunghaftes, reisserisches Reagieren ist fast immer applausgeil. Das Sentiment wird sentimental, wenn Eitelkeit hinzu kommt.

Der Mensch im Leben ist nicht „tragisch", seine Geschicklichkeit besteht darin, „Tragisches" zu verstecken, also keine „Tragik" auf der Bühne. Schreck ist meist sehr zurückgenommen, klein gespielt – erschreckend. Das Trockene ist ergreifender als die feuchte Theaterlüge. Menschliches kann laut sein, muß verständlich sein, darf sich aber auf keine Lügen einlassen!

Manches Gefühl drückt sich durch sachliches, trockenes Sprechen aus. Kein dramatisches „Dampf"-Ablassen, kein „Hauchtheater"-Getue. Bei Aufregung und

67 *Karl Paryla bei der Probenarbeit.*

echten Gefühlen hat der Mensch keinen „Dampf“, im Gegenteil, ihm bleibt die Luft weg. Beim „Dampf“-ablassen ergibt sich Unnatürliches, „Dramatisches“, „Tragisches“, Unmenschliches, wie heiße Luft, Hecheln und ruckartige Gesten. Ausbrüche der wüsten Leidenschaft nicht unartikuliert im Hals schreien. Expressive Ausbrüche ohne deutliche Artikulation sind ekelhafte schauspielerische Exhibition. Sobald etwas ernst wird, muß mit kleinerer Münze gezahlt werden. Auf die gedanklichen Bindungen der einzelnen Sätze achten, ohne schneller zu werden.

Bei Erregung nie schneller sprechen, als man kann. Immer die Zügel (beziehungsweise die Zunge) in der Hand behalten.

Es gibt eine Leidenschaft des Denkens, eine Lust am intellektuellen Formulieren, auch im Schmerz. Bei alledem nie vergessen, daß alles Gestalten mit dem Atem, aller sprachlicher Ausdruck mit atmen zu tun hat. Manche Schauspieler wissen nicht, daß der Atem jener Fluß ist, auf dem ihr Boot schaukelt, und daß er reicht vom Unterleib bis zum Stirnansatz.

Fragen

Der Zuschauer hat das Recht, den Denkprozeß der Figur zu erfahren, nicht nur den Text der Rolle.

Kein Mitteilungstheater! Nicht die Antwort im voraus wissen! Fragen als Fragen stellen, keine Feststellungen. Richtig fragen, das heißt wissen wollen, erfahren wollen; Fragen haben eine besondere Sprechqualität, eine bestimmte gesangliche Modulation. Wo fängt denn sonst die Legitimation des Singens an, wenn nicht beim Fragen...?

Klein anfangen, nicht gleich groß einsteigen. Man erreicht damit mehr.

Konzentriert zuhören.

Durchspielen der Figur. Ununterbrochen weiterspielen, weiterdenken; in der Spannung nicht nachlassen; mit Stimme und Gefühl nicht in den Keller gehen, nicht von Satz zu Satz springen. Den Weg suchen, auf dem man trotz alledem weiter geht.

Überhöhen

Eine Anfängerkrankheit ist es, auf der Bühne höher zu sprechen als in der eigenen Stimmlage.

Auf großen Bühnen muß man überhöhen, vergrößern, vergröbern, in den Zuschauerraum senden. Aber die Herkunftsbeziehung zum natürlichen Ton nie verlieren. Auf der Probe die Sprache mit Dialektsprechversuchen entwickeln, um Natürlichkeit zu erreichen; und den Dialekt wieder elegant überwinden.

68 Karl Paryla bei der Probenarbeit.

Tempo

Memorierte Sätze rasch hintereinander gehetzt, nennt man im Theater Tempo, dagegen wehrte sich Kortner und sagte, das Wort Tempo wäre so schrecklich, weil man das Gefühl habe, daß der Dialog zwischen Menschen ein Wettlauf sei. Manchmal ist er es auch, aber dann bitte ein artikulierter!

Echtes Tempo, nicht das gewollte, entsteht durch Anschließen der Sätze, der Rede und Gegenrede im Dialog. Innerhalb der Sätze die Konsonanten nicht vergessen, Gedanken fließen lassen, durch immer neues Denken – so entsteht Schnelligkeit, so entsteht Eile.

Der Gedanke als Quelle der Sprache soll in jeder Aufführung wieder neu erzeugt, gedacht werden. Den Text herunterspulen wie Meterware, ist eine Leistung des memno-technischen Gedächtnisses und ein gefährliches Unternehmen.

Situationsspiel

ist das Wichtigste am Theater. Beziehungen herstellen zu Lebens-Situationen. Auf der Bühne kann man und muß man Örtlichkeiten spielen. Schon vor dem Auftritt in der Situation sein. Der Auftritt sei nicht Auf-Tritt, sondern Situationsspiel.

Kein monolithisches Theater! Nicht allein spielen – zusammen spielen, agieren und reagieren. Wenn ein Blick auf das Publikum notwendig wird, muß er sich abheben vom Situationsblick.

Den Mut haben, den angefangenen Satz zu Ende sprechen zu wollen, obwohl man weiß, daß der Partner unterbrechen wird.

Sprache

Das Edelste, was der Mensch im Laufe seiner Geschichte erfunden hat, ist die Sprache. Wie alles Lebende, ist die Sprache nur lebendig, wenn sie sich weiterentwickelt, wenn sie eine Zukunft hat. Ich bin überzeugt, daß es noch möglich ist, die Sprache zu entwickeln, nicht geschliffener zu machen, sondern tiefer und aufregend echter. Es ist die Aufgabe der Schauspieler und des Theaters, sich mit diesen Fragen immer wieder neu auseinanderzusetzen.

Die Sprache besteht aus Vokalen und Konsonanten. Es gibt fünf Vokale plus Umlaute und Doppellaute. Die Vokale sind das Urtümliche in der Sprache, die Öffnung. Es gibt einundzwanzig Konsonanten plus Doppelkonsonaten und Zusammensetzungen. Die Konsonanten sind die Wege zum Geistigen in der Sprache. Je besser die Konsonanten gesprochen werden, desto pointierter wird die Sprache.

Verständlichkeit

Unentbehrlich ist absolute Verständlichkeit, damit ist natürlich nicht Lautstärke

69 *Karl Paryla bei der Probenarbeit.*

und Brüllen gemeint. Die fehlende Artikulation erzeugt viel eher das Urwald-Brüll-Tönen beim Ausdruck. Wenn der Schauspieler nicht gedanklich sinnvoll artikuliert, sondern nuschelt, fühlt sich der (Nicht-)Hörer im Publikum zum Idioten degradiert. „Wir nuscheln unsere Beliebigkeit, unsere Beiläufigkeit, unsere Standpunktlosigkeit, die Bereitschaft unserer inneren Dialektik, jederzeit in den gegenteiligen Standpunkt umzukippen, vor uns her", sagt der Psychologe Hinderk Emrich.

Ich kann mir vorstellen, daß die Sprache auch die Zukunft der Menschen weiterentwickeln könnte, als edelste Formen-Melodie der Demokratie.

So wie die Technik für unser Leben bestimmend ist, ist die Sprechtechnik für die Sprache relevant. Werkzeug der Sprechtechnik ist der ganze Körper des Schauspielers, seine Resonanzräume, wie Nase, Gebiß, Gaumen, Rachen, Kopf, Brust, Bauch – vom Scheitel bis zur Sohle, vom Hirn bis zum Hintern.

Präzision

In Theatervorstellungen genau das bringen, was auf Proben als Partitur verabredet wurde, trotzdem keine sinnleeren Wiederholungen, keine Hülsen, keine kalte, tote Präzision. Natürlichkeit braucht lebendige Präzision; ihre Technik, die Technik der Sprechkunst soll man jedoch nicht bemerken.

Gesten

Auf dem Theater begegnet man zuweilen ängstlichen, introvertierten Gesten. Unklar, undeutlich, fad und mager, wie das Angebot zufälliger, meist privater „Natürlichkeit", gepaart mit schematischen Bühnengewohnheiten. Die weiten Felder der Gestensprache werden von den Schauspielern zu selten betreten.

Das Gestenspiel gibt den komplizierten Formen des Ausdrucks die Legitimation. Oft sind es die Hände, welche die Handlung voranbringen. In dem Wort „Handlung" ist bezeichnenderweise die „Hand" im Spiel. Die Sprache der Hände ist offensichtlicher, ungehemmter als die des Gesichts, der Augen, der Wangen, des Mundes. Der Mensch verrät sich durch Hände und Bewegungen mehr als durch sein Gesicht. Das Gesicht ist oft undurchsichtig – Pokerface.

Bewegung

Das körperliche Benehmen unterliegt musikalischen und rhythmischen Gesetzmäßigkeiten. Bewegung ist Musik vom Schauspieler; immer neu zu komponierende Rhythmen, die die „Stellungen" der Akteure bilden, lösen und auflösen.

Weg vom bühnenüblichen Herumstehen! Der Mensch ist im Leben nie starr, angenagelt, sondern unausgesetzt beweglich – der Atem ist innere Bewegung –,

70 Karl Paryla bei der Probenarbeit.

selbst im Stehen bewegt der Mensch sich, und wären es nur die Zehen, und selbst die nie „dramatisch“ und ruckhaft.

Beim Gehen immer achten, wohin man geht! Nie rückwärtsgehen, ohne sich umzusehen! Infolge der Proben weiß man, wo die Treppe ist, wo der Stuhl steht; nie sich hinsetzen ohne zu schauen, wohin! Nie eine Treppe benutzen, ohne sie wahrzunehmen.

Der Mensch steht und geht etwas vorgeneigt, nie auf den Fersen. Der Gang ist Ausdruck seiner Liquidität. Bei Abgängen von der Bühne, besonders nach hinten, sollte die Würde und Natürlichkeit des Vorwärtsgehens bewahrt bleiben.

Der Punkt

Er dient ausschließlich der Aufgliederung des Schriftbildes und hat keinen Bezug zur geprochenen Sprache. Ich bin dafür, Satzzeichen in jenem Text, den die Schauspieler lernen, zu streichen. Sich an den Punkt zu klammern, ist meist irreführend. Im Leben gibt es keinen Punkt. Der Punkt ist der Tod. Wenn ich einen Satz zu Ende gesprochen habe, denkt mein Hirn noch weiter, vielleicht möchte ich noch etwas sagen. Hauptsächlich im Fernsehen und in Synchronisationen wird der Punkt beachtet; oft versteht man die letzten Worte des Satzes gar nicht mehr aus Punktesprechsucht. In der deutschen Sprache ist oft der Nachsatz die Essenz des ganzen Satzes, die Pointe, die Kraft; das Wesentliche steht am Ende des Satzes! Darum nicht auf Punkt sprechen, die Stimme nicht fallenlassen, sondern weiterdenken...

Die Pause

Die inhaltslose Pause gibt es nicht. Sie soll etwas vortäuschen, was nicht ist – eine Dehnung des Nichts.

Keine Vorhangfallpausen! Keine Pausen, die als eitle Zäsuren daherkommen! Wenn schon Pausen, dann gefüllte! In Pausen, die das Individuum absichtlich macht, hört es nicht auf zu atmen, zu denken, zu leben – zu sein...

Auftritt – Abgang

Beide Bezeichnungen sind bühnentechnisch. Der Auftritt kann auch ein Abgang sein – für immer ...; es ist dann wichtiger, diese Situation zu spielen als einen Auftritt zu zelebrieren. Auftritt hat mit Feudaltheater zu tun. Auch ist das Abgehen nicht immer ein Abgang, denn dort fängt womöglich eine neue Situation an – eine Zukunft –, das muß man spüren lassen. Kortner pflegte zu sagen: „Warum gehen Sie so eilig ab, lockt Sie die Kantine?“

Bühne

Der Mensch lebt in einer gegenständlichen Welt. Bei der Benutzung und Überwindung von Hindernissen durch Gegenstände im Raum der Bühne wird Spannung zwischen Spiel und Wirklichkeit erzeugt: das Sein und das Tun in unserem gesellschaftlichen Leben... Ich bin deshalb gegen eine leere Bühne.

Nicht nur vor den Schauspielern auf der Bühne, überall in Zeit und Leben türmen sich vor uns Schwierigkeiten auf. Es genügt nicht, um sie herumzukommen mit Schlagworten wie „alles klar!“, „o.k.!“, „genau!“, „keine Probleme!“

Die Zukunft auf der Bühne gehört dem Virtuosen, er muß vielseitig sein; er muß mit Leben und Tod, mit Haß und Liebe, mit Krieg und Frieden in Bewegung und Sprache umgehen können, das heißt: er muß Worte, Sätze, Szenen in allen Versionen immer wieder durchspielen können. Und wenn er das alles zum tausendsten Male wiederholt hat, sollte es noch immer so sein, als hätte er es gerade erst erfunden...

Unruhe

... wie eben erst erfunden, so soll alles Wirken auf dem Theater sein; jede Sekunde Leben ist Veränderung der Gegenwart zur Zukunft. Diese aufregende Beweglichkeit muß das Theater besitzen, im Affront gegen den Luxus der Zuschauerräume, gegen die Stumpfheit der technisierten Unterhaltungs-Künstlichkeiten. Theater muß noch entschiedener Theater werden, Theater der Menschennatur; dann kann es befruchtend und lebenserhaltend sein, als Kunst innerhalb der Bemühungen um das Weiterleben der Menschen auf dieser Erde.

Rollenverzeichnis

(mit Premierendaten, so weit es zu recherchieren war)

I: Inszenierung
P: Karl Parylas Rolle

Roda Roda: „Der Feldherrnhügel“, Wien, Raimundtheater, 2. 9. 24
I: Karl Ehmann
P: Leutnant Palitschek

Goethe: „Götz von Berlichingen“, Wien, Raimundtheater, 15. 9. 24
I: Karl Heinz Martin
P: Richter des heimlichen Rats

Bahr: „Der Franzl“, Wien, Raimundtheater, 29 .9. 24
I: Fritz Rosenthal
P: Barthel; Simerl

Sardou: „Fedora“, Wien, Raimundtheater, 5. 12. 24
I: Herbert Furreg, mit Tilla Durieux
P: Dimitri, Groom

Schiller: „Maria Stuart“, Wien, Deutsches Volkstheater, 19. 12. 24
I: Rudolf Beer
P: Okely; Übernahme Mortimer 26. 5. 25

Laufs: „Pension Schöller“, Wien, Raimundtheater, 30. 12. 24
I: Karl Ehmann
P: Ernst Kießling

„Im weißen Rössel“, Wien, Raimundtheater, 8. 1. 25
I: Rosenthal, mit Hansi Niese
P: Assessor Breitenbach

„Eine Vorlesung bei der Hausmeisterin“, Wien, Raimundtheater, 13. 1. 25
I: Beer
P: Ein Herr

Schiller: „Jungfrau von Orleans“, Wien, Deutsches Volkstheater, 23. 1. 25
I: Beer
P: Raimond

Schiller: „Die Räuber“, Wien, Deutsches Volkstheater, 24. 1. 25
I: nicht angeben
P: Kosinsky, Hermann (1926)

Grabbe: „Napoleon oder die 100 Tage“, Wien, Deutsches Volkstheater, 13. 6. 25
I: Karl Heinz Martin
P: Vitry

Schiller: „Wallensteins Lager“ an einem Abend mit „Die Piccolomini“,
Wien, Deutsches Volkstheater, 10. 10. 25
I: Karl Heinz Martin, mit Albert Bassermann
P: Kürassier von einem wallonischen Regiment/ein Kornett

Schiller: „Wallensteins Tod“, Wien, Deutsches Volkstheater, 16. 10. 25
P: 1. Kürassier

Holz: „Traumulus“, Wien, Deutsches Volkstheater, 24. 10. 25
I: Rosenthal, mit Albert Bassermann, Hans Jaray
P: Klausing „Spartakus“

Raupach: „Der Müller und sein Kind“, Wien, Raimundtheater, 1. 11. 25
I: Felix Krones
P: Konrad

Bahr: „Josephine“, Wien, Raimundtheater, 10. 12. 25
mit Leopoldine Konstantin und Jakob Feldhammer
P: der Oberst

Schönherr: „Der Armendoktor“, Wien, Deutsches Volkstheater, 29. 1. 26
I: Martin
P: Invalider

Übernahme La Hire in Shaws „Die Heilige Johanna“ ab 17. 2. 26, ebenso beim
Gastspiel Elisabeth Bergner im Juni 1926

K. Mann: „Anja und Esther“, Wien, Raimundtheater, 7. 3. 26
I: Franz Theodor Csokor, mit Erika Mann, Pamela Wedekind
P: Erik

Shakespeare: „Was ihr wollt“, Wien, Deutsches Volkstheater, 20. 3. 26
I: Beer, mit Alexander Moissi
P: Sebastian

Pirandello: „Die lebende Maske“ an einem Abend mit Hauptmann: „Der weiße
Heiland“, Wien, Deutsches Volkstheater, 27. 3. 26
I: Rosenthal, mit Alexander Moissi
P: Landolfo/Pedro de Alvarado

Roland: „Ein Spiel von Tod und Zufall“, Wien, Deutsches Volkstheater, 26. 5. 26
I: Martin/ Moissi
P: Horace Bouchet
an einem Abend mit Tolstoi: „Er ist an allem schuld“
mit Alexander Moissi
P: Michajl

Lengyel: „Die Tänzerin“, Wien, Deutsches Volkstheater, 25. 6. 26
P: Lingart

Zuckmayer: „Der fröhliche Weinberg“, Wien, Deutsches Volkstheater, 5. 7. 26
mit Paula Wessely
P: Studienassessor Bruckmüller

Anzengruber: „Die Kreuzelschreiber“, Wien, Deutsches Volkstheater, 6. 7. 26
I: Rosenthal
P: Michl

Ohorn: „Die Brüder von St. Bernhard“, Wien, Deutsches Volkstheater, 14. 7. 26
I: Rosenthal
P: Franz Richter

1926 Tournee mit Alexander Moissi „Faust“ und „Er ist an allem schuld“

Werfel: „Paulus unter den Juden“, Köln, Vereinigte Stadttheater, 1926/27
I: Berthold Viertel

Hauptmann: „Und Pippa tanzt“, Darmstadt, Hessisches Landestheater, 28. 9. 27
I: Friedrich Neubauer
P: Hellriegel

Shakespeare: „Wie es euch gefällt“, Darmstadt, Hessisches Landestheater, 19. 6. 28
I: Günther Haenel
P: Orlando

Büchner: „Dantons Tod“, Düsseldorf, Städtische Bühnen, 1928/29
I: Arthur Pohl
P: St.Juste

Schiller: „Die Verschwörung des Fiesco zu Genua“, Düsseldorf, Städtische Bühnen, 1928/29
mit Jakob Feldhammer
P: Bourgonino

Weisenborn: „U Boot S4“, Düsseldorf, Städtische Bühnen, 1928/29
I: Arthur Pohl
P: Seemann

Pagnol: „Marius“, Breslau, Lobetheater, 1929/30
I: Max Ophüls, mit Käthe Gold
P: Marius

Sherrif: „Die andere Seite“, Breslau, Thaliatheater, 1929/30

Corrinth: „Trojaner“, Breslau, Thaliatheater, 1929/30

Zweig: „Das Lamm der Armen“, Breslau, Lobetheater, 1929/30

Rehfisch: „Die Affäre Dreyfus“, Breslau, Lobetheater, 1929/30

Shakespeare: „Richard III.“, Breslau, Lobetheater, 1930/31
I: Paul Barnay
P: Richard

Wolf: „Die Matrosen von Cattaro“, Breslau, Lobetheater, 8. 11. 30
I: Max Ophüls
P: Franz Rasch

Lessing: „Emilia Galotti“, Breslau, Thaliatheater, 1930/31
mit Käthe Gold
P: Prinz von Guastalla

Dreyer: „Die Reifeprüfung“, Darmstadt, Hessisches Landestheater, 8. 9. 31
I: Haenel
K: Knud Sengebusch

Shakespeare: „Romeo und Julia“, Darmstadt, Hessisches Landestheater, 7. 10. 31
I: Gustav Hartung
P: Romeo

Shaw: „Blanco Posnets Erweckung“, Darmstadt, Hessisches Landestheater, 29. 10. 31
I: Renato Mordo
P: Blanco Posnet

Hebbel: „Maria Magdalena“, Darmstadt, Hessisches Landestheater, 13. 11. 31
I: Haenel
P: Karl

Hauptmann: „Michael Kramer“, Darmstadt, Hessisches Landestheater, 18. 12. 31
I: Haenel, mit Paul Wegener
P: Arnolt Kramer

Billinger: „Rauhnacht“, Darmstadt, Hessisches Landestheater, 11. 2. 32
I: Artur Maria Rabenalt

Graff/Hintze: „Die endlose Straße“, Darmstadt, Hessisches Landestheater, 20. 4. 32
I: Haenel
P: Soldat

Bahr: „Das Konzert“, Darmstadt, Hessisches Landestheater, 19. 9. 32
I: Rabenalt
P: Dr. Jura

Schiller: „Wilhelm Tell“, Darmstadt, Hessisches Landestheater, 23. 10. 32
I: Hartung, mit Erwin Faber
P: Melchthal

Langer: „Peripherie“, Darmstadt, Hessisches Landestheater, 8. 11. 32
I: Adler
P: Franzi

Hopwood: „Der Mustergatte“, Darmstadt, Hessisches Landestheater, 9. 12. 32
I: Rabenalt, mit Lilli Palmer

Schiller: „Maria Stuart“, Darmstadt, Hessisches Landestheater, 20. 1. 33
I: Hartung
P: Mortimer

Goethe: „Faust I“, Wien, Theater in der Josefstadt, 4. 9. 33
I: Max Reinhardt, mit Max Pallenberg, Paula Wessely
P: Schüler

Duschinsky: „Makart“, Wien, Theater in der Josefstadt, 10. 11. 33
I: Otto Preminger, mit Anton Edthofer
P: Franz

Bus-Fekete: „Mehr als Liebe“, Wien, Theater in der Josefstadt, 5. 1. 34
I: Preminger, mit Paula Wessely, Attila Hörbiger,
P: Cernutti

Jaray: „Christiano zwischen Himmel und Hölle“, Wien, Theater in der Josefstadt, 26. 1. 34
I: Preminger
P: Leutnant Saldano

Fazio: „Silberfüchse“, Wien, Theater in der Josefstadt, 31. 3. 34
I: Paul Kalbeck, mit Maria Bard, Hans Jaray
P: Gino Testa

„Alt-Heidelberg“, Wien, Theater in der Josefstadt, 24. 4. 34
mit Hans Jaray
P: Karl Pilz

Schurek: „Straßenmusik“, Zürich, Schauspielhaus, 3. 5. 34
I: Leopold Lindtberg
P: Franzl

Nestroy: „Einen Jux will er sich machen“, Wien, Theater in der Josefstadt, 16. 10. 34
I: Preminger, mit Hans Moser, Oskar Karlweis
P: August Sonders

Kingsley: „Menschen in Weiß“, Wien, Theater in der Josefstadt, 9. 11. 34
I: Preminger, mit Hortense Raky
P: Dr. Ferguson

Kaiser: „Adrienne Ambrossart“, Wien, Theater in der Josefstadt, 5. 2. 35
I: Preminger, mit Paula Wessely, Ernst Deutsch
P: Staatsanwalt

Fodor: „Eine Frau lügt“, Wien, Theater in der Josefstadt, 2. 4. 35
I: Kalbeck
P: Georg Horvath

Gogol: „Die Spieler", Zürich, Schauspielhaus, 7. 3. 35
I: Lindtberg, mit Kurt Horwitz, Leonard Steckel, Wolfgang Heinz
P: der junge Glow

Benatzky: „Der König mit dem Regenschirm", Wien, Theater in der Josefstadt, 18. 4. 35
I: Preminger, mit Hortense Raky, Oskar Karlweis
P: Marcel

Fodor: „Liebe ist nicht so einfach", Wien, Theater in der Josefstadt, 19. 11. 35
I: Hans Thimig
P: Hans Angerer

Grillparzer: „Ein treuer Diener seines Herrn", Wien, Theater in der Josefstadt, 6. 12. 35
I: Ernst Lothar, mit Albert Bassermann
P: Graf Peter

Molnar: „Große Liebe", Wien, Theater in der Josefstadt, 23. 12. 35
I: Kalbeck, mit Lili Darvas, Hortense Raky, Hans Jaray
P: Ludwig

Schönherr: „Kindertragödie",Wien, Kammerspiele, 7. 3. 36
I: Kalbeck, mit Annie Maier, Johannes Obonya
P: der ältere Bruder

Molnar: „Liliom", Zürich, Schauspielhaus, 23. 5. 36
I: Lindtberg
P: Liliom

Anzengruber: „Das vierte Gebot", Wien, Theater in der Josefstadt, 11. 9. 36
I: Lothar, mit Gisela Werbezirk, Anton Edthofer, Adrienne Gessner
P: Martin Schalanter

Baszary: „Ehe", Wien, Theater in der Josefstadt, 29. 9. 36
I: Kalbeck, mit Rose Stradner
P: Toni

Fodor: „Matura", Wien, Theater in der Josefstadt, 22. 12. 36
I: Albert Heine
P: Otto Kreindl

Bourdet: „Feine Gesellschaft" (Fric-Frac), Wien, Kammerspiele, 4. 2. 37
I: Hans Thimig, mit Hans Moser
P: Jo

Benatzky: „Pariserinnen", Wien, Theater in der Josefstadt, 7. 5. 37
I: Kalbeck
P: Austräger

Goethe: „Geschwister", an einem Abend mit Mell: „Apostelspiel",
Wien, Theater in der Josefstadt, 16. 6. 37
I: Kalbeck, mit Paula Wessely, Attila Hörbiger, Alfred Neugebauer
P: Fabrice/Petrus

Baines: „Rovina", Wien, Kammerspiele, 22. 9. 37
I: Kalbeck, mit Ernst Deutsch
P: Liebhaber

Hart/Kaufmann: „Freut Euch des Lebens", Wien, Kammerspiele, 22. 10. 37
I: Thimig, mit Rosa Valetti
P: Russe

Gorki: „Nachtasyl", Wien, Kammerspiele, 12. 11. 37
I: Lothar, mit Albert Bassermann, Tilla Durieux, Maria Becker
P: Waska Pepel

Bernstein: „Die Reise", Wien, Theater in der Josefstadt, 17. 3. 38
I: M. Schulz, mit Maria Bard, Eric Frey, Ilse Werner
P: Maxime Rudin

Lessing: „Minna von Barnhelm", Wien, Theater in der Josefstadt, 20. 4. 38
I: Kalbeck, mit Paula Wessely, Attila Hörbiger
P: Paul Werner

Buch: „Vertrag von Karakat", Wien, Theater in der Josefstadt, 13. 5. 38
I: Thimig
P: Keßler

1938–1945 Zürich, Schauspielhaus

Shakespeare: „Troilus und Cressida", 1. 9. 38
mit Emil Stöhr
P: Achill

Dostojewski: „Schuld und Sühne", 8. 9. 38
I: Leonard Steckel
P: Raskolnikoff

Sophokles: „König Ödipus", 13. 10. 38
I: Oskar Wälterlin
P: Ödipus

Goethe: „Götz von Berlichingen", 22. 10. 38
I: Leopold Lindtberg
P: Lerse

Gehri: „Sechste Etage", 3. 11. 38

Zuckmayer: „Bellmann", 17. 11. 38
I: Leopold Lindtberg, mit Marion Wünsche, Ernst Ginsberg
P: Bellmann

Hauptmann: „Hanneles Himmelfahrt", 15. 12. 38
I: Steckel, mit Grete Heger, Ernst Ginsberg
P: Dr. Wachler

Kesser: „Talleyrand und Napoleon", 22. 12. 38
mit Albert Bassermann, Leonard Steckel
P: Napoleon

Heller/Engler: „Das Ministerium ist beleidigt", 31. 12. 38

Schiller: „Wilhelm Tell", 26. 1. 39
I: Wälterlin
P: Melchthal

Horne: „Ja und Nein", 16. 2. 39

Tolstoi: „Die Macht der Finsternis", 25. 2. 39
I: Lindtberg, mit Therese Giehse, Ernst Ginsberg, Maria Becker
P: Nikita

Wilder: „Unsere kleine Stadt", 9. 3. 39
I: Lindtberg
P: Organist

Gertsch: „Sir Basils letztes Geschäft", 23. 3. 39

Schiller: „Die Jungfrau von Orleans", 14. 4. 39
I: Steckel, mit Maria Becker
P: Dauphin

Molière: „Tartuffe", 27. 4. 39
I: Lindtberg, mit Erwin Kalser
P: Orgon

Shakespeare: „Komödie der Irrungen", 7. 9. 39
I: Steckel
P: Antipholus

Hebbel: „Judith", 21. 9. 39
I: Wälterlin, mit Maria Becker
P: Holofernes

E. Williams: „Die Nacht wird kommen", 26. 10. 39
P: Groom

Calderon: „Der Richter von Zalamea", 9. 11. 39
I: Steckel
P: Don Alvaro

Sherwood: „Lincoln", 25. 11.3 9
I: Franz Schnyder

Shakespeare: „Viel Lärm um nichts", 9. 12. 39
I: Lindtberg
P: Holzapfel, Emil Stöhr: Schlehwein

Nestroy: „Lumpazivagabundus", 31. 12. 39
I: Lindtberg, mit Stöhr, Heinrich Gretler
P: Zwirn

Lessing: „Emilia Galotti", 11. 1. 40
I: Wälterlin
P: Prinz von Guastalla

Büchner: „Dantons Tod", 8. 2. 40
I: Lindtberg, mit Wolfgang Heinz, Wolfgang Langhoff
P: St. Juste

Sophokles: „Antigone", 15. 2. 40
I: Wälterlin
P: Haimon

Zoch: „Jenny und der Herr im Frack", 24. 2. 40
I: Steckel
mit Hortense Raky und Karl Paryla

Giraudoux: „Undine", 21. 3. 40
I: Steckel, mit Therese Giehse, Grete Heger, Wolfgang Heinz
P: Ritter Hans

Goethe: „Faust I", 4. 4. 40
I: Lindtberg, mit Wolfgang Langhoff, Ernst Ginsberg, Hortense Raky
P: Valentin

Schurek: „Straßenmusik", 25. 4. 40
I: Lindtberg
P: Lünk

Goethe: „Faust II", 18. 5. 40
I: Lindtberg
P: Lynkeus

Schiller: „Maria Stuart", 19. 4. 40
I: Wälterlin, mit Maria Becker, Margarete Fries
P: Mortimer

Hauptmann: „Die Ratten“, 3. 10. 40
I: Steckel, mit Therese Giehse
P: Bruno

Kaiser: „Der Soldat Tanaka“, 2. 11. 40
I: Schnyder, mit Grete Heger
P: Tanaka

I. Shaw: „Feine Leute“, 16. 11. 40
I: Steckel, mit Hortense Raky, Wolfgang Heinz
P: Goff

Beaumarchais: „Figaros Hochzeit“, 14. 12. 40
I: Wälterlin
P: Figaro

Raimund: „Der Bauer als Millionär“, 31. 12. 40
I: Lindtberg, mit Heinrich Gretler, Emil Stöhr, Hortense Raky
P: Lorenz

Schiller: „Don Carlos“, 30. 1. 41
I: Wälterlin, mit Emil Stöhr
P: Marquis Posa

Shakespeare: „Romeo und Julia“, 20. 3. 41
I: Max Ophüls, mit Hortense Raky
P: Romeo

Brecht: „Mutter Courage und ihre Kinder“, 19. 4. 41
I: Lindtberg, mit Therese Giehse, Wolfgang Langhoff, Erika Pesch
P: Schweizerkaas

Bahr: „Das Konzert“, 1. 5. 41
P: Dr. Jura

Shakespeare: „Julius Cäsar“, 15. 5. 41
I: Lindtberg, mit Kurt Horwitz, Emil Stöhr, Wolfgang Langhoff
P: Marc Anton

Wilde: „Bunbury“, 24. 5. 41
I: Wälterlin
P: Algernon

Calderon: „Dame Kobold“, 12. 6. 41
I: Steckel
P: Hauptmann Cosme

Tschechow: „Onkel Wanja“, 28. 6. 41
I: Steckel
P: Dr. Astrow

Shakespeare: „König Johann", 18. 9. 41
I: Wälterlin, mit Kurt Horwitz, Wolfgang Langhoff, Maria Becker
P: Bastard

Ardrey: „Leuchtfeuer", 4. 10. 41
I: Steckel
P: Streeter

Lope de Vega: „Der Ritter vom Mirakel", 6. 11. 41
I: Steckel, mit Hortense Raky
P: Luzman

Nestroy: „Einen Jux will er sich machen", 31. 12. 41
I: Lindtberg
P: Weinberl

Tolstoi: „Er ist an allem schuld", 26. 2. 42
I: Steckel
P: Bauer Michael

Shakespeare: „König Richard III.", 19. 3. 42
I: Lindtberg, mit Leonard Steckel
P: Herzog von Buckingham

Tolstoi: „Der lebende Leichnam", 9. 4. 42
I: Lindtberg
P: Fedja

Rössner: „Karl III. und Anna von Österreich", 16. 5. 42
mit Hortense Raky und Karl Paryla

Shakespeare: „Der Sturm", 28. 5. 42
I: Steckel, mit Wolfgang Heinz
P: Ariel

Widmann: „Maikäfer-Komödie", 20. 6. 42
P: der Rote

Ibsen: „Der Bund der Jugend", 10. 9. 42
I: Steckel

Grillparzer: „Bruderzwist in Habsburg", 13. 9. 42
I: Wälterlin

Kesser: „Professor Intermann", 24. 10. 42

Schiller: „Die Räuber", 28. 11. 42
I: Lindtberg, mit Fritz Delius, Wolfgang Langhoff
P: Karl Moor

Anzengruber: „Das vierte Gebot“, 19. 12. 42
I: Lindtberg, mit Wolfgang Heinz, Emil Stöhr, Heinrich Gretler
P: Martin Schalanter

Goldoni: „Der Diener zweier Herren“, 31. 12. 42
I: Steckel
P: Truffaldino

Brecht: „Der gute Mensch von Sezuan“, 4. 2. 43
I: Steckel, mit Maria Becker
P: Yang Sun

Hofmannsthal: „Der Turm“, 5. 6. 43
I: Steckel, mit Kurt Horwitz, Wolfgang Langhoff, Lukas Ammann
P: Sigismund

Shakespeare: „Timon von Athen“, 17. 6. 43
I: Lindtberg, mit Wolfgang Heinz, Kurt Horwitz
P: Sempronius

Schiller: „Wallensteins Lager“ an einem Abend mit „Die Piccolomini“, 4. 9. 43
I: Wälterlin

Brecht: „Galileo Galilei“, 9. 9. 43
I: Steckel
P: der kleine Mönch

Tolstoi: „Und das Licht leuchtet in der Finsternis“, 30. 9. 43
P: Nicolai

Schiller: „Wallensteins Tod“, 14. 10. 43
I: Wälterlin

Nestroy: „Der Zerrissene“, 30. 3. 44
I: Lindtberg
P: Herr von Lips

Lorca: „Bluthochzeit“, 15. 4. 44
I: Steckel, mit Maria Becker
P: Leonardo

Claudel: „Der seidene Schuh“, 10. 6. 44
mit Maria Becker
P: Don Rodrigue

Cronin: „Jupiter lacht“, 14. 9. 44
I: Robert Trösch, mit Maria Becker

Goethe: „Egmont“, 23. 9. 44
I: Wälterlin, mit Wolfgang Langhoff, Hortense Raky
P: Vansen

Hofmannsthal: „Cristinas Heimreise", 26. 10. 44
I: Wälterlin, mit Käthe Gold
P: Florindo

Synge: „Der Held des Westerlands", 22. 3. 45
P: Christopher Mahon

Shaw: „Kaptän Brassbounds Bekehrung", 14. 4. 45

Shakespeare: „Perikles von Tyrus", 24. 5. 45

1946 bis heute

Raimund: „Der Barometermacher auf der Zauberinsel", Wien, Volkstheater, 1. 3. 46
I: Günther Haenel, mit Inge Konradi, Teddy Grieg
P: Quecksilber

Nestroy: „Der Talisman", Wien, Theater in der Josefstadt, 29. 10. 46
I: Franz Pfaundler
P: Titus

Ostrowski: „Ein junger Mann macht Karriere", Wien, Volkstheater, 27. 2. 47
I: Friedrich Neubauer
P: Glumow

Burns: „Der Tag bricht an", Wien, Theater in der Josefstadt, 24. 4. 47
I: Pfaundler
P: Williams

Hofmannsthal: „Jedermann", Salzburger Festspiele, 1947 und 1948
I: Helene Thimig, mit Attila Hörbiger
P: Teufel

Bahr: „Das Konzert", Wien, Theater in der Josefstadt, 16. 2. 48
I: Pfaundler, mit Robert Forster, Hortense Raky
P: Dr. Jura

Tschechow: „Der Kirschgarten", Wien, Theater in der Josefstadt, 1948
mit Dagny Servaes
P: Gajew

Grillparzer: „Des Meeres und der Liebe Wellen", Salzburger Festspiele 29. 7. 1948
I: Ernst Lothar, mit Paula Wessely
P: Naukleros

Simonow: „Die russische Frage", Wien, Scala-Theater, 6. 3. 48
I: Haenel, mit Wilhelm Heim, Emil Stöhr, Wolfgang Heinz, Kitty Stengel, Julia Janssen, Fritz Horn, Friedrich Neubauer, Mario Kranz
P: Harry Smith

Nestroy: „Höllenangst", Wien, Neues Theater in der Scala, 16. 9. 48
I: Friedrich Neubauer
P: Wendelin

Preses/ Becher: „Der Bockerer", Neues Theater in der Scala, 2. 10. 48
I: Haenel
P: Alois Selchgruber

Gorki: „Die Feinde", Neues Theater in der Scala, 16. 11. 48
I: Wolfgang Heinz
P: Jakob Bardin

Odets: „Golden Boy", Neues Theater in der Scala, 14. 4. 49
I: Heinz
P: Joe Bonaparte

Goethe: „Clavigo", Salzburger Festspiele, 28. 7. 49
I: Ernst Lothar, mit Will Quadflieg, Hans Jaray, Käthe Gold
P: Beaumarchais

Shakespeare: „Othello", Neues Theater in der Scala, 6. 10. 49
I: Neubauer/Haenel
P: Jago

Odets: „Golden Boy", Berlin-Ost, Deutsches Theater, 20. 1. 50
I: Wolfgang Langhoff
P: Joe Bonaparte

Goethe: „Die Mitschuldigen", Neues Theater in der Scala, 4. 1. 51
I: Neubauer
P: Alcest

Nestroy: „Der Zerrissene", Neues Theater in der Scala, 18. 5 . 51
I: Neubauer
P: Herr v. Lips

Shakespeare: „Der Widerspenstigen Zähmung", Neues Theater in der Scala, 3. 6. 52
I: Hans Lietzau
P: Petrucchio

Nestroy: „Einen Jux will er sich machen", Neues Theater in der Scala, 8. 10. 52
I: Emil Stöhr
P: Weinberl

Pogodin: „Das Glockenspiel des Kreml", Neues Theater in der Scala, 19. 11. 52
I: Friedrich Lobe
P: Lenin

Nestroy: „Eulenspiegel oder Schabernack über Schabernack“, Neues Theater in der Scala, 2. 4. 53
I: Stöhr
P: Eulenspiegel

Burjakowski: „Julius Fucik“, Neues Theater in der Scala, 29. 4. 53
I: Friedrich Links
P: Fucik

Shaw: „Der Mann des Schicksals“ an einem Abend mit „Blanco Posnets Erweckung“, Neues Theater in der Scala, 4.6.54
I: Christian Moeller
P: Napoleon/Blanco Posnet

Shakespeare: „Hamlet“, Neues Theater in der Scala, 9. 9. 54
I: Heinz
P: Hamlet

Molnar: „Liliom“, Neues Theater in der Scala, 27. 1. 56
I: Heinz
P: Liliom

Schiller: „Wilhelm Tell“, Neues Theater in der Scala, 2. 3. 56
I: Stöhr/Heinz
P: Wilhelm Tell

Brecht: „Leben des Galilei“, Neues Theater in der Scala, 9. 6. 56
I: Heinz
P: Galilei

Ostrowski: „Der Wald“, München, Kammerspiele, 23. 9. 56
I: Hans Schweikart, mit Therese Giehse, Hanne Hiob, Otto Schenk
P: Gennadi Demjanitsch

Goethe: „Faust“, München, Residenztheater, 11. 12. 56
I: Fritz Kortner, mit Gerd Brüdern
P: Mephisto

Shakespeare: „Was ihr wollt“, München, Kammerspiele, 20. 7. 57
I: Fritz Kortner, mit Peter Arens, Curt Bois, Eva-Ingeborg Scholz
P: Narr

Büchner: „Dantons Tod“, München, Residenztheater, 9. 7. 59
I: Kortner, mit Hans Christian Blech
P: Robespierre

Nestroy: „Die verhängnisvolle Faschingsnacht“, Wien, Theater in der Josefstadt, 6. 6. 62
I: Heinrich Schnitzler
P: Lorenz

Nestroy: „Frühere Verhältnisse", Wien, Theater in der Josefstadt, 31. 8. 62
I: Schenk
P: Muffl
an einem Abend mit Wildgans: „In Ewigkeit Amen"
I: Friedrich Kallina
P: Kellner

Gogol: „Die Heirat", Wien, Theater in der Josefstadt, 3. 10. 62
I: Hans Hollmann, mit Leopold Rudolf
P: Kotschkarjow

Kortner: „Zwiesprache", München, Kammerspiele, 11. 4. 64
I: Kortner, mit Marianne Hoppe, Martin Held
P: Prof. Ewald

Schiller: „Kabale und Liebe", München, Kammerspiele, 25. 3. 65
I: Kortner, mit Helmut Lohner, Christiane Hörbiger, Hortense Raky
P: Vater Miller

Nestroy: „Das Haus der Temperamente", Wiener Festwochen, 23. 5. 65
I: Gustav Manker
P: Schlankl

Martin Walser: „Zimmerschlacht", Zürich, Theater am Neumarkt, März 1969
I: Reinhard Spoerri, mit Hortense Raky
P: Felix Fürst

Forte: „Martin Luther und Thomas Münzer", Westberlin, Freie Volksbühne, 30. 3. 71
I: Hansjörg Utzerath
P: Friedrich von Sachsen

Shakespeare: „Was ihr wollt", Salzburger Festspiele 1972, 1973 und 1974
I: Otto Schenk, mit Klaus Maria Brandauer
P: Narr

Raimund: „Der Bauer als Millionär", Wien, Volkstheater, 26. 5. 1973
I: Gustav Manker
P: Fortunatus Wurzel

Strehler/Shakespeare: „Das Spiel der Mächtigen I" und „Das Spiel der Mächtigen II", Salzburger Festspiele 1973 und 1974
I: Giorgio Strehler, mit Michael Heltau
P: Totengräber

Horvath: „Geschichten aus dem Wiener Wald", Wien, Burgtheater, 6. 3. 1974
I: Otto Schenk
P: Zauberkönig

Goldoni: „Die Trilogie der Sommerfrische", Wien, Burgtheater, 9. 11. 1974
I: Giorgio Strehler
P: Onkel Bernardino

Brecht: „Herr Puntila und sein Knecht Matti“, Wien, Volkstheater, 18. 3. 76
I: Herwig Seeböck
P: Puntila

Canetti: „Hochzeit“, Wien, Akademietheater, 25. 9. 1985
I: Hans Hollmann
P: Dr. Bock

Raimund: „Der Bauer als Millionär“,
Salzburger Festspiele 1987, 1988
I: Jürgen Flimm, mit Otto Schenk
P: das hohe Alter

Raimund: „Der Bauer als Millionär“, Frankfurt, Schauspielhaus, 13. 2. 1992
I: Peter Eschberg, mit Otto Tausig
P: das hohe Alter

Inszenierungsverzeichnis

(mit Premierendaten, so weit es zu recherchieren war)

B: Bühnenbildner

Zürich 1940–44:

Helwig: „Am hellichten Tag", 26. 9. 40
B: Teo Otto
mit Hortense Raky, Emil Stöhr

Ibsen: „John Gabriel Borkmann", 16. 10. 41
B: Teo Otto
mit Wolfgang Heinz, Therese Giehse, Margarete Fries, Emil Stöhr

Berr/Verneuil: „Meine Schwester und ich", 29. 11. 41
B: Teo Otto, Musik: Bernatzki
mit Emil Stöhr, Hortense Raky

Schnitzler: „Liebelei" , 29. 1. 42
B: Teo Otto
mit Hortense Raky, Emil Stöhr, Robert Freytag, Grete Heger

Molière: „Heirat wider Willen", 26. 2. 42
B: Teo Otto

Strindberg: „Königin Christine", 11. 11. 43
B: Teo Otto
mit Maria Becker, Wolfgang Langhoff

Lope de Vega: „Was kam denn da...ins Haus?, 24. 2. 44
B: Teo Otto
mit Wolfgang Langhoff, Hortense Raky, Emil Stöhr

Neues Theater in der Scala 1949–56:

Vega: „Was kam denn da ins Haus...", 17. 2. 49
B: Heinrich Sussmann
mit Eduard Loibner, Kitty Stengel, Hortense Raky, Emil Stöhr, Hans Putz, Erwin Faber, Ursula Lingen, Otto Tausig

Beaumarchais: „Figaros Hochzeit", 16. 3. 50
B: Sussmann
mit Wolfgang Heinz, Eva Zilcher, Hortense Raky, Heinrich Schweiger
P: Figaro

Nestroy: „Das Mädel aus der Vorstadt", 23. 10. 50
B: Paryla, Musik: Marcel Rubin
mit Fritz Eckart, Erika Pelikowsky, Veit Relin, Guido Wieland

Gorki: „Die Kleinbürger", 22. 11. 50
I: Heinz/Paryla, B: Thomasberger
mit Wilhelm Hufnagl, Dorothea Neff, Emil Stöhr, Eva Zilcher, Friedrich Links, Maria Gabler, Hortense Raky, Wolfgang Heinz
P: Nil

Tolstoi: „Auferstehung", 22. 3. 51
B: Sussmann
mit Hortense Raky, Dorothea Neff, Emil Stöhr, Otto Tausig, Rudolf Rhomberg, Veit Relin, Peter Sturm
P: … vom Autor

Grillparzer: „Der Traum ein Leben", 6. 9. 51
B: Fery Windberger
mit Emil Stöhr, Wolfgang Heinz, Hortense Raky, Herbert Dirmoser

Nestroy: „Die schlimmen Buben in der Schule / Häuptling Abendwind", 2. 11. 51
B: Sussmann
mit Fritz Imhoff, Otto Tausig, Raky, Luwig Blaha, Emil Stöhr, Lilly Schmuck

Gogol: „Der Revisor", 21. 12. 51
B: Windberger
mit Heinz, Schmuck, Friedrich Lobe, Joe Liszt, Peter Sturm, Emil Stöhr, Otto Tausig, Friedrich Links

Tolstoi: „Der lebende Leichnam", 5. 5. 55
I: Paryla/Raky, B: Theo Harisch
mit Erika Pelikowsky, Aladar Kunrad
P: Fedja

Calderon: „Dame Kobold", 6. 5. 56
B: Sussmann
mit Hortense Raky, Emil Stöhr, Alfons Lipp, Hans Rüdgers, Kunrad

1956 bis heute

Gorki: „Die Kleinbürger", Berlin-Ost, Kammerspiele, 12. 3. 57
I: Paryla/ Heinz, B: Bert Kistner
mit Friedrich Lobe, Hortense Raky, Wolfgang Heinz, Emil Stöhr, Gisela May, Friedrich Links, Erika Pelikowsky, Ostara Körner
P: Nil

Tolstoi: „Auferstehung", Berlin-Ost, Deutsches Theater, 8. 9. 57
mit Hortense Raky, Emil Stöhr, Anneliese Reppel, Paula Ronay, Hans Anklam, Hans Schille, Werner Segtrop, Hans Stetter, Lilly Schmuck
P: …vom Autor

Nestroy: „Der Talisman", München, Kammerspiele, 21. 12. 57
B: Alois Sippl
mit Gertrude Kückelmann (später Ruth Drexel), Barbara Gallauner, Lilly Stepanek, Elisabeth Neumann, Otto Schenk, Rudolf Rhomberg, Hans Unterkirchner
P: Titus Feuerfuchs

Shaw: „Der Mann des Schicksals“ an einem Abend mit „Blanco Posnets Erweckung“, Berlin-Ost, Deutsches Theater, 23. 5. 1958
B: Siegfried Stepanek
mit Hortense Raky, Friedrich Lobe, Georg Peter-Pilz, Horst Drinda
P: Napoleon/Blanco Posnet

Schiller: „Wallenstein“-Trilogie, Berlin-Ost, Deutsches Theater, 26. 3. 59
B: Karl von Appen
mit Wolfgang Heinz, Horst Drinda, Wolfgang Langhoff, Hortense Raky, Peter Sturm

Nestroy: „Einen Jux will er sich machen“, München, Kammerspiele, 22. 12. 59
B: Hill Reihs-Gromes, Couplets: Georg Kreisler
mit Hans Moser, Lotte Lang, Rudolf Rhomberg
P: Weinberl

Tolstoi: „Der lebende Leichnam“, München, Kammerspiele, 14. 3. 60
B: Th. Harisch
mit Gertrude Kückelmann, Johanna Terwin-Moissi, Hortense Raky, Rudolf Rhomberg,
P: Fedja

Kohout: „Die dritte Schwester“, Berlin-Ost, Deutsches Theater, 19. 11. 61
B: Zbynek Kolár
mit Lisl Macheiner, Raky, May, Barbara Adolph, Hella Müller, Harry Hindemith

Nestroy: „Der böse Geist Lumpazivagabundus“, München, Kammerspiele, 6. 5. 64
B: Walter Dörfler / Hill Reihs-Gromes
mit Attila Hörbiger, Peter Eschberg, Romuald Pekny

Weiss: „Die Verfolgung und Ermordung Jean Paul Marats, dargestellt durch die Schauspieltruppe des Hospizes zu Charenton unter Anleitung des Herrn de Sade“, Hamburg, Das Junge Theater, 18. 11. 65
B: Günther Ulikowski
mit Günter Witte, Victor Warsitz, Julia Fjorsen, Hans Timmermann, Hans Peter Korff, Ursula Sieg

Ostrowski: „Der Wald“, Hamburg, Das Junge Theater, 10. 11. 66
B: Erich Grandeit
mit Katharina Brauren, Dorit Amann, Hans Timmermann, Friedrich Schütter
P: Gennadi Demjanitsch

de Rojas/Terron: „Celestina“, Köln, 2. 10. 66
B: Max Bignens
mit Grete Wurm

Shaw: „Haus Herzenstod“, Stuttgart, Württembergisches Staatstheater, 16. 6. 67
B: Rochus Gliese
mit Ludwig Anschütz, Ingeborg Engelmann, Hannelore Hoger, Manfred Lichtenfeld

Weiss: „Gesang vom lusitanischen Popanz“, Westberlin, Schaubühne am Hallischen Ufer, 6. 10. 67
B: W.Mau/I.Träbing/K. Weiffenbach
mit Ursula Gompf, Siegrid Hackenberg, Peter Herzog, Lore Calvies, O.A. Buck

Mueller: „Halbdeutsch", München, Kammerspiele – Werkraumtheater, 7. 12. 67
B: Zimmermann
mit Eickelbaum, Bahr, Bohne, Bardischewski, Höning, Becker

Hacks: „Der Frieden", Dortmund, 9. 2. 68
B: Hainer Hill
mit Hermann Motschach, Harry Flick, Jürgen Dessau

Goethe: „Urfaust" , Hamburg, Das Junge Theater, 21. 3. 68
B: Grandeit
mit Adolph Spalinger, Heinz Reincke, Dorit Amann, Erni Mangold

Nestroy: „Der Kobold oder Staberl im Feendienst", Wiener Festwochen, 19. 5. 1968
B: Gerhard Hruby
mit Otto Schenk, Heinz Petters, Kurt Sobotka, Harry Fuss, Karl Farkas, Gretl Elb, Gabriele Jacoby, Stephan Paryla

Schiller: „Don Carlos", Staatstheater Wiesbaden, 1968
mit Oskar Kölblinger, Willy Reichmann, Johanna Mertinz, Angela Müthel

Weiss: „Gesang vom lusitanischen Popanz", Hamburg, Das Junge Theater, 31. 10. 68
B: Günter Ulikowski
mit Lore Calvies, Ursula Gompf, Siegrid Hackenberg, Alexander Welbat

Baldwin: „Blues für Mister Charlie", Staatstheater Wiesbaden, Ende 1968
B: Frank Schultes
mit Werner Rundshagen, Stephan Paryla

Gorki: „Die Kleinbürger", Köln, 22. 2. 69
B: Frank Schultes
mit Peter Eschberg, Günter Heising, Brigitte Drummer, Günter Lamprecht, Christiane Bruhn

Molière: „Tartuffe", Hamburg, Deutsches Schauspielhaus, Herbst 1969
B: Karl Gröning
mit Curt Bois, Hermann Schomberg, Witta Pohl, Hortense Raky

Nestroy: „Freiheit in Krähwinkel", Zürich, Schauspielhaus, 31. 12. 69
B: Toni Businger
mit Christiane Hörbiger, Grete Heger, Angelica Arndts, Heinz Winter, Heinrich Gretler, Hans Siegl

Canetti: „Hochzeit", Köln, 28. 2. 70
B: Hainer Hill
mit Julius Mitterer, Michaela Trescher, Helga Grimme, Matthias Fuchs

Baldwin: „Blues für Mister Charlie", Hamburg, Junges Theater, 2.4.70
B: Frank Schultes
mit Werner Schumacher, Ruth-Maria Kubitschek, Friedrich Schütter, Stephan Paryla, Christine Mylius

O'Brien: „Mörderische Engel", Westberlin, Schillertheater, Ende 1970

Shakespeare: „Der Sturm", Nürnberg, 11. 7. 1971
B: Walter Perdacher
mit Willy Trenk-Trebitsch, Nicolas Brieger

Raimund: „Der Diamant des Geisterkönigs", Graz, Schauspielhaus, 3.2.72
B: Wolfram Skalicki
mit Stephan Paryla, Heribert Just, Ute Radkohl

Milar: „Die Geschichte von Abelard und Heloise", Hamburg, Das Junge Theater, 12.10.72
B: Grandeit
mit Ursula Gompf, Ernst Meister, Götz Hermann-Grabner

Büchner: „Dantons Tod", Hannover, Staatstheater im „Theater am Aegi", 10. 2. 73
B: Walter Gondolf
mit Wolf Richards, Dieter Hufschmidt, Elke Claudius, Wolfgang Krassnitzer, Günther Einbrodt

Genet: „Der Balkon", Hamburg, Ernst-Deutsch-Theater (bisher Das Junge Theater), 22. 3. 73
B: Grandeit
mit Barbara Rütting, Franz Josef Steffens, Maria Emo

Wolfe: „Herrenhaus", Wien, Theater in der Josefstadt, 4. 10. 73
B: Bernd Müller / Jörg Neumann
mit Klaus Maria Brandauer, Eric Frey, Vilma Degischer, Marianne Nentwich

Schnitzler: „Der grüne Kakadu" an einem Abend mit „Literatur", Westberlin, Schillertheater, Juni 1975
mit Curt Bois, Alexander Grill, Loni von Friedl, Lothar Blumhagen

Schiller: „Die Räuber", Hamburg, Ernst-Deutsch-Theater, 6. 11. 75
B: Max Bignens
mit Albert Lippert, Volker Lechtenbrink, Jörg Pleva

Quintero: „Der magere Preis von Kuba", Wuppertal, Ende 1975

Hauptmann: „Michael Kramer", München, Residenztheater, 4. 7. 76
B: Walter Dörfler
mit Franz Kutschera, Hortense Raky, Nikolaus Paryla, Walter Schmidinger

Gorki: „Die Kleinbürger", Hamburg, Ernst-Deutsch-Theater, 12. 8. 76
B: Franz Schultes
mit Walter Jokisch, Siegrid Hackenberg, Jörg Pleva, Witta Pohl, Rolf Becker

Nestroy: „Der böse Geist Lumpazivagabundus", München, Residenztheater 13. 11. 76
B: Dörfler
mit Toni Berger, Dieter Kirchlechner, Nikolaus Paryla, Kurt Meisel

Grumberg: „Dreyfus...", Hamburg, Ernst-Deutsch-Theater, 10. 3. 77
B: Grandeit
mit Joav Jasinski, Ursula Gompf

Gogol: „Der Revisor", München, Residenztheater, 9. 2. 78
B: Dörfler
mit Max Eckard, Barbara Gallauner, Karl Lieffen, Otto Bolesch, Nikolaus Paryla

Brecht: „Herr Puntila und sein Knecht Matti", Hamburg, Ernst-Deutsch-Theater, 6. 4. 78
B: Arnon Adar
mit Jörg Pleva, Giulia Follina
P: Puntila

Gorki: „Wassa Schelesnowa", Wien, Volkstheater, 3. 9. 78
B: Walter Dörfler
mit Hortense Raky, Brigitte Swoboda, Doris Weiner, Stephan Paryla

de Rojas/Terron: „Celestina", München, Residenztheater, 1. 12. 78
B: Walter Dörfler
mit Maria Becker

Kleist: „Der zerbrochene Krug", Hamburg, Ernst-Deutsch-Theater, 15. 2. 79
B: Walter Dörfler
mit Friedrich Schütter, Michael Derda, Edith Teichmann

Duschinsky: „Kaiser Franz Joseph I.", Wien, Volkstheater, 19. 5. 79
B: Walter Dörfler
mit Hans Jaray, Margarete Fries, Hortense Raky, Ernst Meister
P: Victor Adler

Gogol: „Heirat", Wien, Volkstheater in den Außenbezirken, 30. 9. 79
B: Gottfried Neumann-Spallart
mit Hilde Sochor, Doris Weiner, Walter Langer, Heinz Petters

Breschan: „Hamlet in Unterschlammdorf", Wien, Volkstheater, 22. 2. 80
B: Svetolik Zdravkovic
mit Hilde Sochor, Brigitte Swoboda, Stephan Paryla-Raky, Walter Langer, Manfred Jaksch, Georg Trenkwitz
P: Bukara

Gorki: „Wassa Schelesnowa", Hamburg, Ernst-Deutsch-Theater, 16. 10. 80
B: Walter Dörfler
mit Inge Meisel, Ursula Gompf, Giulia Follina
P: Schelesnow

Goldoni: „Krach in Chioggia“, Hamburg, Thalia Theater, 5. 2. 81
B: Pavel Bilek
mit Klaus Dittmann, Susanne Altschul, Lothar Rehfeldt, Susanne Lothar, Günter Heising, Ursula Gompf

Soyfer: „Der Lechner Edi schaut ins Paradies“, Wien, Max-Reinhardt-Seminar, 2. 3. 81
B: Zdravkovic
mit Helmut Kahn, Michaela Pilss, Oliver Stern

Rosgony/Dahlen: „Die Affäre Offenbach“, Hamburg, Ernst-Deutsch-Theater, 17. 9. 81
B: Bilek
mit Friedrich Schütter, Douglas Welbat, Adolph Spalinger, Dorothea Dahlen

Rehfisch/Herzog: „Die Affäre Dreyfuß“, Wien, Volkstheater, 8. 9. 82
B: Bignens
mit Ernst Meister, Rudolf Strobl, Hermann Schmid, Johanna Mertinz

Shakespeare: „Hamlet“, Hamburg, Ernst-Deutsch-Theater, 4. 3. 82
B: Bignens
mit Jörg Pleva
P: Erster Schauspieler, Erster Totengräber

Goethe: „Clavigo“, Hamburg, Ernst-Deutsch-Theater, 14. 10. 82
B: Grandeit
mit Volker Lechtenbrink, Kurt Conradi, Douglas Welbat, Angelika Draak, Ursula Gompf

Brecht: „Schweyk im zweiten Weltkrieg“, Hamburg, Ernst-Deutsch-Theater, 10. 11. 83
B: Grandeit
mit Ursula Gompf, Friedrich Schütter, Douglas Welbat
P: Schweyk

Nestroy: „Mein Freund“, Wien, Volkstheater, 8. 4. 1984
B: Rolf Langenfass
mit Walter Langer, Heinz Petters, Rudolf Strobl, Margarete Fries, Hilde Sochor, Andrea Spatzek

Stoppard: „Night and Day“, Hamburg, Ernst-Deutsch-Theater, 9. 8. 84
B: Dörfler
mit Daniela Ziegler, Peter Gross, Helmut Strauss

Gogol: „Die Heirat“, Hamburg, Ernst-Deutsch-Theater, 1. 11. 84
B: Dörfler
mit Ursula Gompf, Senta Sommerfeld, Utz Richter
P: Kotschkarjow

Hauptmann: „Fuhrmann Henschel“, Hamburg, Ernst-Deutsch-Theater, 21.3.85
B: Dörfler
mit Friedrich Schütter, Regina Pressler, Sylvia Wempner, Peter Franzon

Hochhuth: „Judith“, Hamburg, Ernst-Deutsch-Theater, 29. 8. 85
B: Pavel Bilek
mit Donata Höffer, Peter Faerber

Hauptmann: „Die Weber“, Hamburg, Ernst-Deutsch-Theater, 27. 2. 86
B: Dörfler
mit Hans Zander, Renate Rottmann, Knut Hinz, Claudia Peinemann, Eva-Maria Bauer, Roswitha Steffen

Barz: „Mögliche Begegnung“, Hamburg, Ernst-Deutsch-Theater, 22. 5. 86
B: Grandeit
mit Jörg Pleva, Friedrich Schütter, Günther Jerschke

Schiller: „Der Parasit“, Hamburg, Ernst-Deutsch-Theater, 30. 4. 87
B: Grandeit
mit Peter Gross, Eva-Maria Bauer, Jörg Pleva

Nestroy: „Talisman“, München, Volkstheater, 26. 7. 87
B: Thomas Pekny
mit Nikolaus Paryla, Erika Domenik, Tilla Hohenfels, Anton Pointecker, Franz Muxeneder

Gubarew: „Sarkophag“, Hamburg, Ernst-Deutsch-Theater, 5. 11. 87
B: Marek Durczewski
mit Kitty Mattern, Ursula Gompf, Robert Dietl, Peter Faerber

Lorca: „Bernarda Albas Haus“, Hamburg, Ernst-Deutsch-Theater, 11. 2. 88
B: Grandeit
mit Maria Becker, Anne Marks-Rocke, Ursula Gompf, Sylvia Wempner, Daniela Ziegler, Julia Blechinger, Anja Topf

Turrini: „Die Minderleister“, Zürich, Schauspielhaus, 4. 2. 89
B: Florian Parbs
mit Dietmar Schönherr, Christian Spatzek, Hans Dieter Zeidler, Peter Arens, Babette Arens

Roman: „Endlich allein“, Wien, Kammerspiele, 31. 5. 89
B: Rolf Langenfass
mit Christine Ostermeyer, Katharina Böhm, Serge Falck, Albert Rueprecht, Alexander Wussow

Hauptmann: „Die Ratten“, Hamburg, Ernst-Deutsch-Theater, 18. 1. 90
B: Grandeit
mit Friedrich Schütter, Ursula Dördelmann, Eva Manschott, Alexander Pelz

Ibsen: „Gespenster“, Hamburg, Ernst-Deutsch-Theater, 31. 5. 90
B: Grandeit
mit Maria Becker, Peter Heinrich

Schiller: „Kabale und Liebe“, Wien, Theater in der Josefstadt, 28. 10. 90
B: Rolf Langenfass
mit Kurt Sobotka, Bernhard Schir, Gundula Rapsch, Ingrid Andree

Schiller: „Don Carlos“, Hamburg, Ernst-Deutsch-Theater, 11. 4. 91
B: Reinhard Wolff
mit Friedrich Schütter, Roswitha Schreiner, Alexander Pelz

Schiller: „Kabale und Liebe“, Wien, Max-Reinhardt-Seminar, 26. 5. 92
B: Wolfgang Müller-Karbach
mit Timo Dierkes, Lukas J. Mikó, Sebastian Mirow, Anja Lechle, Martin Schwanda, Ramin Yegani-Fard, Anna-Maria Krassnigg, Nicole Horny

Lenz: „Zeit der Schuldlosen“, Hamburg, Ernst-Deutsch-Theater, 13. 8. 1992
B: Grandeit
mit Teta Groß, Fred Kretzer, Friedrich Schütter, Jens Lawraczek, Ingo Feder, Uli Krohm, Eduard Will

Filme

„... nur ein Komödiant“ Österreich 1935
mit Hans Moser, Rudolf Forster, Paul Wegener, Lisl Kinast

„Letzte Liebe“ Österreich 1935
mit Albert Bassermann, Hans Jaray, Oscar Karlweis, Michiko Meinl

„Burgtheater“ Österreich 1936
mit Werner Krauss, Hortense Raky

„Fräulein Lilli“ Österreich 1936

„Der Zerbrochene Krug“ Österreich 1937
mit Rose Stradner

„Sein letztes Modell“ Deutsch-ungarische Coproduktion 1937

„Der Pfarrer von Kirchfeld“ Österreich 1937
mit Hans Jaray

„Nanon“ Deutschland 1938

„Der Engel mit der Posaune“ Österreich 1948
mit Paula Wessely

„Semmelweis – Retter der Mütter“ DEFA 1950
Regie: Georg Klaren
P: Semmelweis
unter dem Titel „Stunde der Entscheidung“ in Westdeutschland

„Die Unbesiegbaren“ DEFA 1952
Regie: Arthur Pohl
P: August Bebel

„Der Komödiant von Wien“ Österreich 1954
Regie: Karl Paryla
Buch: Theodor Ottawa, Karl Paryla
Christl Mardayn, Angelika Hauff, Marianne Schönauer, Vilma Degischer, Alma Seidler, Eduard Strauss, Otto Woegerer, Oskar Wegrostek, Alfred Neugebauer
P: Girardi

„Gasparone“ Österreich 1956
Buch und Regie: Paryla, Musik: Hanns Eisler
mit Bert Fortell, Hortense Raky, Kurt Preger, Senta Wengraf, Grete Zimmer, Heinz, Karl Skraup, Egon Jordan, Friedrich Neubauer, Otto Tausig
P: Wirt Benozzo

„Mich dürstet“ DEFA 1956
Regie: Paryla
Buch: Walter Gorrish, Paryla
mit Edwin Marian, Isabel Caregnato, Harry Hindemith

„An der schönen blauen Donau“ 1965
Regie: John Olden
mit Attila Hörbiger

Arbeiten für das Fernsehen

Sartre: „Kean“ 1963

Pirandello: „Der Mann mit der Blume im Mund“ Schweiz 1965

„St. Peters Regenschirm“

„Magrebinische Geschichten“

„Die grüne Seite“

Nestroy: „Träume von Schale und Kern“ 1963

Nestroy: „Das Mädl aus der Vorstadt“

Polgar: „Defraudanten“

Molière: „Tartuffe“, Hessischer Rundfunk 1964

Schnitzler: „Professor Bernhardi“ ZDF 1965

Brecht: „Flüchtlingsgespräche“, Bayrischer Rundfunk
mit Curt Bois

nach Adler/ Joh. Strauß: „Die Tänzerin Fanny Elßler“ ZDF 1966

Shakespeare: „Shylock“ ARD 1969
Regie: Otto Schenk
mit Fritz Kortner

„Das große Fest“ („Alpensaga“) ZDF ORF 1977

Grillparzer: „Libussa“ ORF
Regie: Karl Paryla
mit Elisabeth Orth

Literatur- und Quellenverzeichnis

Archiv der Republik, Wien
Ausgangspunkt Schweiz – Nachwirkungen des Exiltheaters. Hg. Jauslin Ch./Naef L.. Willisau 1989 (darin: Haider-Pregler, H.: Willkommene Heimkehrer? die Rezeption des Schweizer Exiltheaters in Österreich. Völker, K.: Zeugenbefragung Karl Paryla.)
Bauer, A./Kropatschek, G.: 200 Jahre Theater in der Josefstadt, 1788–1988. Wien 1988
Dokumentationsarchiv des Österreichischen Widerstands, Wien
Dramaturgie der Demokratie. Theaterkonzeptionen des österreichischen Exils. Hg. Roessler, P./Kaiser, K.. Wien 1989
Fluchtpunkt Zürich. Zu einer Stadt und ihrem Theater. Schauplätze der Selbstbehauptung und des Überlebens 1933–1945. Nürnberg 1989
Funke, Ch./Kranz, M.: Wolfgang Langhoff. Schauspieler, Regisseur, Intendant. Berlin 1969
100 Jahre Deutsches Theater 1883–1983. Hg. Kuschina M.. Berlin 1983
100 Jahre Volkstheater. Theater. Zeit. Geschichte. Hg. Schreiner E.. Wien 1989
Kaiser, H.: Modernes Theater in Darmstadt 1910–1933. Darmstadt 1955
Kortner, F.: Aller Tage Abend. München 1959
Munck, D.: Wolken hängend und liegend (Kunststoff). Mut zum Traum. Versuch über Karl Paryla. München, unveröffentliches Typoskript 1990
Ophüls, M.: Spiel im Dasein. Eine Rückblende. Stuttgart 1959
Palm, K.: Vom Boykott zur Anerkennung. Brecht in Österreich. Berlin 1983
Pellert, W.: Roter Vorhang – Rotes Tuch. Das Neue Theater in der Scala. Wien 1979
Petzet, W.: Theater. Die Münchner Kammerspiele 1911–1972. München 1973
Privatarchiv Karl Paryla, Wien und Hamburg
Riemenschneider, H.: Theatergeschichte der Stadt Düsseldorf 1987
Riess, C.: Das Schauspielhaus Zürich. Sein oder Nichtsein eines ungewöhnlichen Theaters. München/ Wien 1988
Schauspielhaus Zürich 1938–1958. Hg. Hischfeld K./Löffler P.. Zürich 1958
Schoop, G.: Das Zürcher Schauspielhaus im Zweiten Weltkrieg. Zürich 1957
Theater. Meinungen und Erfahrungen von T. Giehse, E. Ginsberg, W. Heinz, K. Hirschfeld, K. Horwitz, L. Lindtberg, T. Otto, K. Paryla, L. Steckel, O. Wälterlin. Affoltern 1945
Völker, K.: Fritz Kortner. Schauspieler und Regisseur. Berlin 1987
Waak, R.: Wolfgang Heinz. Denken. Handeln. Kämpfen. Berlin 1980
Waldner, H.: Das Theater in der Josefstadt von Lothar bis Steinböck. Wien, phil. Diss. 1949
Weber, K.: Geschichte des Theaterwesens in Schlesien. Dortmund 1980

Fotonachweis

Wir danken den Fotografen –
Appelt, Wien (Abb. 60), Bottequin, München (Abb. 64), Božučanin, Wien (Abb. 40), Fuhrmann, Langenhagen (Abb. 61), Geiger, Wien (Abb. 31, 41, 44), Hausknost, Wien (Abb. 62), Hubmann, München (Abb. 47), Kramer, Grünwald (Abb. 49), Madner (Abb. 63), Meyer, Berlin (Abb. 56), Palffy, Wien (Abb. 65), Pohlert, dpa (Abb. 66), Sangermann, Köln (Abb. 58), Schäfer, Hannover (Abb. 69), Schmidt, Hamburg (Abb. 68, 70), Steinmetz, München (Abb. 50, 52), Völkel, Wien (Abb. 35, 36, 37, 38, 39), Weber, Wien (Abb. 57), Willot, Berlin (Abb. 33), dem Fotoarchiv der KPÖ/Volksstimme (Abb. 31, 45, 46) und dem Archiv der Max-Reinhardt-Forschungs- und Gedenkstätte (Abb. 63).
Viele Fotos stellte Karl Paryla aus seinem Privatarchiv zur Verfügung; da in einigen Fällen die Inhaber der Rechte nicht festzustellen oder erreichbar waren, verpflichtet sich der Verlag, rechtmäßige Ansprüche abzugelten.

Personenregister